예비교사를 위한

논리와 논술

이상욱 문태순 김미애 공저

학지사

머. 리. 말.

논리라는 단어를 들으면 어떤 느낌이나 생각이 떠오르는가?

- 날카롭고 냉철한 느낌
- 촌철살인(寸鐵殺人, 한 치의 쇠붙이로도 사람을 죽일 수 있다는 뜻으로, 간단한 말로도 남을 감동시키거나 약점을 찌를 수 있음을 이르는 말)
- The pen is mightier than the sword(펜은 칼보다 강하다.).

이러한 인상을 주는 과목이 예비교사들의 필수 과목이 되었다. 교사의 자질 향상과 교육의 효율성을 위한 교육과학기술부의 정책에 따라 논리 논술이 하나의 교직 과목으로 설정된 것이다. 교육을 무한 경쟁의 세계에서 생존하기 위한 수단으로 생각하거나 승자 독식의 자본주의적 논리로 여기는 사람들이 있다. 이러한 경쟁논리와 자본주의적 정신에 따라 논리와 논술을 비인간적인 몰인정함, 쟁론에서의 승리, 강력한 설득 기술 등을 가르치는 과목이라고 일방적으로 이해하여 교직 과목으로 활용한다면 매우 위험한 결과를 초래할 것이다. 이런 태도는 마치 소피스트에게 수사학을 배워 상대방을 이기고 자기 목적을 달성하려고 했던 풍토와, 그런 잘못됨과 위험성을 신랄하게 비판한 소크라테스의 경종이 필요했던 시대와 같다. 그러나 우리는 경쟁의식이나 승자 독식의 자본주의 원리가 적용되는 사회에서만 사는 것이 아니다. 가난한 사람이 없는 세상을 꿈꾸며 노력하는 수많은 사람들의 따뜻한 나눔으로 가난한 사람이 힘을 얻으며 행복을 느낄 수 있으며, 빵을 만들기 위해 고용하는 것이 아니라 고용하기 위해 빵을 만드는 사회적 기업을 설립 · 운영하여 다함께 행복하게 살고자 힘쓰는 세계 도처의 선한 기업에 종사하는 사람도 많다. 한 예로, 1816년 방직 공장 노동자 자녀를 위해 뉴 라나크(New Lanark)에 '성격 형성을 위한 신학원(New Institute for the Formation of Character)'을 설립한 영국의 로버트 오웬(Robert Owen)이 대표적인 선구자라 할 수 있다.

윌리엄 아서 워드(William Arthur Worth)는 "평범한 교사는 말을 잘한다. 훌륭한 교사는 설명을 잘한다. 뛰어난 교사는 모범을 보인다. 위대한 교사는 스스로 하고픈 마음이 생기도록 한다."라며 교사의 능력을 구분해 설명했다. 저자들은 이 책의 목적을 여기서 찾고자 한다. 예비교사들이 진리를 탐구하는 과정에서 함께 생각을 나누고 토론하면서 자신의 오류 가능성을 최소화하고, 타인의 생각을 존중하는 자세를 몸으로 익혀 자연스럽게 학생과 탐구 공동체를 형성해 나갈 수 있도록 돕는 도구로 이 책이 사용되기를 바란다. 교육자와 학생의 논리 논술에 대한 자세는 자기 주장이 옳다고 입증함으로써 상대를 설복시키기보다는 서로 문제를 해결하기 위한 협력과 대화의 태도를 갖추는 것이다. 한 가지 옳음을 내가 입증하여 승리했더라도 그 승리 때문에 친구를 잃거나 적을 만든다면 그 논리 게임은 승자의 저주(The Winner's Curse, 경쟁에서는 이겼지만, 승리를 얻기까지 너무 많은 것을 쏟아부어 결과적으로 많은 것을 잃는 현상을 뜻하는 말)에 지나지 않다.

피아제(Piaget)는 "교육의 주목적은 다른 세대가 행했던 일을 단순히 되풀이하는 것이 아니라 새로운 일을 수행할 수 있는 사람을 기르고 창의적으로 만들며 찾아내는 사람을 양성하는 일이다. 교육의 두 번째 목적은 비평할 수 있고, 진실성을 조사할 수 있으면서, 제공된 모든 것을 받아들이지 않는 의식을 함양하는 것이다."라고 말했다. 그러면서 피아제는 "어린이에게 지적 구조와 도식(schema)을 직접 가르칠 것인지, 능동적인 어린이가 탐구과정에서 수행하는 풍부한 문제해결 상황을 다른 어린이에게 제시해 줄 것인지를 결정해야 한다."라고 촉구했다. 저자들은 이러한 교육목적이 이루어지고 어린이 스스로 문제를 해결할 수 있는 자신감과 노력이 계속되기를 바라고 있다. 『Teaching children to think』라는 저서를 펴낸 피셔(Fisher)의 주장처럼 우리 교육자들은 어린이가 생각할 수 있도록 도와주는 서비스를 제공해야 한다.

이러한 마음으로 저자들의 전공과 경험 영역에 따라 이 책을 집필하게 되었다. 제1부(이상욱)에서는 21세기 교육에서 생각하는 힘을 기르려는 다양한 시도의 필요성과 방법의 예시를 통해 생각-언어-논리-논술-논증의 관계를 설명하였다. 제2부(문태순)에서는 교사의 사고 능력이 교직의 수행 능력이라는 전제하에 교사를 위한 논증의 통합적 접근(읽기-말하기-쓰기) 사례를 제시하였다. 제3부에서는 유아교사, 초등교사, 중등교사에게 쟁점이 되는 교육적 주제를 텍스트와 논점을 같이 제시함으로써 통합적 방법을 실행할 수 있도록 구성하였다. 유아교육과 초등교육 논술 주제 중 교육철학, 교육사는 이상욱 교수가 담당하였고, 아동복지, 교육심리, 상담 영역은 김미애 교수가, 중등교육은 문태순 교수가 담당하여 집필하였다. 제4부(김미애)는 생활과 관련된 논술 주제를 제시하여 직접 연습해 볼 수 있도록 하였다.

입력작업과 원고 정리를 위해 겨울방학 동안 수고해 준 백석대학교 김새미, 장봄, 석지현 제자들의 도움에 감사하며, 이 책이 출간되도록 기획과 편집에 수고해 주신 학지사 모든 분들과 김진환 사장님께 감사를 드린다. 그리고 이런 과정을 통해 교육 동지 여러분들을 섬길 수 있는 기회를 주신 영원한 진, 선, 미, 성(Holiness)의 원천이신 하나님께 감사와 영광을 드리며, 제자들과 함께 아름다운 세상을 만들어 갈 수 있도록 도와주시기를 간절히 간구드린다.

2009년 8월

집필진을 대신하여

이 상 욱 씀

차. 례.

제3부

유 · 초 · 중등교사를 위한 사고와 논증의 힘 키우기

제4부
생활 주제와 논술

제1부

21세기 교육과 생각하는 힘(思力)

논리→논증→논술

제1장 교육: 생각 발전소 힘 키우기

제2장 논증을 위한 논리

제3장 논증: 논리적으로 옳음을 입증하는 과정

제4장 논술: 논증의 언어적 표현

제 1 장

교육: 생각 발전소 힘 키우기

〈활동 1-1〉 다음 각 사례의 세 사람이 가진 생각이 가져온 유익과 우리도 그런 생각을 할 수 있는지를 아래의 문항에 정리해 보자.

사례/제목	생각으로 얻은 유익	우리도 할 수 있는 생각인가?
1. 목동 소년의 지혜		
2. 빚진 상인의 딸과 고리대금업자		
3. 선다싱의 체험담		

사례 1: 목동 소년의 지혜

두 사내가 여행을 하고 있었다. 그러던 어느 날 아침, 한 사람이 다른 친구보다 늦게 출발하게 되었다. 그는 부지런히 걸어 뒤쫓아 갔지만 앞서 떠난 친구를 만날 수가 없었다. 그는 한나절이 지나서 나무 그늘 밑에서 쉬고 있는 목동 소년을 만났다. 그가 목동 소년에게 물었다. "얘야, 혹시 이 길로 내 친구가 지나가는 걸 못 보았니?" 목동 소년이 빙긋 웃으며 말했다. "아저씨 친구는 지팡이를 든 뚱뚱한 절름발이고, 한쪽 눈이 먼 낙타 등에 해초를 싣고 있지요?" "그래, 바로 그 사람이 내 친구란다." "그 아저씨는 이 종려나무 밑에서 쉬다가 세 시간쯤 전에 떠났어요." "그래? 어느 쪽으로 간다고 하던?" 목동 소년은 고개를 저었다. "몰라요. 저는 그분을 못 만났거든요."

그는 목동 소년이 거짓말을 하고 있다고 생각하고 화를 냈다. "못 만났다고? 너 지금 나를 놀리는 거니? 금방 네가 그를 보았다고 했잖니?" "저는 그분을 보았다고 말한 적 없어요." "네가 그 사람을 만나지도 않았다면 어떻게 그 사람의 생김새에 대해 그렇게 잘 알고 있지? 네가 점쟁이라도 된단 말이니?" 목동 소년이 웃으며 대답했다. "저는 점쟁이가 아니에요. 저는 그분이 남긴 여러 흔적을 보고 생각한 것뿐이에요."

소년은 땅을 가리키며 말했다. "여기 발자국을 보세요. 왼쪽 발자국이 오른쪽 발자국보다 더 깊고 크잖아요? 그건 그분이 절름발이이기 때문이죠. 그리고 이 발자국은 보통 사람 발자국보다 더 깊잖아요? 그건 그분의 체중이 보통 사람보다 더 무겁기 때문이 아니겠어요?" "그럼 낙타가 한쪽 눈이 멀었고, 등에 해초를 실었다는 사실은 어떻게 알았니?"

소년은 당연하다는 듯이 말했다. "여기 풀밭을 보세요. 낙타가 오른쪽의 풀만 뜯어 먹었잖아요? 그건 낙타의 한쪽 눈이 멀었기 때문이지요. 또, 등에 해초를 실었다는 것은 젖은 흙에 개미들이 꼬여 있는 걸 보고 알았죠. 이 근방에 단물이라면 해초즙밖에 없잖아요?"

사내는 고개를 끄떡이며 다시 물었다. "그럼 그 사람이 이 곳을 세 시간 전에 떠났다는 것은 어떻게 알았니?"

소년은 방글방글 웃으며 말했다. "아, 그거요? 그건 그림자를 보고 알았지요. 저쪽을 보세요. 그분이 나무 밑에 앉아 쉬었던 흔적이 있잖아요? 날씨가 이렇게 더우니까 그늘 밑에 앉아서 쉬었겠죠. 제 경험으로 보면, 나무 그림자가 저쪽에서 여기까지 오려면 세 시간쯤 걸려요. 그래서 저는 그분이 세 시간 전에 이 곳을 떠났다는 걸 알았어요." 사내는 소년의 지혜에 감탄하지 않을 수 없었다.

사례 2: 빚진 상인의 딸과 고리대금업자

오래전에 남에게 돈을 빌렸다가 갚지 못하면 교도소에 구금되는 시대가 있었다. 그 당시 런던의 한 상인이 어느 고리대금업자로부터 많은 돈을 빌렸다가 갚지 못했다. 늙고 흉악한 고리대금업자는 그 상인의 젊고 예쁜 딸에게 완전히 반해 있었다. 그래서 고리대금업자는 빌려간 돈 대신 그 상인의 딸을 자기에게 주면 빚을 감면해 주겠다고 제의했다.

상인과 그의 딸은 고리대금업자의 이런 제의에 기겁을 하면서 거절했다. 그러자 교활한 고리대금업자는 다시 신(神)의 뜻에 따라 결정하자고 제의했다. 즉, 자기 돈지갑 속에 흰 조약돌과 검은 조약돌 하나씩을 넣어서, 상인의 딸이 그중에 하나를 꺼내어, 그 돌의 색깔에 따라 결정하자는 것이었다. 즉, 딸이 검은 돌을 꺼내면 자신의 아내가 됨과 동시에 아버지의 빚을 갚지 않아도 되며, 반대로 흰 돌을 꺼냈을 때는 자신과 결혼하지 않을 뿐만 아니라 빚도 없는 것으로 해 주겠다는 것이었다. 그러나 그녀가 이 제안을 거절하면, 그녀의 아버지가 교도소에 갇히게 되는 것은 물론이고, 그녀도 당장 굶어 죽을 수밖에 없는 형편이었다.

상인은 마지못해 그 제의를 수락했다. 그러자 고리대금업자는 상인의 집 정원에 깔려 있는 많은 조약돌 중에 두 개를 집어 돈지갑에 넣었다. 이때 상인의 딸은 불안해하면서도 그 늙은이가 검은 돌 두 개를 돈지갑에 넣는 것을 예리하게 보았다. 그러고 나서 그 늙은이는 그 딸과 아버지의 운명을 결정짓게 될 돌을 꺼내라고 딸에게 재촉했다.

상인의 딸은 돈지갑에 손을 넣어 돌 한 개를 꺼냈다. 그러나 꺼낸 돌을 보여 주지 않고서 곧바로 조약돌이 많이 널려 있는 정원에 떨어뜨려 돌과 섞여 찾을 수 없게 만들었다. 그러고는 "어머? 제가 실수를 했군요. 그렇지만 염려하지 마세요. 돈지갑 속에 남아 있는 돌의 색깔을 보면 제가 지금 떨어뜨린 돌의 색깔을 알 수가 있을 테니까요!"라고 말했다. 물론 돈지갑 속에 남아 있는 돌은 검은색이므로, 상인의 딸이 꺼내다가 떨어뜨린 돌은 흰색이 되는 셈이다. 고리대금업자도 감히 자기의 속임수를 이야기하지는 못했던 것이다.[1)]

사례 3: 선다싱의 체험담

인도의 성자라고 불리는 선다싱(Sundar Singh)이 히말라야 산맥을 여행하던 중 눈보라를 만났습니다. 길을 가다 보니 어떤 사람이 쓰러져 죽어 가고 있었습니다. 어찌해야 하나 안타까워 하고 있는데, 또 한 사람이 길을 내려오고 있었습니다. 같이 이 사람을 교대로 업고 가자고 했더니, 그 사람은 나 혼자도 살기 어려운데 어떻게 그 사람을 업고 가느냐고 하면서 그냥 가버렸습니다. 하는 수 없이 선다싱은 혼자서 그 사람을 들쳐 업고 걸어야 했습니다. 얼마쯤 가다 보니 바로 전에 혼자 살겠다고 가버린 사람이 길바닥에 쓰러져 있었습니다. 가까이 가서 확인해 보니 그는 얼어 죽어 있었습니다. 혹독한 추위 속에서 저체온증으로 죽은 것입니다. 생각해 보니, 선다싱이 살아남을 수 있었던 것은 자신이 들쳐 업은 사람의 체온 덕분이었습니다.

1. 생각의 특성과 유형

1) 생각의 힘

〈사례 1: 목동 소년의 지혜〉는 생각(사고, 사유)의 위력을 잘 보여 주는 이야기다. 이 이야기에서 사내는 눈으로 직접 확인해야만 어떤 대상의 생김새를 알 수 있다는 편견에 사로잡혀 있다. 그러나 목동 소년은 대상을 직접 보지 않더라도, 생각의 힘만으로 그 생김새를 알아 낼 수 있음을 입증해 보였다.

〈사례 2: 빚진 상인의 딸과 고리대금업자〉 이야기에서 상인의 딸은 수평

각주구검(刻舟求劍, 刻: 새길 각, 舟: 배 주, 求: 구할 구, 劍: 칼 검)
칼을 강물에 떨어뜨리자 뱃전에 표시를 했다가 나중에 그 칼을 찾으려 한다는 뜻으로, 어리석어 시세에 어둡거나 완고함의 비유.

적 사고를 이용해서 도저히 헤어날 수 없는 것처럼 보였던 상황을 매우 유리한 상황으로 전환시킬 수 있었다. 고리대금업자가 정직하게 흰 돌과 검은 돌을 하나씩 지갑에 넣었을 경우보다도 훨씬 유리한 결과가 된 것이다. 만일 고리대금업자가 정직했더라면, 상인의 딸이 이 상황에서 헤어날 수 있는 확률은 단지 50%밖에 되지 않았을 것이다. 상인의 딸은 이와 같은 지혜로 아버지를 교도소에 갇히지 않게 함과 동시에 아버지의 빚도 갚게 된 것이다.

〈사례 3: 선다싱의 체험담〉은 살아남기 위한 두 사람의 판단이 어떤 결과를 가져왔는지를 말해 준다. 자기만 살고자 한 사람은 추위에 얼어 죽고, 죽어 가는 사람을 들쳐 업고 힘들게 여행한 선다싱은 죽어 가는 사람과 함께 살아났다는 감동적인 이야기다.

꿀벌들은 겨울 동안 먹으려고 열심히 준비해 놓은 꿀을 사람들이 훔쳐다 먹으니 늘 허망한 경우를 당하곤 한다. 충분히 준비했다고 생각하고 창고를 들여다보면 꿀은 모두 도둑맞았고, 겨울에 굶을 것을 생각하니 정신이 아찔해서 늦기 전에 또 열심히 꿀을 모으고, 그것조차 도둑맞을지도 모르면서 또 모으고 ……. 이런 상황을 반복하면서 꿀벌들과 그들의 조상들은 수천 년 동안 살아온 것이다. 수천 년 동안 도적만 맞는 삶, 참으로 기구한 운명이라 하지 않을 수 없다.

만약 꿀벌들이 생각할 수 있다면 이런 허망한 상황은 재발하지 않을 것이다. 조금만 생각하면 도둑맞지 않을 방법을 발견할 수 있을 것이고, 그렇게 헛고생하면서 힘들게 일하지 않아도 될 것 아닌가? 예를 들어 꿀을 한곳에만 모아두지 말고, 여러 곳에 분산시켜 저장하면 사람들이 귀찮아서 꿀

If we are to achieve results never before accomplished, we must expect to employ methods never before attempted.
누구도 해낸 적 없는 성취란, 누구도 시도한 적 없는 방법을 통해서만 가능하다.
－Francis Bacon

수집을 포기할 것이고, 꿀 속에다 가끔 사람들이 더럽게 생각하는 것을 좀 섞어 놓는다면 사람들이 가까이 오지도 않을 것이 아닌가? 그러나 꿀벌들은 생각할 능력이 없다. 본능이 시키는 대로 행동할 뿐, 과거의 경험에서 배울 수도 없고, 새로운 전략을 만들어 낼 수도 없다. 그러나 꿀벌은 그대로 그렇게 쉽게 굶어 죽거나 멸종되지는 않는다. 더 훌륭한 생각을 만들어 낼 능력이 없는 대신 실수할 가능성도 거의 없다. 새로운 것을 향한 모험이 없는 대신 지금의 것을 잃어버릴 위험도 별로 없다. 조물주에 의하여 그들의 생존은 보장되어 있다.

그러나 인간의 경우는 다르다. 인간에게는 꿀벌에게 허락되어 있지 않은 자유와 생각하는 능력이 있다. 샤르트르(Sartre)가 말한 것처럼 인간은 자유롭도록 저주받았다. 그리고 그 자유의 핵심은 생각할 수 있는 능력에 있다. 주어진 자극에 대하여 생물학적으로 주어진 본능이 시키는 대로 기계적인 반응을 보이지 않을 수 있는 자유가 있는데, 이는 주로 생각할 수 있기 때문에 가능한 것이다. 이것은 인간에게 많은 이점을 가져다주었다. 주위의 자극에 대하여 즉각적으로 그리고 고정된 반응을 보이지 않고, 시간을 두고 그 자극을 해석하고 거기에 대해 여러 가지 전략을 꾸며서 반응할 수 있으므로, 스스로 기계적으로만 반응할 수 있고, 다른 존재들로부터도 기계적인 반응만 기대하게 되어 있는 짐승보다 매우 유리한 입장에 설 수 있는 것이다. 바로 이 때문에 사람은 자신보다 훨씬 기운이 센 사자보다, 무서운 독을 가진 뱀보다, 눈이 훨씬 밝은 독수리보다 더 강한 자로 나타나는 것이다. 실로 생각은 무시무시한 힘을 가지고 있다.

물론 생각은 인간에게 물리적 힘만 강하게 해 준 것은 아니다. 그것은 삶

간담상조(肝膽相照, 肝: 간 간, 膽: 쓸개 담, 相: 서로 상, 照: 비칠 조)
서로 간과 쓸개를 꺼내 보인다는 뜻. 곧, ① 상호 간에 진심을 터놓고 격의 없이 사귐. ② 마음이 잘 맞는 절친한 사이.

의 의미에 대해서 생각할 수 있도록 했고, 삶을 더 즐겁게 더 다양하게 살 수 있도록 만들어 주었다. 생각은 인간으로 하여금 인간이 되도록 해 준 것이다. 비록 갈대와 같이 약한 존재지만 생각하는 갈대이기 때문에 만물의 영장이 된 것이다.

인간은 생각할 수 있기에 문화를 이룩할 수 있었다. 자연의 도전에 대해서 효과적으로 대처하는 전략이 전통적으로 하나의 습관으로 정착되기도 하고, 더 재미있게 사는 방법이 다른 사회에도 알려지며, 더 멋있게 사는 것이 다른 사람에게 알려지기도 한다. 이미 다른 사람이 창조해 놓은 것을 기초로 하거나 자극으로 삼아서 더 새로운 것을 만들어 내고, 그것을 또 다른 사람이 배워가면서 문화는 이루어지는 것이다. 그리고 그렇게 형성된 문화는 생각하는 방법에도 영향을 미친다. 한국 문화에 속한 우리나라 사람들은 제아무리 창조적이고 서양의 영향을 많이 받았더라도 우리나라 사람처럼 생각하게 마련이며, 얼굴이 아무리 한국 사람처럼 생겨도 일본 사람은 일본 사람처럼 생각하는 것이다.

2) 생각의 위험성

그러나 생각할 수 있는 능력과 그것을 중심으로 하는 자유는 인간을 자연보다 더 약하게 만든 것도 없지 않다. 독수리의 눈은 실수하지 않으나 사람의 전략은 실수할 수 있고, 짐승들이 떼지어 사는 데는 질서의 혼란으로 파멸하는 경우는 없으나 인간에게는 캄보디아와 베트남에서의 전쟁과 같은 것이 있을 수 있다.

Action may not bring happiness, but there is no happiness without action.
행동이 반드시 행복을 안겨 주지 않을지는 몰라도 행동 없는 행복이란 없다.

—William James

원자폭탄을 만들어 히로시마를 잿더미로 만들 수도 있었고, 히틀러(Hitler) 같은 사람이 나와서 600만 명을 학살할 수도 있었다. 가능성이 많으면 약해질 위험도 있고, 자유가 많으면 그 오용의 가능성도 커진다. 좋고 훌륭한 모든 것은 오용될 때 더 추악해지고, 인간의 가장 강력하고 중요한 '생각'이라는 선물은 인간에게 가장 무서운 저주가 될 수 있다. 앞으로 만약 인류 전체가 몰살된다면, 그것은 결코 자연적인 재앙에 의한 것이 아니라 인간의 생각과 그 결과에 의한 것일 것이다.

이미 핵무기, 대기오염 등 인류 전체의 생존을 위협하는 요소는 많이 준비되어 있고, 그것들은 모두 인간 사유의 산물일 뿐 아니라 사람의 생각에 따라 그 위협이 현실화될 수도 있고, 제거될 수도 있다. 이제 자연은 이 문제에서 손을 떼어버렸다. 인간의 생존과 파멸은 이제 전적으로 인간의 책임 밑에 들어온 것이다.[2)]

3) 생각의 특성

지금까지 살펴본 것처럼, 인간의 생각은 위대성만 가진 것이 아니라 잘못 생각하면 매우 무시무시한 위험성을 함께 가지고 있으므로, 생각에 대한 특성을 바로 알고 잘 활용해야 할 당위성이 있다. 인간이 가진 생각의 특성은 인식의 방법 단계와 사고하는 방법에서 찾아볼 수 있다.[3)]

(1) 인식 활동의 두 단계: 감각적 인식과 이성적 인식

우리의 인식 활동에는 두 가지 단계가 있다. 하나는 감각 기관을 통해 대

건곤일척(乾坤一擲, 乾 : 하늘 건, 坤: 땅 곤, 一: 한 일, 擲: 던질 척)
하늘과 땅을 걸고 한 번 주사위를 던진다는 뜻. 곧, ① 운명과 흥망을 걸고 단판걸이로 승부나 성패를 겨룸. ② 흥하든 망하든 운명을 하늘에 맡기고 결행함을 비유.

상을 두뇌에 직접 반영하는 감각적 인식이며, 다른 하나는 그 대상들의 보편적이고 본질적인 속성들을 합법칙적으로 연관시켜 반영하는 이성적 인식이다.

첫째, 감각적 인식에는 감각, 지각, 표상 등이 있다. 감각은 객관 사물의 개별적 속성이 우리 감각 기관을 통해 두뇌에 직접 반영된 것이며, 지각은 이렇게 감각된 사물의 여러 가지 개별적인 속성들을 받아들여 그 사물 전체에 대한 관념을 만들어 내는 것을 말한다. 이를테면, 색깔, 향기, 감촉 등 여러 감각 기관에 포착된 사물의 개별적인 속성들이 우리 두뇌 속에서 서로 결합되어 '꽃'이라는 지각을 이끌어 내는 식이다. 우리는 이렇게 지각된 사물을 우리 두뇌에서 재생하고 재현해 낼 수 있는데, 이렇게 두뇌 속에 저장되어 있어 재생하고 재현할 수 있는 형태의 관념을 표상이라고 한다.

둘째, 감각적 인식은 사물의 외형과 개별적인 특성을 구체적이고 직접적으로 반영하는 낮은 단계의 인식이다. 이에 반해 이성적 인식은 사물이나 현상의 보편적인 특성, 내적인 본질, 그것들의 고유한 연관과 법칙성을 반영하는 발전된 형태의 인식이다. 이러한 이성적 인식의 단계에서 우리가 흔히 '사고'라고 부르는 사람 특유의 인식 활동이 시작된다.

(2) 사고의 간접성과 개괄성

우리는 모든 사물들의 본질을 감각과 지각만으로 직접 인식할 수는 없다. 예를 들어, 우리는 중생대에 살아 본 적이 없지만 당시 공룡의 모습과 생태에 대해 대체적으로 파악할 수 있다. 이는 공룡을 직접 보고 알아낸 것이 아니라, 화석이나 지질층 등이 매개가 되어 알아낸 것이다. 또, 과학자

To move the world, we must first move ourselves.
세상을 움직이려면 먼저 나 자신을 움직여야 한다.

–Socrates

들은 스펙트럼 원리를 이용해 지구에서 수백 광년 떨어진 별의 온도를 측정하기도 한다. 우리의 사고는 사물을 간접적으로 반영하는 특성이 있기 때문에, 이와 같이 시간과 공간을 뛰어넘는 사고를 할 수 있는 것이다. 우리의 사고는 어떤 사물을 매개로 하여 다른 사물을 간접적으로 알아낼 수 있는데, 바로 이런 것이 사고의 중요한 특징인 간접성이다.

또, 우리의 사고는 어떤 사물의 개별적인 특성만이 아니라 사물의 일반적인 특성을 전체적으로 반영하기도 하는데, 바로 이런 것이 사고의 개괄성이다. 우리가 사용하는 개념어만 보아도 그렇다. 이를테면, 우리가 '개'라는 개념어를 사용했을 때, 그것은 어떤 개별적인 여러 개들의 일반적인 특성을 개괄해서 일컫는 말이다. 이러한 개괄성은 모든 사고 과정에서 나타난다. '목동 소년의 지혜' 이야기에서 목동은 누가 언제 지나갔는가를 알아내기 위해 어떤 특정한 사실만을 개별적으로 인식한 것이 아니다. 발자국의 모양과 깊이 관계, 눈 먼 낙타의 풀 먹는 습관, 그림자와 시간과 관계 등의 일반적인 특성들을 개괄해서 인식한 것이다. 개괄적 사고력이 뛰어날수록 우리는 그만큼 사물의 본질을 더 정확하게 인식할 수 있다.

4) 다양한 생각 유형

인간의 사고 방법과 과정이 가진 특성에 따라 삶의 현장에서 나타나는 다양한 유형의 사고가 있다. 사고의 다양한 유형은 사고하는 방식에 따라 분류되기도 하고[4], 연구자가 상대적으로 비교하여 제시된 사고 유형도 있으며, 체계적으로 분류한 스턴버그(Sternberg) 사고 양식론이 있다.

격물치지(格物致知, 格: 이를 격, 物: 만물 물, 致: 이를 치, 知: 알 지)
① 사물의 이치를 연구하여 후천적인 지식을 명확히 함(주자[朱子]의 설). ② 낱낱의 사물에 존재하는 마음을 바로잡고 선천적인 양지(良知)를 갈고 닦음(왕양명[王陽明]의 설).

(1) 사고방식에 따른 유형

① 계통적 사고

계통적 사고를 하지 않는 것은 나무만 보고 숲을 보지 않는 것과 비슷하다. 부분만 보고 전체를 보지 않는다면 사물의 본질을 똑똑히 보지 못하며, 사물을 전체적인 모습으로 정확하게 인식할 수 없다. 이를테면, 콧물이 나오면 코만 치료하고, 기침이 나면 목구멍만 치료하는 식이다.

계통적 사고는 이와 달리 대상을 계통의 형식 속에서 고찰한다. 계통론은 부분과 전체 사이의 상호 연관, 상호 작용, 상호 제약 속에서 대상을 종합적으로 정확하게 고찰하는 이론이다. 현대에도 계통론은 통제론 및 정보론과 더불어 매우 중요한 분야로 인정받고 있다. 현대의 계통론은 전일체성, 종합성 및 최적화라는 세 가지 특징을 가지고 있는데, 이 특징을 자세히 살펴보면 다음과 같다.

계통적 사고방식의 가장 기본적 특징인 전일체성은 대상 전체의 운동 법칙과 기능, 특징이 각 구성 요소들 간의 관계 속에 존재하는 것으로 간주한다. 그러나 전일체는 각 구성 요소와는 성격이 다르다. 전일체는 각 구성 요소들을 단순히 합쳐 놓은 것보다 크다. 현대적 계통론의 전일체적 사상은 전체를 여러 구성 요소로 분해한 다음 다시 기계적으로 합쳐 놓는 계통 이론과는 사뭇 다른 것이다.

종합성은 전일체를 각 요소들이 어떤 특정한 목적을 중심으로 결합하여 구성된 종합체로 간주한다. 종합성은 이렇게 종합적인 방식으로 진리와 운동 법칙을 파악함을 뜻한다. 따라서 현대적 계통론은 어떤 대상을 연구할 때 그 구성 요소, 구조, 기능, 상호 연관 방식, 역사적 발전 따위를 종합적

> It is not enough to have knowledge, one must apply it.
> It is not enough to have wishes, one must also accomplish it.
> 지식을 갖는 것만으로는 충분치 않다. 그 지식을 적용해야 한다는 얘기다.
> 소망을 갖는 것만으로는 충분치 않다. 그 소망을 성취해야 한다는 얘기다.
> −Johann Wolfgang von Goethe

으로 고찰한다.

최적화란 문제를 해결할 때 목표를 실현할 수 있는 여러 가지 방법 중에서 가장 훌륭한 계통 방안을 선택하는 것이다. 즉, 계통론은 먼저 계통을 여러 등급과 층으로 나눈다. 그 다음 전체와 부분, 전체와 층차, 전체와 환경, 구조와 기능 따위의 여러 관계들을 조절하여, 전체적인 목표 · 기능에 부분적인 목표 · 기능을 배치함으로써 전체 문제를 최적화하는 것이다.

실제로 오늘날 계통적 사고방식은 산업, 행정, 과학 기술, 군사, 심지어는 이론과학의 심오한 문제에 이르기까지 각 분야에서 현대적 사고방식을 대표한다. 현대 사회가 복잡해질수록 계통적 사고방식은 더욱 중요해진다.

② 곡선적 사고

직선적 사고는 하나의 측면, 하나의 논리 규칙, 하나의 평가 기준, 하나의 사고 결과에 얽매인 사고방식을 두고 하는 말이다. 이러한 사고는 대상을 일면적이고 보수적으로 바라보는 지극히 단순한 사고방식이다. 반면에 곡선적 사고는 여러 측면, 규칙, 기준 및 결과들을 고려한 사고방식이다. 곡선적 사고를 하면 여러 갈래의 사고 방법들을 서로 교차하고 보충하고 통일시켜서 대상을 바라볼 수 있다. 천리마를 구하는 예를 들어보자. 천리마를 구할 때에 직선적 사고에 얽매이면 애를 쓰면서 돌아다녀야만 천리마를 구할 수 있다고 생각하게 된다. 그러나 천리마는 꼭 돈을 싸들고 돌아다녀야만 구할 수 있는가? 그렇지는 않다. 천리마를 가진 사람이 찾아오게 하는 방법도 있다. 문제를 해결하는 지름길이 돌아다니며 찾는 것만이 아니라 그것이 찾아오게 하는 방법도 있다는 사실을 알아차린 것이다.

곡선적 사고를 하는 방법에는 다음과 같은 것이 있다.

견토지쟁(犬兎之爭, 犬: 개 견, 兎: 토끼 토, 之: 갈 지(…의), 爭: 다툴 쟁)
개와 토끼의 다툼이란 뜻. 곧, ① 양자의 다툼에 제삼자가 힘들이지 않고 이(利)를 봄에 비유. 횡재(橫財)함의 비유. ② 쓸데없는 다툼의 비유.

첫째, 사물의 양 측면을 함께 생각하도록 한다. 사물에는 하나의 측면만 있는 것이 아니다. 긍정적인 측면이 있는가 하면 부정적인 측면도 있고, 유리한 측면이 있는가 하면 불리한 측면도 있다. 때문에 어떤 조건 속에서 어떠한 측면이 나타나는가를 살피면서 사고할 필요가 있다. 둘째, 사물의 전후 관계를 함께 생각하도록 한다. 사물은 반드시 인과 관계로 연관되어 있다. 원인에 얽매여 결과를 무시하거나, 결과에 얽매여 원인을 무시하는 것은 사물을 올바로 바라보지 못하는 태도다. 사물의 발전은 반드시 원인으로부터 결과에 이르는 것이지만, 이러한 순서에 얽매여 사고할 필요는 없다. 결과로부터 원인을 추정하고, 원인으로부터 결과를 예측하는 유연한 사고를 할 필요가 있다. 셋째, 사물의 다양한 연관들을 함께 생각하도록 한다. 사물은 다른 사물들과 매우 다양한 연관 속에서 존재한다.

따라서 폭넓은 시각에서 이러한 연관들을 전면적으로 바라봄으로써 어떠한 사물이 문제의 해결에 어떠한 영향을 미치는가를 파악해야 한다. 창조적인 사고를 하는 데서 곡선적 사고는 아주 중요하다. 곡선적 사고를 하려면, 자신의 사고를 좁히지 말고 시야를 넓혀서 사고하는 버릇을 들일 필요가 있다. 또한 논리학이나 철학을 학습하여, 그것을 실천 경험 속에서 적용하기 위해 노력하는 것도 중요하다. 곡선적 사고를 하려면, 스스로 자기 사고를 좁히지 말고 시야를 넓혀서 사고하는 버릇을 들여야 한다.

③ 측향 사고

측향 사고란 어떤 대상과 직접 관련이 없는 다른 대상으로부터 새로운 생각을 이끌어 내는 사고 방법이다. 측향 사고는 예술, 과학, 발명 등 여러 창조적인 분야에서 크게 도움을 받을 만한 중요한 사고 방법 가운데 하나다.

Start by doing what is necessary, then what is possible, and suddenly you are doing the impassible.
먼저 필요한 일을 하고 그 다음 가능한 일을 하라. 그러면 어느 순간 불가능한 일을 할 수 있게 된다.
–Francis of Assisi

미국의 기술자 두리에는 엔진이 효과적으로 돌아가도록 하려면 휘발유가 공기와 고르게 혼합되어야 한다는 사실을 알게 되었다. 그러나 엔진이 가동될 때 휘발유와 공기가 저절로 섞이게 하는 일은 꽤 어려운 문제였다. 이 문제를 가지고 궁리하던 어느 날, 두리에는 아내가 향수를 뿌리는 것을 보고 묘안이 번쩍 떠올랐다. 휘발유도 향수를 뿌리듯 안개 모양으로 분사하여 피스톤으로 보내면 공기와 잘 섞이게 된다는 생각이었다. 오늘날 엔진의 기화기는 이렇게 해서 탄생되었다.

④ 반향 사고

반향 사고란 사고의 순서를 거꾸로 하는 사고 방법이다. 결과를 놓고 원인을 따질 때 풀리지 않던 문제도, 사고 순서를 거꾸로 해서 되짚어 보면 뜻밖에 쉽사리 풀리는 경우가 있다. 예를 들면, 체온계의 발견이 이런 반향 사고의 결과다. 사람들은 3백여 년 전에 이미, 병에 걸리면 일반적으로 체온이 올라간다는 사실을 알고 있었다. 그래서 의사들은 당시 유명한 과학자인 갈릴레이(Galilei)에게 체온을 잴 도구를 만들어 달라고 의뢰했다. 갈릴레이는 이런저런 방법을 궁리해 보았지만 모두 신통치 않았다.

그러던 어느 날, 학생들과 대화식 강의를 하다가 갈릴레이가 학생들에게 물었다. "물이 부글부글 끓을 때 주전자가 넘치는 까닭이 무엇이라고 생각합니까?" 한 영리한 학생이 손을 들고 대답했다. "물은 온도가 올라가면 부피가 늘고, 온도가 내려가면 부피가 줄어들기 때문입니다." 물론 기대했던 답이었지만, 갈릴레이는 학생의 답변을 듣는 순간 갑자기 머릿속이 환해졌다. '물은 온도의 변화에 따라 부피가 변한다. 그렇다면 이와 반대로, 물의 부피를 보면 온도의 변화를 알아낼 수 있지 않을까!' 갈릴레이는 온도의

계구우후(鷄口牛後, 鷄 · 雞: 닭 계, 口: 입 구, 牛: 소 우, 後: 뒤 후)
닭의 부리가 될지언정 쇠꼬리는 되지 말라는 뜻. 곧, 큰 집단의 말석보다는 작은 집단의 우두머리가 낫다는 말.

변화에 따라 물의 부피가 변한다는 사실은 알고 있었지만, 물의 부피에 따라 온도의 변화를 측정할 수 있다는 생각은 미처 하지 못했던 것이다. 갈릴레이는 이런 원리를 이용하여 체온계를 고안해 냈다. 그는 가느다란 시험관에 물을 넣고 공기를 뺀 다음, 이를 밀봉하여 시험관 표면에 눈금을 새겨 놓았다. 이것이 세계 첫 체온계다.

⑤ 합병 사고

합병 사고란 서로 다른 사물들을 합하여 새로운 사물을 창조해 내는 사고 방법이다. 이러한 합병 사고는 과학 발명에서 흔히 쓰는 방법이다. 발명가들은 자동차와 대포를 합해서 장갑차를 발명했고, 연필에 지우개를 붙여 지우개 달린 연필을 발명했다. 또한 펜과 잉크병을 합쳐서 만년필을 발명했고, 비행기와 배를 합해 수상비행기를 발명했다.

합병 사고는 물체에만 적용되는 것이 아니라, 정신 영역에도 적용될 수 있다. 심리학과 교육학을 합병한 교육심리학, 법학과 의학을 합병한 법의학, 예술과 사회학을 합병한 예술사회학 등이 그러한 예다. 합병 사고에서 주의해야 할 것은, 합병된 사물은 합병되기 전의 사물들보다 더 발전한 새로운 질을 가지고 있어야 한다는 점이다. 예를 들어, 어떤 발명가는 라디오와 카메라를 합쳤는데, 이는 오히려 따로 사용하는 것보다도 불편하기만 했다. 이런 발명품은 만들 필요가 없는 것이다.

⑥ 분리 사고

분리 사고는 어떤 사물을 구성하는 부분들을 분리시켜서 새로운 사물을 창조하는 사고 방법이다. 분리 사고 또한 과학 발명에서 많이 응용되는 사

The real risk is doing nothing.
진짜 위험한 것은 아무것도 하지 않는 것이다.

–Denis Waitley

고 방법이다. 독일의 화학자 에를리히(Ehrlich)가 '606'이라는 이름의 살충제를 만들어 낸 것도 이러한 분리 사고를 이용한 것이다. 에를리히는 어떤 화학잡지에서 당시에 많이 쓰이던 살충제 '아토스르'가 살충 효과는 뛰어나지만, 사람의 눈을 멀게 만드는 위험한 약이라고 소개한 논문을 읽게 되었다.

에를리히는 '아토스르'의 살충 작용과 사람의 시각 신경을 해치는 부작용을 분리시킬 수 없을까를 고민했다. 에를리히는 오랜 실험 끝에 두 작용을 화학적으로 분리해 냈고, 마침내 '606'이라는 안전한 살충제를 만들어 냈다.

(2) 연구자의 관점에 의한 분류

생각의 유형이 연구자들의 관점에 따라 분류되어 다양한 이름으로 사용되기도 한다. 브루너(Bruner)는 좌우 뇌의 기능에 따라 분류하여 우뇌의 기능을 발휘하는 사고를 왼손형 사고로, 좌뇌의 기능을 발휘하는 사고를 오른손형 사고라고 명명하였다. 길포드(Guilford)는 생각의 초점이 집중되지 않고 사방으로 흩어지는 경향성의 사고를 발산적 사고로, 한곳에 집중하려는 방향으로 생각하는 경향성을 수렴적 사고라고 불렀다. 드 보노(de Bono)는 앞에서 읽은 〈사례 2〉의 빚쟁이의 딸과 같이 하는 생각을 수평적 사고로, 고리대금업자 같이 하는 생각을 수직적 사고라고 하였다. 바틀릿(Bartlett)은 위험성을 감수하려는 도전적 자세를 가진 사고를 모험적 사고로, 그런 자세를 갖지 않은 사고를 폐쇄적 사고라 불렀다. 생각의 틀에 얽매이지 않게 하는 자유로운 사고를 비형식적 사고로, 틀을 존중하여 그 틀

계군일학(鷄群一鶴, 鷄 · 雞: 닭 계, 群 · 羣: 무리 군, 一: 한 일, 鶴: 학 학)
닭의 무리 속에 한 마리의 학이라는 뜻으로, 여러 평범한 사람들 가운데 뛰어난 한 사람이 섞여 있음의 비유.

의 범위 안에서 생각하는 사고를 형식적 사고로 부른다. 가설과 관련하여 생각의 성향으로 가설을 형성하려는 시작에 관심을 두는 사고 경향인 가설 형성 사고와, 가설을 검증하려는 결과에 관심을 기울이는 가설 검증 사고로 구분하기도 한다. 개개의 사실에서 일반적인 원리를 추론하는 방법은 귀납적 사고, 일반적인 원리에서 개개의 사실을 추론하는 방법은 연역적 사고라고 한다. 접근 방법의 차이로 구분되는 원하는 것을 찾아내기 위해 전체적으로 탐색하는 탐구적 사고와 낱낱이 분해하여 찾아보려는 성향의 분석적 사고가 있다. 생각의 목적 차이에 따르는 사고의 분류로 새로운 것을 찾아내려는 창의적 사고와 판단해 보려는 비판적 사고가 있다.

〈활동 1-2〉 다음을 읽고 상대적으로 비교하여 제시된 사고 유형 중 자신은 어느 쪽 경향이 상대적으로 강한지를 각 항목에 따라 부등호(<, >로 표시해 보자.

〈표 1-1〉 연구자 관점에 의한 사고 유형

분류 학자/기준	사고 유형	나의 사고 성향	사고 유형
브루너/ 뇌의 기능	왼손형 사고 (Left-handed thinking)		오른손형 사고 (Right-handed thinking)
길포드/ 사고의 초점	발산적 사고 (Divergent thinking)		수렴적 사고 (Convergent thinking)
드 보노/ 다차원성	수평적 사고 (Lateral thinking)		수직적 사고 (Vertical thinking)

Creativity means believing you have greatness.
창의성은 자신이 위대하다는 것을 믿는 것이다.

–Dr. Wayne D. Dwyer

바틀릿/ 위험 감수성	모험적 사고 (Adventurous thinking)		폐쇄적 사고 (Closed thinking)
생각의 틀	비형식적 사고 (Informal thinking)		형식적 사고 (Formal thinking)
가설과의 관계	가설 형성 사고(Hypothesis forming thinking)		가설 검증 사고(Hypothesis testing thinking)
추리 방법	귀납적 사고 (Inductive thinking)		연역적 사고 (Deductive thinking)
생각의 접근	탐구적 사고 (Exploratory thinking)		분석적 사고 (Analytical thinking)
생각의 방향	창의적 사고 (Creative thinking)		비판적 사고 (Critical thinking)

(3) 스턴버그의 사고 양식론

스턴버그(이종승, 김인석 역, 2004)는 학생의 학습 효과와 인간의 성공에 대한 현상이 능력 요인만으로는 설명되지 않음을 깨닫고 다른 시각의 설명을 시도한다.[5] 그는 우리의 능력을 사용할 때에 선호하는 사고 양식과 관련이 있다고 말한다. 능력 요인도 중요하지만 사고 양식이 능력보다 훨씬 중요하다고 강조한다. 삶에서 일어나는 그 무엇은 우리가 얼마나 잘 생각하느냐에 달려 있는 것이 아니라 어떻게 생각하느냐에 달려 있다는 점이다. 양식이란 개인이 선호하는 사고의 방식이다. 그것은 능력이 아니라, 우리가 가진 능력을 어떻게 사용하느냐와 관련되어 있다. 우리는 하나의 양식을 가지고 있기보다는 여러 가지 양식, 즉 양식의 프로파일을 가지고 있다. 그가 말하는 사고 양식의 원리는 무엇인가?

계명구도(鷄鳴拘盜, 鷄: 닭 계, 鳴: 울 명, 拘: 개 구, 盜: 도둑 도)

닭의 울음 소리를 잘 내는 사람과 개 흉내를 잘 내는 좀도둑이라는 뜻. 곧, ① 선비가 배워서는 안 될 천한 기능을 가진 사람. ② 천한 기능을 가진 사람도 때로는 쓸모가 있음의 비유.

- 양식이란 능력 그 자체가 아니라 능력을 사용할 때의 선호 경향성이다.
- 양식과 능력의 조화는 이 둘의 단순함보다 더 많은 시너지 효과를 창출한다.
- 삶에서의 선택은 능력과 양식을 잘 맞추어야 한다.
- 사람은 단 하나의 양식이 아니라, 양식 프로파일(패턴)을 가지고 있다.
- 양식은 과제와 상황에 따라 변화한다.
- 사람은 선호도의 강약에 차이가 있다.
- 사람은 양식의 유연성에 차이가 있다.
- 양식은 사회화된다.
- 양식은 생의 발달 단계에 따라 변화될 수 있다.
- 양식은 측정 가능하다.
- 양식은 가르칠 수 있다.
- 한때 가치 있게 여겨지던 양식은 시기가 달라지면 그 가치를 잃을 수도 있다.
- 어떤 한 장소에서 가치가 있던 양식이 다른 곳에서는 그렇지 못할 수도 있다.
- 양식은 좋거나 나쁜 것이 아니다. 그것은 적합성의 문제일 뿐이다.
- 양식의 적합성과 능력의 수준은 다르다.

이러한 원리에 따라서 스턴버그는 사고 양식을 정신자치(mental self-government) 이론에 근거하여 정신자치의 기능 및 형태로 설명한다. 정신자치의 기본적인 아이디어는 세계 여러 나라의 정부 형태는 서로 같지 않다는 점이다. 그것은 사람의 마음 속에서 일어나는 어떤 무엇의 외면적인

The life that is not examined is not worth living.
음미하지 않는 삶은 살 가치가 없다.

– Socrates

반영이다. 그것은 인간의 사고를 조직화하는 대안적인 방식을 나타낸다. 그래서 정부의 형태는 우리 마음의 거울이라고 주장한다.

① 정신자치의 기능

대략적으로 보아, 정부는 세 가지의 기능을 제공한다. 행정적, 입법적, 사법적 기능이 그것이다. 행정부는 입법부에서 제정한 발의, 정책 및 법을 집행한다. 그리고 사법부는 법이 정확하게 집행되고 있는지 혹은 법 집행에 위법 사항은 없는지를 평가한다. 사람은 자기 자신의 사고와 활동에서 이러한 기능을 수행해야 한다.

입법형(ledislative) 사람은 자기가 해야 할 일의 수행 방식을 스스로 생각해 내기를 좋아하고, 스스로 무엇을 할 것인가 그것을 어떻게 할 것인가를 결정하는 것을 선호한다. 입법형의 사람은 자신의 규칙을 만들기 좋아하고, 사전에 구조화되어 있지 않거나 미리 짜여 있지 않는 문제들을 선호한다. 입법형의 사람들이 선호하는 활동 몇 가지를 들면, 창의적인 논문쓰기, 혁신적인 프로젝트 설계하기, 새로운 사업이나 교육체제 개발하기, 새로운 물건 발명하기 등이 있다. 또 이들이 선호하는 직업 중 몇 가지를 들자면 창의적인 작가와 과학자, 예술가, 조각가, 투자 은행가, 정책 입안자, 건축가 등으로, 이러한 직업은 모두 입법형의 사람이 가진 심리적 특성을 실습해 보기에 적합한 것들이다.

입법적인 양식은 특히 창의성에 도움이 되는데, 그 이유는 창의적인 사람은 새로운 아이디어를 생각해 낼 수 있는 능력뿐만 아니라 그렇게 하고자 하는 욕구도 필요하기 때문이다. 그러나 불행히도 학교 환경은 입법적 양식을 북돋아 주지 못한다. 실은 창의적이기를 요구하는 직업 훈련에서조

곡학아세(曲學阿世, 曲: 굽을 곡, 學: 학문 학, 阿: 아첨할 아, 世: 인간 · 세대 세)
학문을 굽히어 세속(世俗)에 아첨한다는 뜻으로, 정도(正道)를 벗어난 학문으로 세상 사람에게 아첨함을 이르는 말.

차 입법적 양식을 기피하는 실정이다. 그리하여 과학 과목에서 어느 학생이 단순 사실이나 공식 또는 도표를 암기할 것을 요구받으면서 수업을 듣고 있는 광경을 쉽게 찾아볼 수 있다. 하지만 과학자는 어떠한 것도 암기할 필요가 거의 없다. 만약 과학자가 무엇인가를 기억하지 못한다면 도서관이나 서가에서 그것을 찾아보면 되는 것이다.

창의적인 작가 또한 입법적인 양식을 필요로 하지만, 종종 입법적 양식은 격려받지 못하고 있다. 문학 관련 수업의 경우 저학년에서는 이해가 강조되고, 고학년에서는 비평과 분석이 강조되기 때문에 대개 입법적 양식은 환영받지 못한다.

행정형(executive) 사람은 규칙을 따르는 것을 좋아하고, 미리 조직화되거나 짜여 있는 문제를 선호한다. 이들은 스스로 어떤 조직분을 채우는 역할을 좋아한다. 행정형의 사람이 선호하는 활동 몇 가지를 들면, 주어진 수학 문제 풀기, 문제에 규칙 적용하기, 다른 사람의 아이디어에 기초하여 이야기하거나 가르치기, 규칙 집행하기 등이다. 행정형의 사람에게 잘 맞는 직업에는 변호사, 순찰 경찰관, 다른 사람의 설계에 따라 하는 건축가, 군인, 다른 사람들의 체제를 개조하는 사람, 행정 보조원 등이 있다.

행정적 양식은 학교나 사업 분야에서 우대받는 경향이 있다. 왜냐하면 이들은 지시받은 대로 일을 잘 수행하고 또 그러한 일을 즐겨하기 때문이다. 이들은 지시와 명령에 따르고, 지시받은 것들을 얼마나 잘 해내는가에 따라 자기 자신을 평가한다. 그래서 행정적 양식의 재능 있는 학생은 학교에서 잘할 가능성이 높은 반면, 입법적 양식의 재능 있는 학생은 학교에서 비동조자 혹은 반항아로 보일 가능성이 많다.

Men of genius are admired, men of wealth are envied, men of power are feared, but only men of character are trusted.
천재성을 가진 자는 경탄의 대상이 되고, 부를 가진 자는 시기의 대상이 되며, 권력을 가진 자는 두려움의 대상이 되지만, 품성을 갖춘 자는 신뢰의 대상이 된다. −Zig Ziglar

또래 집단의 압력이 학생으로 하여금 행정적 양식을 수용하도록 조장하는 수가 있는데, 이때 압력은 학교가 아니라 또래 집단의 규범에서 나온다. 따라서 여러 원천으로부터의 압력은 그들에게 이 양식을 받아들이도록 이끌 수 있다.

사법형(judicial) 사람은 규칙과 절차를 평가하기를 좋아하고, 기존의 사물이나 아이디어를 분석하고 평가할 수 있는 문제를 선호한다. 사법적 양식의 소유자는 비평문 쓰기, 의견 제시하기, 사람과 그의 과업 판단하기, 프로그램 평가 등과 같은 활동을 좋아한다. 또한 이들이 선호하는 직업으로는 판사, 비평가, 프로그램 평가자, 컨설턴트, 인허가 전문 요원, 계약 모니터, 시스템 분석가 등이 있다.

학교에서는 간혹 사법적 양식의 학생을 속이는 수가 있다. 예를 들어, 역사학자의 주 업무는 역사적 사건을 분석하는 일로 대체로 사법형에 속하는 것이지만, 대다수 학생들은 역사 시간에 사건의 날짜들을 많이 암기해야 하기 때문에 역사가의 업무가 주로 행정적이라는 생각을 갖게 한다. 그러므로 과학 수업에서 그랬던 것처럼, 아주 우수한 학생의 일부는 자신의 사고 양식이 실제로는 해당 분야의 진로에 잘 맞는데도 불구하고 (진로 준비과정에서는 비록 잘 맞지 않았지만) 다른 분야를 택하도록 만들 수 있다.

사고 양식과 그 개인의 특성이 잘 맞느냐 맞지 않느냐의 문제는 비단 학교에만 국한되지 않는다. 학교를 포함한 많은 사업 분야에서는 주로 행정적 양식을 가진 낮은 수준의 관리자를 찾는다. 이들은 지시받은 대로 일을 하고, 또 그것을 잘하려고 노력한다. 이와 같은 양식을 가진 사람은 시간이 경과되면 보다 높은 관리직으로 승진되기도 한다. 문제는 보다 높은 수준

공중누각(空中樓閣, 空: 빌 공, 中: 가운데 중, 樓: 다랄 루, 閣: 누각 각)
공중에 떠 있는 누각(蜃氣樓, 신기루)이란 뜻. 곧, ① 내용이 없는 문장이나 쓸데없는 의론(議論). ② 진실성이나 현실성이 없는 일. ③ 허무하게 사라지는 근거 없는 가공의 사물.

의 관리직에서는 입법적이거나 사법적인 양식을 지닌 사람이 더 바람직할 수도 있다는 점이다. 그런데 입법적이거나 사법적인 경향이 강한 사람들 가운데 상당수가 일찌감치 관리직 진로에서 벗어나, 높은 수준의 관리직에는 결코 도달하지 못하게 된다.

사람은 자기의 양식에 맞지 않는 보다 높은 직위로 승진될 수도 있다. 예를 들어, 일부 학교 관리자들 중에 변화를 받아들이는 것을 꺼려하는 사람이 있는 것은 별로 놀라운 일이 아니다. 그들은 자신이 해야 할 일을 스스로 결정하는 것을 좋아했기 때문이 아니라, 단지 하라고 지시받은 일을 잘 해 왔기 때문에 현재의 그 위치에 도달할 수 있었던 것이다.

② 정신자치의 형태

정신자치 이론은 군주형, 계급형, 과두형 및 무정부형의 네 가지 형태로 분류한다. 각각의 형태는 주변의 사물과 문제에 대해 접근하는 방식이 서로 다르다.

군주형(monarchic) 사람은 오직 한 가지 목표만 지향하고 추구하는 사람이다. 자신의 문제해결 방식에 끼어드는 그 어떠한 것도 용납하지 않는 경향이 있다. 군주형의 사람이 일을 하기로 마음만 먹는다면, 그가 하는 일은 잘 수행될 것이라는 믿음을 가질 수 있다.

군주형의 책임자는 어떠한 변명이나 참작해야 할 사정도 고려함이 없이 해야 할 일이라면 그대로 수행되기를 기대한다. 만약 당신이 군주형의 사람과 결혼하면, 이러한 특성을 빨리 발견할 수 있을 것이다. 당신은 아마도 그 사람의 존재를 거의 보지 못하고 있다가 어느 때 그 사람을 찾아보면, 그의 마음은 다른 곳에 있을지도 모른다. 만약 당신이 군주형 배우자의 강

Outstanding leaders go out of their way to boost the self-esteem of their personnel.
진정 뛰어난 리더는 구성원들의 자존심을 북돋우기 위해 적극적으로 노력한다.
–Sam Walton

박 대상이 된다면, 당신은 기대했던 이상으로 더 많은 주의를 받고 있는 자신을 발견할 것이다.

군주형의 아동은 가끔 학교에서 문제에 봉착한다. 그들은 보통 현재 하는 일보다는 다른 무엇인가를 하기를 원하고, 교사의 설명에 주의 집중해야 할 시간에 다른 어떤 것에 대해 생각하고 있을 가능성이 많다. 때로는 그들이 하고 있는 다른 무언가에 영향을 미칠 수 있도록 군주형의 것을 도입하면, 그들의 흥미를 가장 잘 이용할 수 있다. 예를 들어, 독서에는 흥미 없고 스포츠에 큰 흥미를 느끼는 어떤 아동에게 스포츠 소설을 주면, 그 아동은 독서를 하게 될 것이다. 또한 요리 만들기를 좋아하지만 수학은 싫어하는 아동에게 요리법과 관계된 수학 문제를 줄 수 있다. 군주형 아동에게는 이와 같은 방식으로 이전에는 전혀 흥미가 없던 것들에 흥미를 느끼게 할 수 있다.

계급형(hierarchic) 사람은 목표들 간의 계층 구조를 가지고 있다. 이들은 주어진 목표를 모두 성취할 수 있다거나 혹은 모든 목표를 다 성취할 수 없을 때 우선순위를 정할 필요성을 깨닫는다. 이런 사람은 군주형의 사람보다 복잡성을 더 잘 받아들이는 경향이 있고, 우선순위를 정확하게 결정하기 위하여 다양한 관점에서 문제를 조망하는 경향이 있다.

계급형의 사람은 우선순위에 대한 필요성을 깨닫기 때문에 조직 내에서 잘 적응하는 경향이 있다. 이때 그들은 조직이 아닌 자신의 우선순위에 맞추어 일을 조직화할 가능성이 많다. 공익을 위한 업무수행에 지나치게 많은 시간을 사용하기 원하는 개인 회사의 변호사, 수업에 지나치게 많은 시간을 사용하기 원하는 대학 교수, 매번의 식사가 완벽하게 되기를 원하지

과유불급(過猶不及, 過: 지날 과, 猶: 같을 유, 不: 아니 불, 及: 미칠 급)
정도를 지나침은 미치지 못하는 것과 같다는 뜻.

만 끊임없이 식사 요리를 맡아야 하는 요리사, 이들은 모두 각자의 조직체에서 환영받지 못하고 있는 자신을 발견하게 될 것이다.

과두형(oligarchic) 사람은 같은 시간의 틀 안에서 하나 이상의 일을 하려는 욕구를 가지고 있다는 점에서 계급형의 사람과 닮았다. 그러나 계급형의 사람과 달리, 이들은 이와 같이 중요하다고 지각되는 여러 경쟁적인 목표에 의해 동기화되는 경향이 있다. 종종 이들은 시간이나 다른 자원에 대한 경쟁적인 요구에 직면하고 압박감을 느낀다. 그들은 무엇을 우선적으로 해야 할 것인지, 혹은 완수해야 할 각각의 과제에 대하여 얼마만큼의 시간을 할당해야 하는지 등에 대해 언제나 확신하는 것은 아니다. 그러나 이들이 속한 조직의 우선순위에 대해 최소한의 지침만 주어지면 다른 양식의 사람만큼 효과적이거나 그보다 더 효과적인 사람이 될 수 있다.

무정부형(anarchic) 사람은 분류하기 어려운 요구나 목표의 혼합에 의해 동기화되는 듯하다. 무정부형의 사람은 문제에 대해 제멋대로 접근하는 것처럼 보이는 방법을 취한다. 그들은 체제를 거부하는 경향이 있는데, 특히 엄격한 체제를 거부한다. 그리고 자신을 제한하는 것은 어떤 체제든지 싸워서 저지하려는 경향이 있다.

무정부형 사람이 학교나 직장에 적응할 때, 특히 환경이 엄격하다면, 어려움에 직면할 수 있다. 그러나 무정부형 사람은 자신들을 싫어하는 많은 사람들이 하는 것보다 더 크게 기여할 수 있는 창조적인 잠재력을 가지고 있다. 무정부형의 사람은 여기저기서 조금씩 정보를 수집하는 특성 때문에 종종 다양한 정보와 아이디어를 독창적으로 결합한다. 그들이 고려하는 문제의 범위는 광범위하여 다른 사람이 간과하기 쉬운 문제에 대한 해결책을

It's amazing what ordinary people can do if they set out without preconceived notions.
평범한 이들도, 선입견만 없다면 놀라운 일을 할 수 있다.

—Charles Franklin Kettering

찾을 수 있다. 교사, 부모, 고용주가 해야 할 과제는 무정부형의 사람이 지닌 잠재력을 창의성으로 활용하고, 또한 창의적인 기여를 위해 필요한 자기 훈련과 조직화를 달성할 수 있도록 돕는 일이다. 만약 이처럼 무정부형 사람의 잠재력을 이용하려는 노력이 더해지면, 이들은 다른 사람이 실패할지도 모를 영역에서 결국은 성공하게 될 것이다.

③ 정신자치의 수준

전체형(global)의 사람은 비교적 크고 추상적인 문제를 다루기를 선호한다. 이들은 세부적이고 자잘한 것을 좋아하지 않거나 무시해 버리고, 나무보다는 숲을 보기를 선호한다. 가끔 이들은 숲을 이루는 나무를 보지 못하는 경우가 있다. 따라서 비현실적인 상태에 빠져 길을 잃지 않도록 주의해야 한다.

부분형(local)의 사람은 자세하고 세부적인 것이 요구되는 구체적인 문제를 좋아한다. 이들은 실용적, 현실적, 실제적인 경향이 강하다. 위험한 것은 나무는 보되 숲을 놓칠 수 있다는 점이다. 그런데 비행기나 로켓 발사에서 일어난 최악의 시스템 실패 중 일부는 당시 아주 작은 세부적인 것을 무시하여 발생하였던 것이었다. 따라서 어떤 과제를 수행하는 팀이건 최소한 몇 명의 부분형 사람은 있어야 한다.

전체형 사람과 부분형 사람은 특히 함께 일을 잘할 수 있다. 왜냐하면 그들은 과제 완성에서 다른 양식의 사람이 간과할 수 있는 면에 오히려 주의를 더 기울이기 때문이다. 어떤 프로젝트를 두 명의 전체형 사람이 맡아서 수행하게 된다면, 둘 중 누구도 세부적인 것에는 주의를 기울이지 않은 채 서로 큰 것들만 다루기를 원할 것이다. 반면에 두 명의 부분형 사람이 맡아

과전이하(瓜田李下, 瓜: 오이 과, 田: 밭 전, 李: 오얏 리, 下: 아래 하)
오이밭에서 신을 고쳐 신지 말고, 오얏나무 아래서 갓을 고쳐 쓰지 말라는 뜻으로, 의심받을 짓은 처음부터 하지 말라는 말.

서 한다면, 이 작업에 꼭 필요한 높은 수준의 전반적인 초기 계획을 세울 만한 사람이 없음을 발견하게 될 것이다. 그러므로 두 사람 중 어느 누구도 상대편이 제공하는 것을 이해하고 인정할 수 없을 정도로 그렇게 극단적이 아니라면 전체형과 부분형은 서로에게 도움이 된다. 극단적으로 부분적인 사람이나 또는 전체적인 사람은 각자 자신의 관심사에만 몰입하게 되어 큰 쟁점이 있거나 혹은 누군가가 주의를 기울일 필요가 있는 세부 사항이 있다는 것을 놓칠 수 있기 때문이다.

④ 정신자치의 범위

내부(internal) 지향형 사람은 내적인 일에 관심을 가지는데, 다시 말하면 이들의 관심은 내부로 향한다. 이들은 내향적이고, 과제 중심적이며, 냉담하고, 때로는 사회적인 인식이 부족하다. 이들은 혼자 일하기를 좋아한다. 기본적으로 다른 사람과 떨어져서 자신의 재능을 일과 아이디어에 발휘하는 것을 선호한다.

양식과 능력을 혼동하는 다음의 예를 살펴보자. 유치원 교사가 어느 한 유치원생을 초등학교 1학년으로 진급시키는 것을 보류하도록 권고했다. 왜 그러한 권고를 했는지 사유를 묻자, 그 교사는 아동에 대해 비록 학업성취도는 좋은 편이나 1학년 수준에 맞는 '사회적 준비'가 되어 있지 않은 것 같다고 지적했다. 다시 말하면, 그 아동은 다른 아동과 상호작용하기보다는 혼자 있기를 선호하는데, 교사는 이것을 일종의 사회적 지능이 부족한 것으로 보았던 것이다. 사실 그 아동은 단순히 내부 지향적인 성향을 가지고 있을 뿐이었다. 그 아동은 1학년에 진급하여, 학업에서나 사회적 관계에서 모두 훌륭하게 잘 해냈다.

Discovery lies in seeing what everyone sees, but thinking what no one has thought.
발견이란 모두가 보는 것을 보면서 아무도 생각하지 못한 것을 생각하는 것이다.

–무명씨

외부(external) 지향형 사람은 외향적이며, 야외 활동적이고, 대인 지향적인 경향이 강하다. 이들은 사회적으로 민감하고, 다른 사람이나 어떤 일이 벌어지고 있는지에 대해 잘 인식하고 있다. 이들은 어디서든 될 수 있는 대로 다른 사람들과 함께 일하기를 좋아한다.

교육 상황에서 흔히 제기되는 질문 가운데, "어느 것이 더 나은가?" 하는 물음은 양식과 학습 경험의 상호작용에 대한 근본적인 오해에서 비롯된다. 예를 들어, 최근에 소위 말하는 '협동학습'을 지향하는 강한 움직임이 있다. 이것은 집단 내에서 아동들이 함께 공부하는 것을 의미한다. 이러한 생각의 배경에는 아동들을 혼자 공부하게 했을 때보다 소집단 내에서 더 잘 배울 것이라는 것을 가정한 것이다.

정신자치 이론의 입장에서는, 아동이 혼자 할 때 더 잘 배우는지 혹은 집단 내에서 더 잘 배우는지와 같은 질문에 어떤 하나의 올바른 답이란 없다는 점이다. 그리고 사실, 이런 질문은 잘못된 질문이다. 외부 지향적인 아동은 집단 내에서 공부하는 것을 더 좋아하고 아마도 다른 사람과 함께 배울 때 더 잘 배울 것이다. 그러나 내부 지향적인 아동은 혼자 공부하는 것을 더 좋아하고, 집단 내에서는 긴장되고 마음이 놓이지 않을 수 있다.

이것은 내부 지향적인 아동이 결코 집단에서 공부하지 않아야 한다거나, 혹은 외부 지향적인 아동은 혼자 공부하지 않아야 한다는 것을 말하는 것은 아니다. 분명히 각 유형의 사람은 다양한 상황에서 일하는 법을 배울 수 있는 유연성을 개발할 필요가 있다. 그러나 양식 이론의 관점은 학생과 마찬가지로 교사도 교수-학습 과정에 접근하는 방식에서 좀 더 유연해질 필요가 있음을 시사하는 것이다. 교사는 학생들에게 개별적인 환경과 집단

관포지교(管鮑之交, 管: 대롱 관, 鮑: 절인 고기 포, 之: 갈 지(…의), 交: 사귈 교)
관중(管仲)과 포숙아(鮑淑牙) 사이와 같은 사귐이란 뜻으로, 시세(時勢)를 떠나 친구를 위하는 두터운 우정을 일컫는 말.

환경 모두를 제공할 필요가 있다. 그리하여 어떤 시간에는 편안함을 느끼고, 또 나머지 시간에는 자극받을 수 있는 환경을 마련해 주는 것이 좋다. 항상 동일한 작업 환경을 제공하면 어떤 학생에게는 유익이 되겠지만, 다른 학생들에게는 불리하게 된다.

⑤ 정신자치의 경향

진보형(liberal) 사람은 기존의 규칙이나 절차를 뛰어넘기 좋아하며, 최대한의 변화를 좋아하고, 다소 모호한 상황을 추구한다. 이러한 사람이 반드시 '정치적으로' 진보주의자는 아니다. 즉, 정치적으로 보수주의자도 어떤 일을 수행하려는 노력에서는 진보적인 양식을 가질 수 있다. 예를 들어, 보수적인 공화당의 의제를 새롭고도 모든 것을 포괄하는 방식으로 할 수 있는 것처럼 말이다. 모험을 추구하는 사람이 자유로운 양식을 가지는 경향이 있고, 일반적으로 빨리 싫증을 내는 사람들도 그러하다.

보수형(conservative) 사람은 기존의 규칙이나 절차를 고수하며, 변화를 최소화하고, 될 수 있는 대로 모호한 상황을 피하며, 일을 하는 데서 익숙한 상황을 고수하려고 노력하고, 전문적인 직업을 좋아한다. 이러한 사람은 구조화되어 있고 상대적으로 예측 가능한 환경에서 가장 행복할 수 있는데, 만약 이와 같은 환경이 존재하지 않으면 스스로 그것을 만들려고 노력할 것이다.

〈활동 1-3〉 스턴버그의 다양한 사고 양식을 요약하면 〈표 1-2〉와 같이 정리할 수 있다. 나는 어떤 사고 유형에 속하는지 표시해 보자.

Great minds have purpose, while others just have wishes.
위대한 인물은 목적을 갖지만, 그 밖의 보통 사람들은 그저 소망만 갖는다.
—Washington Irving

〈표 1-2〉 스턴버그의 다양한 사고 양식

구분	기능	형태	수준	범위	경향
유형	입법형 행정형 사법형	군주형 계급형 과두형 무정부형	전체형 부분형	내부 지향형 외부 지향형	진보형 보수형
나의 유형					

⑥ 교실에서의 사고 양식의 적용 결과

이와 같은 사고의 유형은 사고의 기능, 형태, 수준, 범위 및 경향에 따라 다양하게 나타나 교실에서 진행되는 수업 방식과 평가 방식, 평가 과제 등에 다르게 나타난다고 주장한다. 다음 〈표 1-3〉, 〈표 1-4〉, 〈표 1-5〉는 스턴버그가 수업과 관련된 사고 양식을 적용한 결과들이다.

〈표 1-3〉 사고 양식과 수업 방법

수업 방법	수업 방법과 잘 맞는 사고 양식
강의	행정형, 계급형
사고에 기초한 질문하기	사법형, 입법형
협동(집단) 학습	외부 지향형
주어진 문제의 해결	행정형
프로젝트	입법형
소집단-사실적인 질문에 대답하기	외부 지향형, 행정형
소집단-아이디어에 대해 토의하기	외부 지향형, 사법형
독서	내부 지향형, 계급형

괄목상대(刮目相對, 刮: 비빌 괄, 目: 눈 목, 相: 서로 상, 對: 마주 볼 · 대할 대)
눈을 비비고 본다는 뜻. 곧, 남의 학식이나 재주가 전에 비하여 딴 사람으로 볼 만큼 부쩍 는 것을 일컫는 말.

〈표 1-4〉 사고 양식과 평가 방법

평가 방법	주요 개발 기능	적합한 사고 양식
단답형 및 선다형	암기	행정형, 부분형
	분석	사법형, 부분형
	시간 배분	계급형
	혼자 공부하기	내부 지향형
논술시험	암기	행정형, 부분형
	거시적 분석	사법형, 전체형
	미시적 분석	사법형, 부분형
	창의성	입법형
	조직화	계급형
	시간 배분	계급형
	교사 견해 수용	보수형
	혼자 공부하기	내부 지향형
프로젝트 및 포트폴리오	분석	사법형
	창의성	입법형
	공동 작업	외부 지향형
	혼자 공부하기	내부 지향형
	조직화	계급형
	높은 관여	군주형
인터뷰	사회성	외부 지향형

I have tried 99 times and have failed, but on the 100th time came success.
99번 시도하고 실패했으나, 100번째에 성공이 찾아왔다.

—Albert Einstein

〈표 1-5〉 사고 양식과 수업 및 평가 과제

강조되는 양식(자극어 유형)		
행정형	사법형	입법형
누가 말했는가? 요약하시오. 누가 했는가? 언제 했는가? 무엇을 했는가? 어떻게 했는가? 다시 반복하시오. 기술하시오.	비교 대조하시오. 분석하시오. 평가하시오. 당신의 판단으로 왜 했는가? 무엇이 원인인가? 무엇이 가정되는가? 비평하시오.	창작하시오. 창안하시오. 만약 당신이라면 상상하시오. 설명하시오. 어떻게 할 것인가? 가정해 보시오. 이상적으로는?

2. 생각 발전소의 힘 키우기: 사고 기술의 이용 방법

생각이 가진 힘의 위력을 인식한 우리는 자연스럽게 "우리가 어떻게 하면 그러한 생각을 해낼 수 있을까?"라는 질문을 하게 된다. 사실 이러한 방법은 철학의 발전 과정에서 나타난 생각의 기술 혹은 철학의 기술이다. 그리고 여기에 해당되는 기술들은 서로 얽혀 있지만, 다른 기술이 없이는 제 기능을 할 수 없을 정도로 관계가 그렇게 긴밀하고 필연적이지는 않다. 옌스 죈트겐(Jens Soentgen; 도북선 역, 2005)은 "생각의 기술은 하나같이 다른 사람의 생각에 구속되는 일을 줄이는 목적을 가지고 있다."라고 말한다. 그런 기술들을 수사학이라는 이름으로 처음 정리한 철학자는 아리스토텔레스다. 그가 쓴 수사학은 자기 스스로 써먹기 위해 300개쯤 모아 둔 일종

교언영색(巧言令色, 巧: 교묘할 교, 言: 말씀 언, 令: 명령할 · 하여금 령, 色: 빛 색)
발라 맞추는 말과 알랑거리는 태도라는 뜻으로, 남의 환심을 사기 위해 아첨하는 교묘한 말과 보기 좋게 꾸미는 표정을 이르는 말.

의 생각하기 연습 같은 것이었다. 우리의 생각하는 힘을 기르기 위해 사고의 기술에 관해 알아보고 생각을 적극적으로 배양하는 생활을 해 보자.[6]

① 분석과 종합

분석과 종합은 매우 중요한 사고 과정이다. 분석이란 한 대상을 해체해서 그 기본 요소들을 통해 본질을 캐내는 사고 과정이다. 객관 세계에 존재하는 사물들은 매우 복잡한 연관 속에서 존재한다. 때문에 이러한 요소들 가운데 어떤 것이 사물의 본질을 규정하는 요소인지를 가려내기란 쉬운 일이 아니다. 이때 우리는 그 사물의 요소들 가운데 본질적인 요소를 취하고, 비본질적인 요소들을 버리는 분석의 사고 과정을 거쳐야 비로소 사물의 본질에 다가갈 수 있다.

이와 달리, 종합은 한 대상의 다양한 구성 요소들과 연관을 결합하여, 그것들을 규정하는 하나의 본질로 통합하는 사고 과정이다. 그렇다고 해서 종합이 분석을 거꾸로 하는 과정은 아니다. 종합은 분석을 기초로 하지만, 분석하기 전 상태로의 단순한 복귀가 아니라 '발전된' 복귀다. 예를 들어, 우리가 어떤 동물들을 '포유류'로 사고하는 과정을 생각해 보자. 일단 우리는 종이 다른 여러 동물들의 특성을 분석한다. 그 다음, 각 특성의 보편적이고 본질적인 측면을 종합해서 '이러저러한 특성을 가진 동물은 포유류다.'라는 사고에 도달한다. 여기서 주의할 점은 이러한 사고 과정 속에서 종합된 '포유류'라는 개념을 개, 소, 말, 사슴 따위의 각각의 동물의 집합쯤으로 생각하면 곤란하다는 사실이다. 비유하면, 그것은 쇠고기를 그 구성 원소인 탄소와 수소와 산소로 분해한 다음, 다시 이 원소들을 결합하면 원래의 쇠고기를 만들 수 있다는 발상과 같다. 포유류는 각각의 동물들의 집

I haven't failed, I have just found 10,000 ways that didn't work.
나는 실패하지 않았다. 나는 단지 효과가 없는 만 가지 방법을 발견했을 뿐이다.
–Thomas Edison

합이 아니라, 특정 부류 동물의 본질적 속성을 반영하는 개념일 뿐이다.

분석과 종합은 동일한 사고 과정의 두 측면이다. 분석과 종합은 변증법적으로 통일되어 있다. 분석→종합→재분석→재종합 ……. 이러한 과정을 통해 우리는 사물의 본질에 더 가까이 다가가게 된다. 분석과 종합은 변증법적으로 통일되어 있다. 이 두 가지는 서로 대립하고, 서로 침투하고, 서로 진화하면서 발전한다.[7)]

② 대조와 비교

다른 사람에게 주는 인상을 바꾸는 데 말의 느낌만 사용되는 건 아니다. 비교를 통해서도 얼마든지 그렇게 할 수 있다. 비교는 어떤 사태를 나누어 가릴 때 요긴하게 쓰인다. 비교 대상을 고르는 행위를 통해 상황을 자신이 추구하는 목적에 유리하게 만들 수도 있다.

비교란 사물 사이의 같은 점과 다른 점을 확정하는 사고 과정이다. 객관 세계의 사물들은 겉보기에 비슷한 경우가 많기 때문에, 비교의 사고 과정을 거치지 않으면 그 본질을 올바르게 파악할 수 없게 된다. 우리는 사고 과정에서 대상을 비교하면서, 이를 분류하고 개괄한다. 이를테면, 사람은 오랫동안 고래를 물고기라고 생각해 왔다. 그러나 고래의 일반적인 특성과 다른 부류 동물들의 일반적인 특성을 비교한 결과, 고래가 어류보다 포유류의 특성에 더 가깝다는 사실을 알아냈다. 비교의 사고 과정은 앞서 말한 분석과 종합의 사고 과정과 직접적인 연관을 맺고 있는 것이다.

③ 추상화

추상화는 구체적인 사물에 근거한 것이며, 구체적인 사물은 사고 과정에

구우일모(九牛一毛, 九: 아홉 구, 牛: 소 우, 一: 한 일, 毛: 털 모)
아홉 마리의 소 가운데서 뽑은 한 개의 (쇠)털이라는 뜻으로, 많은 것 중에 가장 적은 것의 비유.

서 더 정확하게 추상화된다. 추상화는 어떤 구체적인 대상의 속성으로부터 다른 특정한 속성을, 또는 어떤 구체적인 대상들의 관계들로부터 다른 특정한 관계를 추출해 내는 사고 과정이다. 우리의 사고는 아주 낮은 단계의 사고부터 이미 추상화 과정을 거치게 된다. 우리가 일상적으로 사용하는 개념어들 또한 추상화 과정을 거쳐 형성된 것들이다.

이를테면, '사람'이라는 개념어를 생각해 보자. 현실에 존재하는 것은 그저 이△□, 박◇○ 식의 개별적인 사람들일 뿐이며, '사람'이라는 개념어에 대응하는 현실적인 사물은 어디에도 없다. 그럼에도 불구하고 '사람'이라는 개념은 수십억 명의 사람들을 하나하나 다 아는 것보다도 더 정확한 정보를 준다. 그것은 사람이라는 개념이 수십억 명이 아니라 수천억 명이어도 변할 수 없는 사람의 보편적이고 본질적인 특성만을 추출하여 반영한 것이기 때문이다. 달리 말하면, 추상화의 과정은 어떤 대상의 특성을 분별하여 사물의 본질적 특성을 뽑아내고 비본질적 특성을 버리는 과정이다.

④ 당연함에 대한 도발

도발은 어떤 식으로 일어나는가? 대개는 익숙한 가치를 다르게 평가하는 데서 시작된다. 우리는 온갖 금지와 관습으로 얽힌 그물 속에서 살아가고 있는데, 우선 그 그물을 알아차릴 수 있는 감각을 키우는 것이 중요하다. 그걸 알아차리는 것이 물론 쉬운 일은 아니다. 당연한 일일수록 제대로 알아차리는 것이 쉽지는 않다. 기민한 재치와 대담한 용기도 꼭 갖추어야 할 필수 덕목이다. 소리 없이 굳어진 합의를 공격하려는 사람의 경우, 따돌림을 당하거나 쫓겨나는 게 드문 일이 아니기 때문이다.

The greatest thing about a man is his ability to transcend himself, his environment, and to be what he dreams of being.
인간의 위대함은 자기 자신과 환경을 초월하여 꿈을 이루어 내는 능력에 있다.
—Tully C. Knoles

오늘날에는 도발이 예전만큼 쉽지 않다. 굳은 가치 체계를 가진 사회가 다원적인 사회보다 도발하기 더 쉬운 법이다. 그런데 누구든 자기가 원하는 일을 할 수 있고 또 하기 싫으면 하지 않아도 되는 현대 사회에서는 대중들이 놀랄 만한 일이란 게 남아 있지 않은 듯 보인다. 이런 사회에서 도발의 몸짓은 무뎌져 더 이상 제 구실을 하지 못하거나 어쩌면 박수갈채 속에 질식해 버렸는지도 모른다. 오늘날 도발을 감행하는 자는 그를 자기들의 일원으로 보는 사회에서 익살꾸러기 광대가 되고 만다. 그렇다고는 하지만 오늘날에도 수천 년 전부터 이어져 내려온 분노의 외침소리를 이따금씩 듣게 되는 게 사실이다. 그런 것으로 보아 오늘날의 자유주의 사회에서도 '해도 너무한' 일이 가능하다는 것을 알 수 있다.

⑤ 사실과 인용

사람은 별다른 뜻 없이 자기가 들었던 것을 그대로 이야기하지만 그 이야기는 서로 다르다. 서로 견해가 다른 사람이라면, 그 다른 정도는 훨씬 심해질 수도 있다. 그런데 다른 사람에게 사실에 대한 이야기를 전할 때면 거의 대부분 그 다른 견해란 것이 개입되게 마련이다. 변하지 않는 것은 없다. 아무리 확고한 것일지라도 바뀔 여지는 조금이나마 있게 마련이다. 다음의 이야기에서도 그것을 확인할 수 있다.

예수회 수도사 한 명과 프란체스코 수도회 수도사 한 명이 기차의 같은 칸 같은 방에 타게 되었다. 두 사람은 일과에 따라 기도서를 읽었다. 그때 예수회 수도사가 담배 한 갑을 꺼내는 것이었다.

군자삼락(君子三樂, 君: 임금 군, 子: 아들 자, 三: 석 삼, 樂: 즐길 락, 좋아할 요)
군자에게는 세 가지 즐거움이 있다는 말.

프란체스코 수도사: 이런 세상에! 성서를 읽을 때 담배 피우는 건 금지되어 있는 거 몰라?
예수회 수도사: 아, 난 특별 허가를 받았거든.

그러면서 담배에 불을 붙여 물었다. 상대방은 잔뜩 호기심이 동했다.

프란체스코 수도사: 혹시 나도 그런 특별 허가를 받을 수 있을까?
예수회 수도사: 당연하지. 수도원장을 찾아가 말해 보시게나.

얼마 뒤에 두 사람이 다시 만났다.

프란체스코 수도사: 그랬다가 호되게 질책만 받았다네!
예수회 수도사: 어쩌다가? 자세히 얘기해 보게.
프란체스코 수도사: 내게 일러준 그대로 했지. 수도원장을 찾아가 기도하면서 담배를 피워도 되느냐고 물었어. 수도원장이 노발대발하더군!
예수회 수도사: 에이, 다른 식으로 물었어야지. 난 원장에게 가서 담배 피울 때 기도해도 되느냐고 물었다네. 그러자 그는 나를 축복하고 감탄하며 "되고말고!"라고 했어.

기도하면서 담배 피우는 것과 담배 피우면서 기도하는 것, 이 두 가지 사실은 그저 말의 느낌의 차이만 있을 뿐이다. 그렇지만 결정적 차이를 만드는 게 바로 이 느낌이다. 웃기게도 말의 느낌이 '예'와 '아니오'를 결정한다. 당신은 '다른 사람을 이런 식으로 속여도 되는 걸까'라고 생각할지도 모른다. 하지만 이 이야기에서도 알 수 있듯, 사실상 거짓말이 있었던 것은 아니다. 사실은 그저 조금 달리 표현한 것뿐이다.

⑥ 인용

다른 사람이 한 말이나 쓴 글은 특별한 종류의 '사실'이다. 이를테면, 가

Most of us are just as happy as we make up our minds to be.
사람은 행복하기로 마음먹은 만큼 행복하다.

–Abraham Lincoln

족 내에서의 입씨름, 정치 유세와 토론, 신문에 실린 논쟁이나 철학적 대화 같은 온갖 종류의 토론에서 이런 종류의 '사실'은 결정적인 역할을 한다. 다른 사람이 글로 써 놓은 것이라면 글자 그대로 따다가 쓸 수도 있다. 이러한 인용의 기술은 그 자체가 객관적인 방법이지만, 정확한 출처를 꼼꼼하게 적어 보여 주는 주석이라는 방법을 통해 보다 더 객관성을 확보해 왔다. 인용 부호인 큰따옴표는 "우리가 그 안에 끌어다 써 놓은 것은 정말로 그렇게 이야기된 것이다."라는 의미를 내포한다. 객관성을 표시함으로써 비판을 준비 중인 사람을 진정시키기 위함이다.

⑦ 간접 증거

직접 듣거나 본 것은 틀림없는 사실로 여겨진다. 그러나 직접 눈으로 볼 수 없거나 이제 더 이상 볼 수 없게 된 것들에 대해서는 어떻게 사실을 추리할 수 있을까? 그런 경우 필요한 것이 바로 간접 증거다. 원칙적으로 간접적인 방법을 통해서만 연구할 수 있는 그런 문제들이 있다. 이를테면, 과거에 대한 문제라든가 내일의 날씨 혹은 증권시장의 시황에 대한 물음 등이 그렇다. 간접 증거를 해석하는 것은 사건 해결에 매우 중요하며, 또한 널리 쓰이는 기술이다.

흔적을 읽는 기술과 관련하여 이 이야기에서 이끌어 낼 수 있는 결론은 무엇인가?

- 간접 증거들에서 읽어야 할 가능성은 대부분 여러 가지가 있다.
- 언제나 처음 보이는 것보다 더 많은 간접 증거들이 있다. 그리고 그런 증거가 많을수록 그로부터 얻어내는 결론은 그만큼 더 확실해진다.

권토중래(捲土重來, 捲: 걷을 · 말 권, 土: 흙 토, 重: 무거울 · 거듭할 중, 來: 올 래)
흙먼지를 말아 일으키며 다시 쳐들어온다는 뜻으로, 한 번 실패한 사람이 세력을 회복해서 다시 공격(도전)해 온다는 뜻.

- 간접 증거는 관찰자가 찾아 나설 때에만 발견된다.
- 간접 증거를 읽는 사람에게는 인과관계에 대한 지식이 필요하다.
- 간접 증거를 읽는 사람은 이야기를 만들어 낼 줄 알아야 한다.
- 눈에 잘 띄지 않는 것일수록 흥미로운 증거가 되는 경우가 많다. 눈에는 잘 띄지 않는 일상의 현상들이야말로 특별한 설득력이 있다.

⑧ 권위

사람은 태어날 때부터 편견에 약하다. 어째서 그럴까? 토마지우스(Thomasius)는 어린 사람의 무기력함에 그 원인이 있다고 보았다. 동물의 경우 어릴 때라도 본능의 도움으로 곧바로 제 몸을 가눌 줄 아는데, 사람은 오래도록 부모에게 의지해야 한다. 토마지우스는 사람이 미신과 편견에 약한 원인이 여기 있다고 본다. 사람은 스스로의 눈으로 직접 보기도 전에 많은 것들에 대한 이야기를 듣게 되기 때문이다. 어린아이가 나름대로 어떤 생각을 가져보기도 전에 다른 사람이 생각하고 있는 것부터 먼저 접하게 된다는 사실이다. 어린 아이는 태어나면서부터 쉽게 믿는 성향이 있고 또 그래야만 한다. 그러나 '어린이에게 몇 되지 않는 진리와 수백만의 오류를 어쩔 수 없이 심어주게 되는' 원인도 바로 거기에 있다.

칸트(Kant)는 그것이 바로 '언제나 스스로 생각하는 원칙'이라고 말한다. 그것은 곧 제3자의 생각을 그대로 믿고 따르는 게 아니라 스스로의 판단과 스스로의 경험에 의지하는 것이다.

⑨ 관찰과 추리

'꼼꼼히 살펴보기'는 보고 있는 것을 진지하게 받아들인다는 의미를 포

Our aspirations are our possibilities.
우리의 열망이 우리의 가능성이다.

–Samuel Johnson

함한다. 그런데 그게 말처럼 쉽지 않다. 우리는 교육과 훈련을 통해 이미 보는 방식을 전수받았으므로 어떤 세부 사항들이 중요하고 어떤 것들이 중요하지 않은지 미리부터 결정해 버리기 때문이다. 그래서 다른 사람들이 보지 못하는 어떤 걸 본 사람은 이겨내기 어려운 온갖 어려움에 부딪히게 된다.

⑩ 본보기

어떤 종류가 되었든 근거를 대며 자기 주장을 펼치는 데서 가장 중요한 요소로 꼽히는 것 중의 하나가 바로 본보기다. 일반적인 진술을 구체적인 사례를 통해 뒷받침할 때 필요한 것이 본보기다. 그러나 때때로 그러한 행동은 마치 바람에 기울어진 집을 한 대의 갈대를 버팀목 삼아 지탱하려는 것과 같다. 각각의 본보기들은 잘해야 일반적 진술을 그럴듯하게 만들 수 있을 뿐, 그 진술의 사실성을 담보하는 증거로 삼을 수는 없기 때문이다.

⑪ 정의

'구체화하다, 좀 더 정확하게 규정하다'라는 뜻의 독일어 동사 'präzisieren'의 어원인 라틴어 동사 '*praecidere*'는 '베어내다'라는 뜻을 갖는다. '구체화하기'는 일상의 논쟁에서 여러 가지로 쓸모 있는 수단이다. 될 수 있는 대로 정확하고도 섬세하게 자기 생각을 표현하여 보다 확실한 바탕 위에서 이해시키려는 마음 역시 구체화하기의 동기가 된다.

⑫ 비유

비유는 말하는 이의 의도에 따라 재미와 교훈을 줄 수 있는가 하면 비난받거나 미화될 수도 있다. 워낙 다양하게 쓰이기 때문에 온갖 종류의 논쟁

기인지우(杞人之優, 杞: 나라 이름 기, 人: 사람 인, 之: 갈 지(…의), 優: 근심 우)
기(杞)나라 사람의 군걱정이란 뜻으로, 즉 쓸데없는 군걱정, 헛걱정, 무익한 근심을 말함.

들—정치적 논쟁이든 학술적 논쟁이든—에서 비유는 매우 즐겨 사용된다. 비유는 직유, 유추, 은유, 풍유 등으로 나뉜다. 직유에서는 이야기에 무게가 실린다. 유추는 차분하게 가라앉힌 비유로, 이야기의 매력보다는 논리적 구조를 중시한다. 풍유는 특별한 코드에 따라 구성되는 비유로, 논리적 전개가 필요한 논쟁보다는 오히려 예술과 문학에서 많이 쓰인다.

같은 테마를 두고 씌어진 두 개의 문장이 있다. 먼저 '독일어 문장 구조'에 대한 교과서의 설명부터 살펴보자. "독일어 문장 구조는 보통 정보 가치가 가장 높은 단위(대부분 동사)가 끝에 위치하는 식으로 이루어진다." 이 문장이 무슨 뜻인지 이해하려면 적어도 두 번은 읽어봐야 한다. 그러나 똑같은 말인데도 비유를 써서 표현하면 어떻게 다른지 살펴보자.

마크 트웨인(Mark Twain)이 『끔찍한 독일어』라는 멋진 글에서 한 말이다. "독일어 작가들은 문장을 쓸 때 마치 깊은 바다 속을 잠수하는 듯하다. 오래도록 작가의 흔적이라곤 아무것도 보이지 않다가 이윽고 동사 하나를 입에 물고는 다시 나타난다." 잠수하는 작가라는 비유를 통해 하나의 정보가 눈앞에 생생하게 펼쳐지는 작은 이야기로 바뀐 것이다. 비유는 이렇게 재미를 줄 뿐 아니라 전하려는 뜻을 보다 분명하게 만들어 준다.

비유를 잘 만들 수 있는 비법이 혹시 있다 하더라도 그걸 찾아내어 쓰기란 여간 어려운 게 아니다. 그래서 아리스토텔레스(Aristoteles)는 훌륭한 비유는 즉흥적인 착상에서 비롯되는 것이요, 따라서 타고난 재주의 문제라고 했다. 그럼에도 우리는 비유의 몇 가지 기본 규칙들을 꼽아 볼 수 있다. 우선 비유로 쓰고자 하는 상황, 장면 혹은 사실은 그 비유에 담기게 될 원본보다 간단하고 구체적이며 일목요연해야 한다. 고상한 비유는 어딘가 격

> The great end of life is not knowledge, but action.
> 삶의 위대한 끝은 지식이 아니라 행동이다.
>
> —Thomas Henry Huxely

을 높이는 듯한 인상을 주게 되고, 잡동사니로 가득한 서랍에서 끄집어낸 비유는 어딘가 격을 떨어뜨리는 듯한 인상을 준다.

⑬ 수집

철학자라고 하는 이들은 생각을 모으는 '생각 수집가'다. 읽는 행위, 즉 독서야말로 철학의 바탕을 이루는데, 그 자체가 일종의 수집 행위다. 독서와 수집은 원래 같은 뜻으로 '모아 둘 가치가 있는 것들을 가려 모아 정리하는 일'을 의미했다. 오늘날에도 익은 포도를 골라 따내는 포도 수확에 대해 같은 말을 쓴다. 책을 읽는 것도 따지고 보면 일종의 포도 수확이다. 책이라는 포도밭의 행간을 돌아다니고 쪽을 넘나들며 정신의 열매를 따 모으는 수집이다.

아리스토텔레스는 『수사학』 이전에도 이미 온갖 개념 정의와 논거들을 모아 놓은 수집 기록들이 많았는데, 이것들은 아리스토텔레스에게 스스로 생각하기를 위한 교과서가 되어 주었다. 수집 활동을 하지 않는 철학자는 발전할 수 없다. 철학적 견해들을 모으는 것 자체가 이미 깨우침의 효과를 내기 때문이다. 주장이나 생각은 독불장군처럼 저 혼자 존재할 수 없다. 여러 대안들을 통해 상대화될 때 비로소 의미를 지닌다. 어떤 생각의 독특함이란 것도 비교에 의해 보다 잘 드러난다. 또한 개념 정의와 논거들을 수집해 놓으면 논쟁에서 역습하기도 쉬워진다. 일정한 목록을 만들어 이용하면 필요할 때 쉽게 새로운 곁가지들을 키워 낼 수 있다.

⑭ 추론

"당연하잖아!" 자기가 보기에 뻔하고 분명한 어떤 것에 대해 다른 사람

기호지세(騎虎之勢, 騎: 말탈 기, 虎: 범 호, 之: 갈 지(…의), 勢: 기세 · 형세 세)
호랑이를 타고 달리는 기세라는 뜻. 곧, ① 중도에서 그만둘 수 없는 형세. ② 내친걸음.

을 설득하려고 할 때 자주 하는 말이다. 논리를 들이밀게 되면 상대방은 모면할 방법이 많지 않다. 그저 맞장구치며 인정할 수밖에 없는 것이다. 거기까지는 그래도 좋다. 문제는 일상의 대화 속에서 논리의 탈을 쓰고 있는 말 중에 사실은 비논리적인 말들이 많다는 점이다. 그런 사실을 증명하기 위해서는 아무래도 몇 가지 지식이 필요하다.

우리가 쓰는 '논리'란 말의 뿌리는 그리스인에게까지 거슬러 올라간다. '논리'라는 말은 본래 '이치에 맞는 말' 정도를 뜻하는 그리스어 '*logos*'에서 비롯되었다. 아리스토텔레스는 논리를 처음으로 체계화시킨 사람으로 인정받고 있다.

⑮ 생각 실험

생각이란 것은 떠오르는 착상, 아이디어 혹은 그 비슷한 것들과 관계된 것이라고 많은 사람들은 말한다. 한마디로, 생각은 '창의력'과 관계된다는 말이다. 생각의 실험이야말로 창의력 없이는 성립될 수 없다. 유럽 언어에서 '창의력'이란 말의 뿌리는 라틴어 '*innovare*'인데, 이 말에는 '어떤 일에 새롭게 몰두한다.'는 의미가 있다. 말하자면, 하늘에서 떨어지는 새로움을 말하는 게 아니라 '어떤 일을 계속해서 새롭게 다룬다'는 의미가 되는 것이다.

⑯ 기다리기

생각이 무르익어 결정체가 되기 위해서는 시간이 필요하다. 뚜렷한 목표를 향한 치열한 궁리만이 문제해결에 도움이 되는 건 아니다. 쉬는 것도 그에 못지않게 중요하다. 생각 없이 조용한 가운데 문제해결 능력이 준비되

We can do anything we want to if we stick to it long enough.
충분히 오랫동안 고수하기만 하면 원하는 어떤 것이든 할 수 있다.

–Helen Keller

는 것이다. 움직임이 없는 움직임처럼 혹은 고요 속의 생기처럼 자기 안을 들여다보고 내면에 귀를 기울이며 다가올 것을 기다린다.

⑰ 반전

"네 생각을 말해 주면 그걸로 네가 생각지 않았던 또 다른 생각을 만들어 볼게." 일단 어떤 생각을 알게 되면 그것을 토대로 제2의 생각을 만들기는 쉽다. 이것저것 주워 모은 재료들로 마술처럼 놀라운 것을 만들어 내는 초현실주의 콜라주도 이와 비슷한 방법으로 이루어진다. 중요한 것은 주어진 재료들만 가지고 다른 식으로 정리하기 혹은 다른 식으로 평가하기 또는 거꾸로 뒤집기 등의 방법을 이용해 새로운 것을 만들어 낸다는 사실이다.

자주 쓰이는 것은 교차 형식이다.

- 울지만 말고 참는 법을 배워라.
- 땀 없는 결실 없다.
- 부자로 아픈 것보다 가난해도 건강한 게 낫다.

그 외에도 주객전도는 나와 상대의 축을 뒤집는 반전의 기술이다.[8]

⑱ 형태를 바꾸는 사고법

기존에 있는 사물의 형태를 바꿔 보는 것도 창조적 사고를 위해 크게 도움이 되는 사고 방법이다. 기존의 사물을 놓고 크게 만들어 보면 어떨까, 작게 만들어 보면 어떨까, 색을 바꿔 보면 어떨까 하는 식으로 생각하는 것은 창조적 사고를 위해 큰 도움이 된다. 소형 반도체 라디오를 만든 소니 회사, 벽시계를 작게 만든 손목시계, 불빛을 천장에 비추도록 만든 조명등,

남가일몽(南柯一夢, 南: 남녘 남, 柯: 가지 가, 一: 한 일, 夢: 꿈 몽)
남쪽 나뭇가지의 꿈이란 뜻. 곧, ① 덧없는 한때의 꿈. ② 인생의 덧없음의 비유.

손거울을 크게 만든 벽거울 등은 모두 이러한 사고의 성공작이다.[9)]

⑲ 배열을 바꾸는 사고법

이것은 배열을 바꿈으로써 문제를 쉽게 해결하는 사고 방법의 한 예다. 기존의 배열에 지나치게 얽매여 사고할 때 우리는 다른 창조의 가능성을 배제하는 결과를 초래하게 된다. 배열을 바꾸는 사고 방법은 문제를 수월하게 해결하는 방법이기도 하지만, 전혀 새로운 질의 사물을 창조하는 중요한 방법이기도 하다. 1에서 100까지의 수를 배열을 달리하여 쉽게 풀어낸 수학자 가우스(Gauss)의 방법이 바로 이런 사고법에서 유래된 것이다.[10)]

3. 21세기 교육과 다차원적 사고의 적용

1) 21세기 교육에 필요한 원칙

우리가 교실 현장에서 만날 학생들은 21세기에 사는 존엄한 존재들이다. 이런 학생들을 위해 에드가 모랭(Edgar Morin)은 미래의 교육에 반드시 필요한 7가지 원칙을 다음과 같이 제시하고 있다.[11)]

첫째, 지식의 맹목성인 오류와 착각을 진지하게 다루는 일이다.

어떤 지식이든 그 안에는 오류와 착각의 위험이 내포되어 있다. 미래의 교육은 이 오류와 착각이라는 두 가지 얼굴을 진지하게 다루어야 할 것이다. 아마 가장 큰 오류는 오류의 문제를 과소평가하는 것이고, 가장 큰 착각은 착각의 문제를 과소평가하는 것일 터이다. 오류와 착각은 결코 본래

Genius is divine perseverance. Genius I cannot have, but perseverance all can have.
천재성은 하늘이 주신 인내심이다. 천재성은 나 역시 가질 수 없지만, 인내심은 모두가 가질 수 있다.
—Woodrow Wilson

그대로의 모습을 드러내지 않는 만큼, 이 두 가지를 인식하기란 더더욱 어려운 일이다.

호모 사피엔스가 등장하면서, 그와 더불어 오류와 착각은 인간의 정신에 기생하게 되었다. 가까운 과거를 포함하여 과거의 모든 시간을 되돌아볼 때, 우리는 과거의 시간들이 엄청나게 많은 오류와 착각의 영향 아래 놓여 있다는 사실을 깨닫게 된다. 마르크스(Marx)와 엥겔스(Engels)가 『독일 이데올로기』에서 정확하게 표현하고 있듯이, 인간은 끊임없이 자기 자신에 대해, 자신이 하는 일에 대해, 자신이 해야 할 일에 대해, 자신이 살고 있는 세계에 대해 잘못된 개념을 만들어 왔다. 그렇지만 마르크스와 엥겔스 역시 오류에서 벗어나지 못했다.

둘째, 올바른 지식의 원칙을 세워 나가는 일이다.

우리가 사는 세계에 관한 핵심적인 문제나 정보를 인식하는 행위는 그 자체가 어렵고 불확실하기 때문에, 인식적 결함이라는 장애를 안고 시도될 수밖에 없다. 오늘날에는 정치적, 경제적, 인류학적, 생태적 지식 등 모든 지식의 배경이 세계 그 자체인 만큼 더더욱 그러하다. 지구촌화 시대에는 모든 것을 전지구적인 맥락과 복합성 속에서 자리매김하는 것이 필요하다.

세계를 인식하는 행위는 우리의 세계가 지식뿐 아니라 생존 차원에서 필요하다는 시각으로도 이루어져야 한다. 새천년 시대의 모든 시민에게 보편적 문제는 이런 것이다. 어떻게 세계에 관한 정보에 접근하며 어떻게 그 정보들을 연결시키고 조직화하는 능력을 획득할 것인가? 어떻게 맥락과 총체성(전체와 부분의 관계), 다차원성, 복합성을 인식하고 파악할 것인가?

지식들을 상호 연결시키고 조직화하기 위해서 그리고 이와 같은 상호 연

누란지위(累卵之危, 累: 여러 · 포갤 루, 卵: 알 란, 之: 갈 지(…의), 危: 위태할 위)
알을 쌓아(포개) 놓은 것처럼 위태로운 형세의 비유.

결과 조직화를 통해서 세계의 문제들을 인식하고 파악하기 위해서는 무엇보다도 사고의 개혁이 필요하다. 그렇지만 여기서의 개혁은 패러다임 차원을 의미하는 것이지, 계획 차원의 개혁을 말하는 것은 아니다. 그리고 개혁은 교육의 근본적인 문제다. 왜냐하면 교육은 지식을 조직화하는 우리의 태도와 관련된 것이기 때문이다.

미래의 교육은 이와 같은 포괄적인 문제를 다루어야 하는데, 이는 우리의 지식과 보편적인 문제 사이에 심각한 불일치가 존재하기 때문이다. 즉, 한쪽에는 분류되고 분리되고 파편화된 지식이 있고, 또 한쪽에는 갈수록 다학문적이고 포괄적이고 다차원적이고 총체적이고 전지구적으로 되어가는 현실이나 문제가 놓여 있으며, 이 두 가지의 간극은 점점 더 커지고 깊어지며 심각해지고 있다.

이러한 불일치 속에서는 맥락, 총체성, 다차원성, 복합성이 드러나지 않게 된다. 따라서 하나의 지식이 타당성을 가지기 위해서, 교육은 이 네 가지를 명료하게 밝힐 수 있어야 한다.

셋째, 인간의 조건을 교육의 본질적 대상으로 삼아야 한다.

인간은 육체와 생명과 정신과 문화와 역사성을 동시에 지니고 있는 존재다. 하지만 이러한 인간 본성의 복합적 총체성이 교육과정에서 분과학문들에 의해 완전히 분리되어 버렸다. 이리하여 이제는 인간이라는 존재가 의미하는 바가 무엇인지를 배우는 것이 불가능해졌다. 인간 본성을 다시 회복하여, 우리 스스로 자신이 어디에 있든지 자신의 복합적 정체성과 타인들과의 공통된 정체성을 알고 의식할 수 있어야 한다.

미래의 교육은 인간의 조건이 무엇인가를 최우선적이고도 보편적인 교

The ultimate measure of a man is not where he stands in moments of comfort and convenience, but where he stands at times of challenges and controversy.
한 인간에 대한 궁극적인 척도는 안락하고 편안한 시기에 어떤 입장을 취하느냐가 아니라 도전과 논란의 시기에 어떤 입장을 취하느냐다. —Dr. Martin Luther King, Jr.

육과제로 삼아야 한다. 우리는 세계화 시대에 살고 있다. 이것은 지구상 어느 곳에 사는 사람이든 피해갈 수 없는 인류 공통의 모험이다. 사람은 서로에게서 공통의 인간성을 발견해야 하며, 이와 동시에 인간적인 모든 것에 내재된 문화적 다양성을 인식해야 한다.

인간을 안다는 것은 무엇보다도 인간을 우주 속에서 자리매김하게 하는 것이다. 결코 우주로부터 인간을 분리시키는 것이 아니다. 모든 지식이 타당성을 가지기 위해서는 그 지식의 목표를 맥락 속에서 설정해야 한다. "우리는 누구인가?"라는 물음은 "우리는 어디에 있는가?" "우리는 어디에서 왔는가?" "우리는 어디로 가는가?"라는 물음과 결코 분리해서 생각할 수 없다.

넷째, 지구인의 정체성을 교육의 주요 대상으로 삼아야 한다.

이제 지구인으로서 인류의 운명은 지금까지 교육이 간과해 온 또 다른 현실의 핵심적인 문제라 할 수 있다. 바야흐로 지구 시대의 발전에 관한 지식과 지구인으로서의 정체성은 교육의 주요 대상이 되어야 할 것이다.

21세기 들어와서 우리는 지구 시대의 발전에 관한 지식을 습득할 필요성이 더욱더 커졌으며, 지구인으로서의 정체성 인식은 갈수록 필수적인 것이 되고 있다. 16세기에 지구상의 모든 대륙들 사이에 교류가 이루어지면서 지구 시대의 역사가 열렸다. 따라서 이 시기를 출발점으로 해서 지구 시대의 역사를 교육하는 것이 타당하다고 본다. 그리고 인간성을 무수히 파멸시켰고 지금도 사라지지 않고 있는 억압과 지배의 역사를 은폐시키지 않고 있는 그대로 드러내면서, 지구의 모든 지역들이 어떻게 상호 연대를 이룩해 나갔는지 보여 주는 것이 바람직하다. 이제는 모든 인간이 동일한 운명

능서불택필(能書不擇筆, 能: 능할 능, 書: 글 서, 不: 아니 불, 擇: 가릴 택, 筆: 붓 필)
글씨를 잘 쓰는 사람은 붓을 가리지 않는다는 뜻. 곧, 그림을 그리거나 글씨를 쓰는 데 종이나 붓 따위의 재료 또는 도구를 가리는 사람이라면 서화의 달인이라고 할 수 없다는 말.

공동체 속에서 똑같이 삶과 죽음이라는 문제에 부딪히면서 살아간다는 것을 보여 줌으로써, 20세기와 선명하게 구분되는 지구 위기의 복합성을 밝혀내야 한다.

다섯째, 교육내용에 불확실성을 포함시켜야 한다.

우리는 학문을 통해서 수많은 확실성을 습득할 수 있었지만, 또 한편으로 20세기 내내 이루 헤아릴 수 없을 정도로 많은 불확실성을 목격했다. 따라서 미래의 교육에서는 물리학(미시물리학, 열역학, 우주학), 진화생물학 및 역사학에서 드러난 불확실성을 교육내용에 포함시켜야 할 것이다. 그리고 그러한 불확실한 내용을 전략적 원칙으로 가르쳐야 한다. 왜냐하면 전략적 원칙이 있음으로써 우연이나 뜻밖의 것, 불확실성에 대비할 수 있고, 또 그 과정에서 습득하는 정보를 이용해서 이런 우연이나 예외, 불확실성의 발전 경로를 변화시킬 수 있기 때문이다.

25세기 전에 그리스의 시인 에우리피데스(Euripides)가 "기대한 것은 실현되지 않았지만 신은 예상치 않았던 것에 문을 열어준다."라고 한 말은 오늘날 그 어떤 말보다 시사하는 바가 크다.

우리의 미래를 예측할 수 있다고 믿는 인류 역사의 결정론적 사고들을 포기하는 것, 20세기에 일어난 예상치 못했던 엄청난 사건과 사태들을 검토하는 것, 인간모험의 예측 불가능한 성격 등, 이 세 가지를 적극 활용하여 우리가 전혀 예상하지 못한 것을 정신적으로 대비할 수 있어야 한다. 교육의 임무를 담당하는 사람이라면, 누구나 우리가 사는 현시대의 불확실성의 최전선에 서 있어야 한다.

여섯째, 교육을 통해 학습자는 이해하는 마음을 배워야 한다.

The man who try to do something and fail are infinitely better than those who do nothing and succeed.
무언가 해보려고 노력하다가 실패하는 사람이 아무것도 하지 않고 성공하는 사람보다 훨씬 훌륭하다. —Lloyd Jones

이해하는 마음은 인간이 의사소통을 하는 수단인 동시에 목적이라고 할 수 있다. 그런데 우리의 교육에서는 바로 이러한 이해하는 마음을 가르치지 않고 있다. 어떤 면에서든 세계는 서로 이해하는 마음을 필요로 한다. 모든 교육 단계에서 그리고 모든 세대를 대상으로 한 이해심은 교육에서 매우 중요한 만큼, 이해하는 마음을 계발하기 위해서는 우선 사고방식을 개혁할 필요가 있다. 바로 이것이 미래의 교육이 해야 할 일이다.

인간관계가 야만스러운 몰이해의 상태에서 벗어나려면, 가까운 사람이든 멀리 있는 사람이든 서로에 대해 이해하는 마음이 반드시 필요하다. 이런 까닭에 몰이해의 원인과 양상, 영향을 연구할 필요가 있다. 더욱이 몰이해에 관한 연구는 인종파벌주의나 외국인 혐오증과 멸시의 증후가 아니라 그 원인을 밝혀내는 것이기 때문에 그만큼 더 필요하다고 볼 수 있다. 이와 동시에 몰이해에 관한 연구는 평화교육의 가장 단단한 기반 가운데 하나가 될 것이다. 왜냐하면 우리 인간은 근본적인 소명으로서 평화와 결합되어 있기 때문이다.

마지막으로 일곱째, 교육에서 인류의 윤리를 도출해야 한다.

무릇 교육이란 인간의 조건이 지닌 세 가지 특징, 즉 '개인↔사회↔인류'의 동시성을 고려함으로써 인류의 윤리를 이끌어 내야 한다. 이런 의미에서 '개인/인류'의 윤리에서는 개인에 의한 사회의 규제, 사회에 의한 개인의 규제라는 상호 규제, 다시 말해 민주주의가 필요하다. 왜냐하면 21세기의 '개인↔인류'의 윤리는 세계시민의식을 갖출 것을 호소하고 있기 때문이다.

윤리는 도덕교육을 통해서 습득될 수 있는 것이 결코 아니다. 윤리는, 인

청천백일(靑天白日, 靑: 푸를 청, 天: 하늘 천, 白: 흰 백, 日: 날 일)
푸른 하늘에 쨍쨍하게 빛나는 해라는 뜻. 곧, ① 맑게 갠 대낮. ② 뒤가 썩 깨끗한 일. ③ 원죄가 판명되어 무죄가 되는 일. ④ 푸른 바탕의 한복판에 12개의 빛살이 있는 흰 태양을 배치한 무늬.

간은 개인인 동시에 사회의 부분이며 인류의 부분이라는 사고에서 출발한 정신을 바탕으로 해서 형성되어야 한다. 우리 각자는 이와 같은 3중의 실체를 지니고 있다. 인간적 발전이라면, 그것은 반드시 개인의 자율성, 공동체에의 참여 그리고 인류에의 소속 의식이 결합된 발전을 포함해야 한다.

2) 21세기 교육을 위한 다차원적 사고의 적용

앨빈 토플러(Alvin Toffler; 김중웅 역, 2006)는 미래의 급속한 변화에 대처를 요구하면서 미국의 각 단체의 변화 대처 속도를 고속도로를 달리는 9대의 차로 비유했다.[12] 그리고 미국의 예로 설명하지만, 그 의미는 세계적으로 동일하다고 했다. 시속 100마일로 질주하는 기관은 기업이나 사업체이고, 시속 90마일로 달리는 집단은 시민단체들이다. 미국의 가족은 시속 60마일로 달리고 있고, 소리만 요란한 정부 관료 조직과 규제 기관들은 25마일로 달리고 있다고 비유한다. 부서진 고물 자동차처럼 해마다 막대한 비용을 쏟아 붓고 있지만, 10마일로 달리는 기관은 다름 아닌 미국의 학교라고 지적하고 있다. '10마일로 기어가는 교육체계가 100마일로 달리는 기업에 취업하려는 학생을 준비시킬 수 있겠는가' 라는 지적을 하고 있다. 이런 예리한 지적을 매우 뼈저리게 수용하면서 21세기 교육 현장에서는 다차원적 사고를 적용하여 우리와 후진 세대가 인간적이고 자연 친화적인 아름다운 세계를 조성해 나가야 한다.

Cause change and lead, accept change and survive, resist change and die.
변화를 이야기하면 리더가 되고 변화를 받아들이면 생존자가 되지만, 변화를 거부하면 죽음을 맞이하게 될 뿐이다.

– Ray Norda

(1) 교육활동 재구성하기

매튜 립맨(Matthew Lipman; 박진환, 김혜숙 역, 2005)[13]은 완전히 다른 두 가지의 교육활동 패러다임이 있다고 했다. 관행적 교육활동의 패러다임과 반성적 교육활동 패러다임이 그것이다. 다음 두 교육 패러다임을 지배하는 가정들을 보면서 우리의 교육현실은 어떠한지 반성해 보자.

립맨은 관행적 교육활동을 반성적 교육활동으로 전환하기 위해 교육에 대한 관념을 새롭게 해야 한다고 주장했다. 교육이라고 부른 것은 그저 알아맞히기 게임이나 어리석은 흉내 내기였다. 듀이는 교육에 있어서 독립적이고, 상상력이 넘치며, 기지가 넘치는 '생각하기'가 바로 교실 안에서 이루어져야 한다고 했다. 그리고 교실에서 이루어져야 할 수업 과정이 과학적 탐구 과정 모델에서 빌려 와야 한다는 것은 듀이의 제안을 따르는 것이다. 즉, 탐구로서의 교육을 제창하는 것이다.

〈표 1-6〉 립맨의 교육활동 패러다임

관행적 교육활동의 패러다임	반성적 교육활동의 패러다임
교육은 지식을 가진 사람이 갖지 못한 사람에게 전수하는 것이다.	교육은 교사의 안내에 따라 탐구공동체에 참여한 결과로 얻어지는데, 이 탐구공동체가 목표로 하는 것은 좋은 판단과 이해를 획득하는 것이다.
지식은 세상에 관한 것으로, 모호하지 않으며, 신비스러울 것도 없고, 불안정하지도 않다.	학생이 세상에 대한 지식을 모호하고, 불안정하며, 불가사의한 것으로 여길 때는 언제나 그들 스스로 이 세상에 대해 생각하도록 자극되어야 한다.

타산지석(他山之石, 他: 다를 타, 山: 메 산, 之: 갈 지(…의), 石: 돌 석)
다른 산의 거친(쓸모 없는) 돌이라도 옥(玉)을 가는 데에 소용이 된다는 뜻. 곧, ① 다른 사람의 하찮은 언행일지라도 자기의 지식이나 인격을 닦는 데에 도움이 됨의 비유. ② 쓸모 없는 것이라도 쓰기에 따라 유용한 것이 될 수 있음의 비유.

지식은 여러 교과목으로 나누어서 가르친다. 교과내용은 중복되지 않으며, 지식은 이미 알려진 것이기 때문에 더 이상 검토할 필요가 없다.	탐구 주제 하나가 여러 교과와 동시에 관련을 갖기도 하는데, 그런 식의 탐구는 끊임없이 일어난다. 그러므로 각 교과와 그 내용의 관계가 항상 분명한 것은 아니다.
교사는 학생이 꼭 알아야 할 내용을 가르칠 수 있어야 하며, 그럴 경우에만 교사는 교육과정상에서 권위적인 역할을 담당할 수 있다.	교사는 완벽하고 권위적이기보다는 실수할 수 있는 존재이며, 언제든 자신의 실수를 용인할 준비가 되어 있다.
학생은 특정 과목의 자료와 같은 정보에 몰두함으로써 지식을 획득할 수 있다. 교육받은 정신(mind)이란 자료가 잘 축적된 정신이다.	학생은 사려 깊고 반성적인 사람이 될 수 있으며, 나아가 합당하고 현명한 사람이 될 수 있다고 기대된다.
	교육과정의 목표는 정보의 획득이 아니라 탐색을 통해 각 주제들 안에서, 혹은 각 주제들 간의 관련성을 파악하는 것이다.

출처: 박진환, 김혜숙 역(2005).

(2) 다차원적 사고의 교육

교육이 탐구라면 립맨은 교실을 무엇이라 하는가? 그는 교육활동이 일어나는 공간을 탐구공동체라고 부른다. 퍼어스(Peirce)가 만들어 낸 듯한 이 용어는 처음에는 전문가들로 이루어진 과학적 탐구 집단에만 제한적으로 쓰였다. 과학자들은 이 안에서 비슷한 절차를 사용하여 동일한 목적을 성취한다. 그러나 퍼어스 이후에 이 용어는 과학적이거나 비과학적인 것에 상관없이 모든 탐구를 포함하는 좀 더 넓은 의미로 사용되었다. 그래서 '교실을 탐구공동체로 전환시키기' 라는 말도 가능해졌다. 학생은 탐구공동체

It's funny thing about life, if you refuse to accept anything but the best, you often get it.
인생에서 재미있는 것 한 가지는 최고가 아닌 것을 받아들이길 거부하면 종종 최고를 얻게 된다는 것이다.
—W. Somerset Maugham

속에서 서로 존경심을 갖고 다른 사람의 의견을 경청하며, 서로 도우면서 아이디어를 만들어 나간다. 또한 신빙성이 없어 보이는 주장에 대해서는 이유를 대도록 도전해 보기도 하고, 추론을 이끌어 내도록 서로 도와주며, 다른 가정들을 찾아보기도 한다. 탐구공동체는 기존 교과의 영역과 경계에 의해 제한을 받지 않고, 탐구가 진행되는 방향을 따라간다. 그곳에서 이루어지는 대화는 논리를 따르면서도 역풍을 맞으며 가는 배처럼 지그재그로 나간다. 하지만 그러한 과정 속에서 대화가 진전되며, 그것은 곧 사고 자체의 진전을 의미한다. 이러한 과정이 반복되어 완전히 체득되고 내면화될 때, 학생은 공동체에서 경험한 대화의 절차와 유사한 방식으로 생각하게 되는 것이다. 즉, 그들은 공동체에서의 대화 과정 속에서 생각했던 대로 스스로 생각하게 되는 것이다. 다차원적 사고의 적용을 주장한 립맨은 비판적 사고, 창의적 사고 및 배려적 사고를 학교교육에서 탐구공동체를 형성하여 적용해야 한다고 주장하고 있다.[14]

다차원적 사고 목적은 인지와 정서 사이에, 지각적인(perceptual) 것과 개념적인(conceptual) 것 사이에, 신체적인 것과 정신적인 것 사이에, 규칙 지배적인 것과 규칙에 지배받지 않는 것들 사이에 균형을 맞추는 것이다. 과거에는 이러한 특징들을 세 부분으로 나누었다. 마음은 식욕이나 감각과 대조되었으며, 지각이나 열정과도 대조되었다. 예지(intellect)는 좀 더 높은 곳에 두었다. 마음은 군주였고, 다른 두 가지는 신하와 평민에 지나지 않았다. 그 둘이 가진 지나친 욕망은 이성의 권위에 의해 억압되어야 할 운명이었다. 그 시대에는 이 세 가지 요소에 대해서 다원적이고 민주적으로 접근하기가 매우 어려웠다. 왜냐하면 그러한 제안 자체가 무정부주의를 옹

도외시(度外視, 度: 법도 도, 外: 바깥 외, 視: 볼 시)
① 가욋것으로 봄. 안중에 두지 않고 무시함. ② 문제 삼지 않음. 불문에 붙임.

호하는 것으로 간주되어 즉시 응징되었기 때문이다. 이러한 관념 아래서 고대 스토아학파가 세워졌으며, 셰익스피어와 같은 르네상스 시대 작가들의 가치관이 형성되었다. 이와 반대로 다차원적 사고의 전제조건으로 제시한 비판적, 창의적, 배려적 사고는 전적으로 평등한 것이며, 또 평등해야 한다. 이 기준을 모두 만족시키지 않는 사고는 훌륭한 사고가 될 수 없다.

학교교육을 통해 사고의 향상을 도모하고자 할 때 가장 중요하게 길러져야 할 사고의 차원은 비판적, 창의적, 배려적 사고다. 비판적으로 사고하는 사람의 전형적인 모습은 건전한 판단에 능숙한 전문가이며, 창의적으로 사고하는 사람의 전형적인 모습은 예술가다. 배려 깊게 사고하는 사람의 전형적인 모습은 항상 염려하는 부모나 환경운동가, 혹은 사려 깊고 애정 어린 교사다.

이 세 가지 사고를 향상시키기 위한 교육방법은 탐구공동체가 있다. 이 공동체가 가진 인식론적인 특징은 반성적 균형(reflective equilibrium)이라고 할 수 있는데, 이 균형은 오류 가능성(fallibilistic)이라는 의미로도 이해된다. 교실 탐구공동체의 목적은 절대적 지식을 찾는 것이 아니다. 대신 균형을 찾기 위해 잘못된 부분들을 끊임없이 다시 만들어 나가고 발전시키고 바꾸는 것이다. 이 때문에 탐구공동체는 자기 수정이라는 특성이 항상 유지되어야 한다. 탐구과정에는 배려적인 차원이 있기 때문에 균형을 찾기 위한 노력이 보호되고 유지될 수 있으며, 또한 탐구과정에는 창의적인 차원이 있기 때문에 새로운 균형을 위한 새로운 해결점이 찾아질 수 있다.

물론 공동체 간에는 차이가 있다. 비판적 사고의 함양을 강조하는 반성적 공동체나 심사숙고하는 공동체는 정확함과 일관성 같은 가치를 강조할

Start each day by affirming peaceful, contented, and happy attitudes and your days will tend to be pleasant and successful.
평화롭고 만족스러우며 행복한 마음가짐으로 하루를 시작하라. 그러면 즐겁고 성공적인 날들이 전개될 것이다. —Norman Vincent Peale

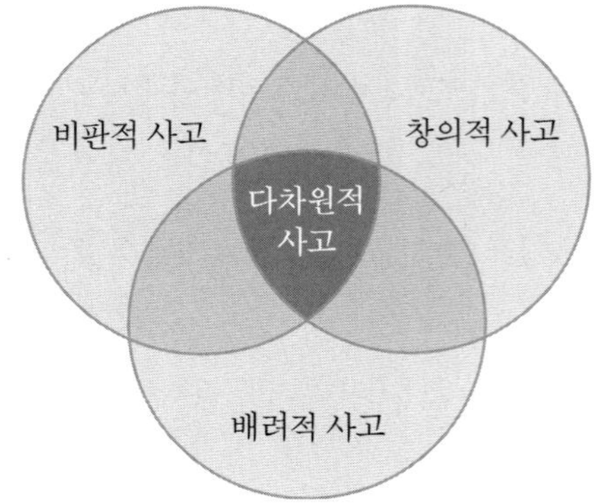

[그림 1-1] 교육을 위한 다차원적 사고

것이다. 반면에 창의적 탐구의 공동체는 전문적인 솜씨와 모험적인 상상을 강조하는데, 예술가의 작업실이 가장 적절한 예다. 가치에 대한 평가를 길러 주는 배려하는 공동체는 어떻게 그런 것들이 길러질 수 있으며 어떻게 그렇게 살 수 있는지를 연구하여 우리 모두가 의미 있는 가치들을 지각할 수 있게 해 준다. 다차원적 사고를 가르칠 때 교사는 비판적 사고가 마치 사고의 전체라는 인상을 학생에게 주지 않아야 한다. 마찬가지로 이 세 가지 사고가 끊임없이 상호작용하는 것이 아니라 독립적으로 일어난다는 인상을 줘서도 안 된다.

① 비판적 사고를 위한 교육

스턴버그(1985)는 "비판적 사고는 사람들이 문제를 해결하고 결정을 내리고, 새로운 개념을 배우기 위해 사용하는 정신적 과정이자 전략이며 표현 방식"이라고 정의했다. 한편 엔니스(Ennis, 1969)는 "비판적 사고는 무

> **태산북두(泰山北斗, 泰: 클 태, 山: 메 산, 北: 북녘 북, 斗: 말 · 별자리 두)**
> 태산과 북두칠성을 가리키는 말. 곧, ① 권위자, 제일인자, 학문 · 예술 분야의 대가. ② 세상 사람들로부터 우러러 받듦을 받거나 가장 존경받는 사람.

엇을 믿고 무엇을 할 것인지를 결정하는 데 초점을 두는 합당하고 반성적인 사고"라고 했다. 이러한 정의를 더 깊게 이해하고 적용할 수 있도록 립맨은 비판적 사고의 특성을 다음과 같이 첨부하여 설명한다.

- 비판적 사고의 결과는 판단이다. 판단은 문제를 해결하고, 결정을 내리고, 새로운 개념을 학습하는 것과 같음을 의미하지만, 그보다 더 포괄적으로 모든 탐구의 결과가 판단이다.
- 비판적 사고는 기준에 의존한다. 이 기준은 이유와 비교 근거가 된다. 다음의 목록이 우리가 활용하는 기준이다. 표준(기준과 기준의 한 종류로서 합리적인 절차를 위해 꼭 필요한 가장 가치 있는 도구), 법, 조례, 규칙, 헌장, 법규, 법령, 지침, 지시, 교훈, 필요조건, 명세서, 표준치수, 약정, 경계, 한계, 조건, 변수, 관례, 규범, 규칙성, 제일성, 일반적인 것, 원리, 가정, 전제 조건, 정의, 이상, 목적, 목표, 지향점, 추구 대상, 직관, 통찰력, 테스트, 신임장, 사실적 증거, 실험적 발견, 관찰, 방법, 절차, 정책, 수단이다.
- 비판적 사고는 메타 기준과 메가 기준에 의존한다. 어떤 기준이 좀 더 적절한 기준인지를 판단할 때에도 기준이 필요하다. 기준을 판단하기 위한 기준을 메타 기준이라고 한다. 기준은 아주 특별히 믿을 만한 이유들이며, 믿을 만한 이유들이란 적절성과 강력함을 보여 주는 것이라야 한다. 이와 같은 신뢰성, 적절성, 강력함이 메타 기준의 예인데, 이들은 일관성, 정합성, 정확성이라고도 불린다. 한편 어떤 기준들은 아주 수준 높은 보편성을 가지고 있어서 분명하게든 암시적이든 비판적 사고가 일어날 때마다 전제하게 된다. 참, 옳음, 그름, 정당성, 좋음,

The happiest life is that which consistently exercises and educates what is best in us.
우리 내면의 가장 훌륭한 면모를 지속적으로 훈련시키고 교육하는 삶, 그것이야말로 가장 행복한 삶이다.

–Philip G. Hamerton

미 등은 모두 메가 기준이라고 할 수 있는 아주 거대한 범위의 규제적 이상이다. 또한 이것들은 의미에 대한 아주 거대한 기준의 예이기도 하다.

- 비판적 사고는 자기 수정이다. 퍼어스에 따르면, 탐구의 가장 전형적인 특징은 약점을 발견해 내고 절차상의 잘못을 수정하는 데 그 목적이 있다. 그러므로 탐구는 자기 수정이다.
- 비판적 사고는 맥락에 대한 민감성을 보여 주는 것이다. 맥락에 대한 민감성은 다음과 같은 것을 고려하는 사고다. 예외적인 환경, 통상적인 추론이 쓰여서는 안 되는 제한이나 구속, 혹은 우연성, 총체적인 윤곽, 증거가 적절하지 않을 가능성, 어떤 의미가 한 맥락에서 다른 맥락으로 옮겨질 수 없는 가능성이다.

② 창의적 사고를 위한 교육

창의적 사고가 가지고 있는 다음과 같은 비판적이고 창의적인 특징이 탐구공동체에서 자유롭고 편안하게 발휘될 수 있도록 하는 교육적 적용을 창의적 사고를 위한 교육이라 한다. 창의적인 사고 과정 안에서 비판적, 창의적, 배려적인 사고가 스스로 생각하고 대화하는 과정을 통해 이루어지는 현상을 말한다.

독창성 분명한 선례가 없는 사고다. 그러나 독창성만으로는 창의적 사고가 되기 어렵다. 아주 높은 수준의 독창성을 보이기는 하지만 중심을 벗어나거나 불합리할 수가 있기 때문이다. 일정한 기준이 필요한 것이 바로 이 때문이다.

등용문(登龍門, 登: 오를 등, 龍: 용 룡, 門: 문 문)
용문에 오른다는 뜻. 곧, ① 입신출세의 관문을 일컫는 말. ② 영달의 비유. ③ 주요한 시험의 비유. ④ 유력자를 만나는 일.

생산성 생산적 사고란 문제되는 상황에 적용되어 대체적으로 성공적인 결과를 가져오는 사고다. 이 가치 개념은 결과론자들의 생각에서 크게 영향을 받은 것이다.

상상 상상한다는 것은 가능한 세상을 마음에 그리는 것이고, 그러한 세상을 상세화하는 것이며, 그러한 세상에 닿을 수 있도록 여행하는 것이다. 자신은 물론 다른 사람도 갈 수 있는 뭔가 다른 세상을 가진다는 것은 유치한 일이 아니다. 문제는 가시적인 세상을 탐색하는 사람이 적절한 상상력을 유지하는 것처럼, 가능의 영역을 탐색하는 사람이 그만큼 실제적인 감각도 유지해야 한다는 것이다.

독자성 창의적인 사고가는 우리가 보통 '스스로 생각하는 사람' 이라고 부르는 사람으로서, 대다수의 다른 사람이 생각하는 대로 생각하지 않는 사람이다. 독립적인 사고가는 다른 사람이 반성 없이 받아들이는 내용에 대해서 질문하기를 좋아한다. 그들은 대답해야 할 차례가 되어도 기계적으로 생각 없이 대답하지 않는다. 대신 대답하기 전에 그 질문을 찬찬히 다시 따져본다.

실험 창의적인 사고가는 법칙—지배적인 사고보다는 가설—지배적인 사고를 하는 사람이다. 가설은 완전하게 만들어질 필요가 없다. 그것은 미완성적이며 초보적일 수 있다. 또한 시도이며 진전을 위한 잠정적 구조다. 가설은 '실험적 사실' 인 것이다. 창의적 사고는 확고한 증거를 찾으려고 노력하며, 그 증거들을 끊임없이 검토하고 실험해 본다.

There are essentially two things that will make us wiser, the books we read and the people we meet.
우리를 현명하게 만들어 주는 두 가지 기본적인 것이 있다. 우리가 읽는 책들과 우리가 만나는 사람들이 바로 그것이다. —Charles Jones

총체성 창의적 사고에서 전체적인 특징은 부가적인 부분을 선택하는 데 아주 중요하다. 그러므로 완성된 생산물은 그것에 독특한 의미를 부여하는 전체–부분의 관계, 목적–수단의 관계들로 짜여진 것이다. 이러한 관계 없이 '전체'가 무조건 '일차적 측면'이 되는 것은 아니다.

표현 창의적 사고는 생각하는 대상에 대한 표현일 뿐만 아니라 생각하는 사람의 표현이기도 하다. 우리가 보고 있는 나무에 대해 창의적으로 생각한다는 것은 나무의 특징과 생각하는 사람이 특징 둘 다를 드러내는 것이다. 그것은 창의적 사고가 나무를 지각한 바로 그 사람의 경험으로부터 나온 표현이기 때문이다.

자기 초월 사람이 창의적 사고를 멈추지 않는 이유는 이전의 수준을 초월하려는 열망 때문이다. 모든 예술가들은 후속 작품이 이전 작품에 대한 일종의 반응이라는 것을 잘 알고 있다. 이전의 성취를 넘어서고자 하는 노력이 없다면 성실성이 결여된 탐구가 될 위험이 있다.

놀라움 독창성의 의미는 그 결과에 있다. 그런데 독창성이 단순히 기발한 것이 아니라 참신할 때는 놀라움이라는 결과를 낳게 된다. 이론적인 사고가 이해를 추구하는 것이라면, 창의적인 사고는 이해에 도전함으로써 경이로움과 감탄을 이끌어 내는 것이다.

산출 창의적 사고는 기쁨과 만족을 주는 자극이기도 하지만 때론 다른 사람의 창의성을 자극하기도 한다. 그러나 이때는 신중해야 한다. 왜냐하면 오히려 다른 사람의 창의성을 가로막을 수 있기 때문이다. 예를 들어,

마부작침(磨斧作針, 磨: 갈 마, 斧: 도끼 부, 作: 지을(만들) 작, 針: 바늘 침)
도끼를 갈아서 바늘을 만든다는 뜻. 곧, ① 아무리 어려운 일이라도 참고 계속하면 언젠가는 반드시 성공함의 비유. ② 노력을 거듭해서 목적을 달성함의 비유. ③ 끈기 있게 학문이나 일에 힘씀의 비유.

창의적으로 생각하는 교사는 학생에게 소중한 모델이 된다. 그러나 교사가 아무리 창의적이라 할지라도 전통적인 강의식 수업을 한다면, 학생은 그 수업으로부터 교사의 반짝이는 아이디어가 어떻게 만들어졌는지에 대해서 별 안내를 받지 못할 것이다. 하지만 교사가 학생을 스스로 생각하도록 격려하는 것에 관심을 가진다면 그들은 학생이 스스로 생각할 수밖에 없는 조건들을 창안해 낼 것이고, 이를 통해 학생은 독자적이고 창의적인 사고가가 될 수 있다.

산파술 산파적인 사람은 최고의 것을 세상에 탄생시키겠다는 태도를 가지고 생각하고 행동한다. 그러한 사람은 산파와 같이 인간적이고 지적인 소산을 탄생시키며, 또 다른 사람이 그렇게 할 수 있도록 돕는다. 학생의 표현과 생각을 이끌어 내는 데 관심을 갖는 교사가 가진 사고의 특성이 바로 산파적인 사고다. 산파적 사고 역시 창의적 사고의 단서를 제공한다. 이는 노래 지도 교사나 오케스트라 지휘자, 혹은 미술 교사, 작문 교사 등이 갖고 있는 사고의 특징이다. 이들은 학생의 창의적인 사고에 대해 배려적으로 생각하는 사람들이다. 산파적 사고는 지적인 산파다. 그것은 학생이 가진 것으로부터 가능한 최상의 생각을 끌어내기 위해 찾아 주고, 이끌어 주고, 밀어 준다. 산파는 배려적 사고로 분류될 수도 있다. 사실 그것은 배려적인 것과 창의적인 것 사이의 경계에 양다리를 걸치고 있다. 왜냐하면 이 사고의 성공은 창의적인 과정과 함께 이해하고 공감하는 능력에도 달려 있기 때문이다. 산파가 산모와 아기 모두에게 공감하듯 노래 지도 교사는 가수와 노래 모두에게 공감을 한다.

"I can't do it." never accomplished anything, "I will try." has performed miracles.
"난 못해." 라는 말은 아무것도 이루지 못하지만, "해볼 거야."라는 말은 기적을 만들어 낸다.
–George P. Burnham

발명 아이디어란 문제를 풀게 해 주는 해결이다. 발명적인 사고는 문제와 그에 대한 적절한 해결책을 포함한다. 이런 사고는 비록 그들의 실험이 성공적이지 않더라도 발명적이라고 할 수 있다. 그래서 비평가 로젠은 비발디의 음악을 '아이디어에 불과한 것' 이라고 했으며, 어떤 철학자는 럿셀의 작품을 '단순히 훌륭한 것' 이라고 묘사한다. 즉, 풍성하게 샘솟는 새로운 아이디어를 발명이라 생각할 수 있지만 창의적이라 말할 수는 없다. 왜냐하면 창의적인 것이 되기 위해서는 그 밖에 다른 기준들을 만족시켜야 하기 때문이다. 그러므로 발명은 창의성을 위해 필요한 필수조건이기는 하지만 충분조건은 아니다.

새로움 철학은 경이로움에서 시작한다고 한다. 그렇다면 경이로움은 어디에서 시작되는가? 대개는 발견에서 시작한다고 생각한다. 왜냐하면 경이로움은 지각을 통해 자연의 새로움을 발견하는 매순간 일어나기 때문이다. 세상의 불가사의가 우리의 경이로움을 불러일으키며, 이 경이로움은 우리의 탐구의욕을 자극한다. 이것은 매우 자연스러운 과정이다. 발견한 것에 대해 설명해야 한다면 우리는 더욱 의문에 휩싸이게 될 것이며, 우리의 탐색이 어떤 평형을 가져올 때까지 그 의문은 가시지 않을 것이다.

물리적인 자연현상만이 우리를 당혹하게 하는 것은 아니다. 우리의 인간적 본질 역시 우리를 당혹하게 하며, 특히 비합리적인 측면은 더욱 그렇다. 더욱이 이렇게 당혹감에 대해 이야기하고 있는 인간 본성의 창의성은 또 얼마나 당혹스러운 것인가.

창의성은 자연, 특히 자연의 다양성과 확장에 깊이 뿌리를 내리고 있다. 또한 발견과 발명에서의 비판적 역할과 함께 재생산의 역할을 담당하는 인

마이동풍(馬耳東風, 馬: 말 마, 耳: 귀 이, 東: 동녘 동, 風: 바람 풍)
말의 귀에 동풍(東風: 春風)이 불어도 전혀 느끼지 못한다는 뜻. 곧, ① 남의 말을 귀담아 듣지 않고 그대로 흘려 버림의 비유. ② 무슨 말을 들어도 전혀 느끼지 못함의 비유. ③ 남의 일에 상관하지 않음의 비유.

간의 본성에도 깊이 뿌리내리고 있다. 그렇다면 우리의 평범한 생각을 뛰어넘는 것으로서의 창의적인 사고는 어떤가? 이 질문에 대해서 생각하는 것만으로도 우리는 당혹스럽다. 오스틴(Austen)이 표현한 것처럼 "놀랄 것이라 생각은 했지만 경이로움은 항상 우리의 예상을 초월한다."

예를 들면, 창의적 사고는 이전에 볼 수 없었던 독특한 방식으로 예술 작품을 구성하는 사고에서 볼 수 있다. 창의적 사고는 우리에게 익숙하지 않은 관계와 형태, 질서로 구별하고 구성하는 사고다. 이것은 만들어 낼 가치가 있는 것을 어떻게 만들며, 행할 가치가 있는 것을 어떻게 행하는지에 대해 생각하는 것이기 때문이다.

문제성 창의적 사고는 어떤 문제해결 과정 속에서 움직이는 정신이다. 의심은 우리가 가진 신념을 유보하게 한다. 문제를 해결하기 위해서 문제 상황을 재구성하고, 문제를 해결하기 위한 방법으로 대안적인 가설을 세우며, 가능한 결과를 고려해 보면서 그 상황이 가진 문제가 사라지고 새로운 신념이 세워질 때까지 경험을 조직하는데, 이것이 창의적 사고가 하는 것이다.

가지력 창의적 사고는 모든 예술가의 작품 속에 나타나는 예술가의 독특한 판단을 알게 해 주는 최소한의 요소다. 다른 모든 판단과 마찬가지로 이 판단은 판단을 내린 사람의 자기 표현이며, 그 사람이 내리는 세상에 대한 자기 평가다. 창의성은 그것을 통해 그 사람임을 알게 해 주는 요소를 가지고 있다. 즉, 피카소의 그림에 내포된 창의적 요소가 가지력이 있어 그 작품의 저자가 피카소임을 알게 해 준다는 것이다.

The principle of competing is against yourself. It's about self-improvement, and being better than you were the day before.
경쟁의 원칙은 자기 자신을 상대하는 것이다. 자기 개선과 예전보다 더 나아지는 것의 문제라는 뜻이다.
–Steve Young

확장적 사고 함축적인 사고와 확장적인 사고는 서로 구별된다. 전자의 예는 연역으로서, 확장시키는 것 없이 우리의 사고를 넓히는 것이다. 후자는 귀납과 유추, 은유를 그 예로 들 수 있는데, 이것은 인지적인 비약을 가능하게 해 준다. 확장적인 사고는 주어진 것을 뛰어넘고, 그 과정 속에서 우리의 생각을 밀어주는 것이다. 그것은 안정과 정착이라기보다는 진화적인 성장이다. 확장적 사고는 우리의 사고뿐만 아니라 사고를 넓힐 수 있는 능력까지도 확장시켜 준다.

일반화는 주어진 정보를 넘어선다는 의미에서 확대이며 확장이다. 유사한 성격을 가지고 있는 사례들이 공유하는 특징을 추리해 내는 것이다. 그러므로 일반화는 증거들이 갖고 있는 어떤 제일성(uniformity)을 추정한다. 가설 또한 확장적 사고의 전형이다. 가설은 아주 다양한 증거들 속에서 나올 수 있다. 관련되지 않은 사실에 대한 가설도 있고, 추론적 가설도 있으며, 일반화에 대한 가설, 원칙에 대한 가설도 있다. 가설은 주어진 정보를 넘어서는 것으로, 현상을 단일화하기보다는 복잡한 측면들을 예측하고 설명하려는 것이다.

유추는 어떤 사물들이 본질적으로 어떤 비례 관계를 가지고 있다는 것을 추정하는 것이다. 이 비례감은 용어의 유사성을 통해서보다는 관계의 유사성을 통해서 더 잘 표현된다. 우리는 A와 B의 관계는 C와 D의 관계와 '같다'라고 표현한다. 이러한 관계를 전제로 해서 A, B, C가 주어지면, 우리는 A에 대한 B의 관계를 통해서 C에 대한 관계를 가진 D를 추측할 수 있다.

기억해 두어야 할 것은, 비례 관계는 유사성에 근거한 것이므로 판단의 문제라는 것이다. 학생의 판단을 강화시키기 위해서 일반적으로 유추적 표

망양지탄(望洋之歎, 望: 바랄 · 바라볼 망, 洋: 바다 양, 之: 갈 지, 歎: 탄식할 · 감탄할 탄)
넓은 바다를 보고 감탄한다는 뜻. 곧, ① 남의 원대함에 감탄하고, 나의 미흡함을 부끄러워함의 비유. ② 제 힘이 미치지 못할 때 하는 탄식.

현을 광범위하게 연습시켜야 하는 이유가 바로 여기에 있다. 플라톤이 음악과 수학을 교육의 필수로 생각한 이유도 바로 이것이다. 왜냐하면 음악과 수학은 비례의 구조를 포함하기 때문이다. 또한 아리스토텔레스가 판단은 엄격한 평등에 의존한다기보다는 적절한 공정성에 의존한다고 주장했던 이유도 바로 여기에 있다.

은유적 사고 역시 함축적이라기보다는 확장적이다. 그것은 범주 또는 도식(schema)을 서로 섞는 것이다. 이러한 혼합은 문법적이거나 산문적인 입장에서 보면 황당한 것일 수도 있다. 그러나 이 혼합으로부터 의례적인 사고 방법과는 비교가 되지 않을 만큼 풍부한 사고의 신선함과 활기참이 나온다. 즉, 은유적 사고는 함께 연결될 수 없는 두 개의 영역을 연결하는 것이다. 쌍안경처럼 단순한 병렬적 나열을 통해 시력의 깊이와 넓이를 확장시키는 연결이다. 은유적 사고가 다리를 놓는 두 범주의 고유한 입장에서 보면 그것은 일종의 '범주의 오류'인 셈이다. 그것은 간학문적 사고가 개별 학문 내에서 통용되는 표준에서 보면 오류인 것과 마찬가지다.

도전적 사고 창의적 사고가들은 때때로 규칙과 기준에 도전적이다. 이들은 대부분이 이렇다는 것을 부정하기 힘들 것이다. 예를 들어 로마네스크 건축가에게 새로운 고딕 건축가들은 규칙을 깨기 위해 규칙을 깨는 이상한 기호를 가진 사람으로 보였을 것이다. 어떤 전통적인 기준은 깨어지며, 어떤 기준은 새로 만들어진다. 로마네스크 건축가들 역시 그 이전의 규칙에 도전한 사람들이다. 새로운 조각 양식도 마찬가지다. 사람은 이런 도전에 대해 혼란스런 마음을 가지고 있다. 성 버나드(Saint Bernard)는 고딕 양식의 조각물을 보고는 다음과 같이 중얼거렸다. "괴물 같은 아름다움,

A wise man makes opportunities than he finds.
현명한 사람은 스스로 발견하는 것보다 더 많은 기회를 만든다.
–Francis Bacon

아름다운 괴물들." 고딕 양식의 조각은 버나드가 길들여진 규준을 무시했던 것이다.

③ 배려적 사고의 교육

배려적 사고는 우리가 생각하는 주제에 대하여 열망을 갖고 생각한다는 것과 우리가 생각하는 태도에 대해 관심을 가진다는 두 가지를 의미한다. 즉, 사고에서 열정의 지위를 인정하고 적용한다는 뜻이다. 자녀의 병에 대해 끊임 없이 생각하는 것은 병 때문이 아니라 자기가 사랑하는 자녀가 그 병을 앓으면서 고생하기 때문인 것이다. 이것이 배려적 사고에 대한 관점이다. 다음에서 제시하는 배려적 사고의 특징을 이해하고 배려한다는 것은 인지활동이며 배려가 없다면 생각은 가치적인 요소를 잃게 된다는 립맨의 주장을 교육현장에 적용하는 것이 우리의 교육을 변화시킬 수 있는 중요한 노력이 될 것이다.[15)]

가치부여적 사고 우리가 무엇인가를 소중히 여기고 경탄하고 마음에 품어 둔다는 것은 그것을 유지시켜 주는 관계들의 가치에 관계하는 것이다. 선물이 가치 있는 것은 선물을 주는 사람이 주려는 사람에게 표현하고자 하는 가치 때문이다. 선물이 가치 있는 것은 선물을 준 사람의 태도나 성향이나 감정과 받는 사람의 그것 사이를 그 선물이 연결시켜 주기 때문이다. 다른 방식으로는 이런 연결을 만들기 어렵다.

가치를 부여한다는 것은 중요하다고 생각하는 것에 관심을 기울이는 것이다. 우리가 관심을 기울이기 때문에 중요한 것이 된다는 순환의 논의에 대해서는 별로 신경 쓸 필요는 없다. 그것은 단지 부분적으로 옳을 뿐이다.

맹모단기(孟母斷機, 孟: 맏 맹, 母: 어미 모, 斷: 끊을 단, 機: 베틀 기)
맹자의 어머니가 (유학[遊學] 도중에 돌아온 맹자를 훈계하기 위해) 베틀에 건 날실을 끊었다는 뜻으로, 학문을 중도에 그만두는 것은 짜던 베의 날실을 끊어 버리는 것과 같다는 말.

모든 것은 본질에서 다른 것에 비해 더하지도 덜하지도 않다. 그러나 어떤 특정한 관점에서 대조하거나 비교할 수는 있으며 그때 우리는 주의를 기울이고 그들이 가지고 있는 차이점과 공통점의 가치를 헤아린다.

큐레이터는 예술 작품에 관심을 갖고 의사는 건강에 관심을 갖고 성직자는 영혼에 관심을 갖는다. 이들이 관심을 갖고 주의를 기울이는 것은 '단순한 감정'의 표출이 아니라 순수한 인지적 가치를 갖는 것이다.

정서적 사고 정서적 사고(affective thinking)는 이성과 감정을 이분법적으로 가로지르는 레이저 같은 개념이다. 그러나 감정이 이성의 빛을 가리는 심리적 폭풍이라는 가정 대신에 판단의 한 형태이며 좀 더 넓게는 생각의 한 형태라고 볼 수도 있다. 누스바움(Martha Nussbaum)의 글을 살펴보자.

"감정은 일종의 생각이다. 다른 생각과 마찬가지로 그것은 틀릴 수도 있다. 아리스토텔레스와 루소조차 부나 명성에 대한 과도한 집착과 같이 잘못된 감정도 있다는 점을 강조했다. …… 감정이 없다면 판단도 완전하지 않다는 점을 인정해야 한다. 어떤 진실을 표현하기 위해서는 감정도 표현되어야 한다는 말이다. 또한 독자에게 어떤 진실을 알리기 위해서는 독자의 감정을 일으킬 수 있도록 써야만 한다."

행동적 사고 관심을 갖는 것은 가치 부여적이거나 정서적인 사고이고, 돌보는 것은 행동적 사고다. 여기서 '행동적'이라는 용어는 동시에 사고의 한 형태를 의미한다.

행동적 사고(active thinking)의 하나의 예는 관리인적인 사고다. 관심이 가는 대상을 보존하는 것이다. 사람은 자신의 젊음이나 외양을 지키고 싶

The intelligent man is one who has successfully fulfilled many accomplishments, and is still willing to learn more.
지성인이란 많은 훌륭한 일을 이룬 후에도 더 배우려는 자세를 지닌 사람이다.
–Ed Parker

어 한다. 그리고 자신이 가치 있다고 생각하는 것들을 시간의 나락으로부터 지키기 위해 애쓴다. 전제의 참을 결론까지 유지하고자 하는 논리학자나 문장의 의미를 다른 언어로 유지할 수 있도록 애쓰는 번역가와 같이 추상적인 가치를 보존하고자 노력하는 사람도 있다.

규범적 사고 규범과 실제를 연결하는 것은 행동과 배려 모두를 반성하게 해 준다. 배려하는 사람은 언제나 이상적인 배려적 행위에 대해 관심을 갖는다. 그리고 그에 따라 행동하고자 주의를 기울인다. 규범을 고려한다는 것은 인지적인 것이며 배려의 다른 측면과도 불가분의 관계에 있다. 그러므로 규범적 사고 역시 인지적이다.

감정이입적 사고 '감정이입(empathy)'이라는 용어는 의미가 아주 넓다. 하지만 여기서는 우리 자신을 다른 사람의 입장에 놓고 내가 그들인 것처럼 그들의 감정과 경험에 빠져 보는 것으로 한정지어 생각하고자 한다. 이 말은 근본적으로 윤리적이라는 점에서 매우 중요한 말이다. 감정이입은 배려의 한 방법인데, 우리 자신의 느낌과 시각과 전망으로부터 몇 걸음 뒤로 물러서 다른 사람의 느낌과 시각과 전망에 있는 자신을 상상해 보는 것이다. 존슨(Johnson)이 말했듯이, "우리는 감정이입적인 상상이 사적이고 개인적이며 아주 주관적인 행위라는 점에 대해 우려할 필요 없다. 오히려 그것은 우리가 서로 공유하는 세계에서 살 수 있도록, 그래서 서로의 몸짓과 행동과 지각과 경험과 의미와 상징과 이야기들을 나눌 수 있도록 해 주는 매우 중요한 행위다." 우리의 감정을 통해 우리가 상황을 어떻게 이해하고 있는지 알 수 있듯이 다른 사람의 감정을 통해 그가 상황을 어떻게 이해

맹모삼천(孟母三遷, 孟: 맏 맹, 母: 어미 모, 三: 석 삼, 遷: 옮길 천)
맹자의 어머니가 맹자의 교육을 위해 세 번 이사했다는 고사.

하는지를 쉽게 알 수 있다. 다른 사람의 감정이 이해가 잘 안 되는 이유는 각자가 서로의 상호작용 속에 포함된 인지적이고 언어적인 요소만을 평가했을 뿐 서로의 이해가 현실이 되게 하는 감정의 교류가 없었기 때문이다.

(3) 다차원적 사고의 적용: 사고력 교육을 받을 권리

학교가 학생으로부터 비판적, 창의적, 배려적 사고 사이의 균형을 이끌어 내기 위해 노력한다면 교육의 성격이 극적으로 변하게 될 것이다. 창의적이고 배려적인 사고는 도외시한 채 비판적 사고만을 가르치려는 현재의 교수 기법들은 배제되어야 한다. 교실은 창의적이고 배려적인 사고를 촉진시키는 탐구공동체가 되어야 한다. 교실은 구성원이 서로에게 또는 학습주제에 대해 가져야 하는 배려와 존경과 이해에 대해 전적으로 무관심하거나 냉소적이며, 오로지 지적 조작만을 생산하는 공장이 되어서는 안 된다. 이를 위해 우리는 오늘날 교육의 특징인 사고의 획일성에서 탈피하기 위해 어떻게 해야 하는지에 대해 더 많이 알아야 한다. 또한 교육의 진정한 특징이어야 하는 감정, 가치, 의미 등을 어떻게 재구성해야 하는지에 대해서도 더 많이 알아야 한다.

학생이 체육교육을 받고 육체적 성장에 대해 지도받으면서 신체적으로 발달할 권리를 가지고 있다는 점은 매우 보편적인 사실이다. 그들은 또한 문자 해득의 권리도 갖고 있다. 왜냐하면 사람은 읽기와 쓰기를 통해 다른 사람의 사회, 문화, 문명뿐만 아니라 우리의 사회, 문화, 문명과 연결될 수 있기 때문이다.

그런데 학생이 상급학교에 진학할 때, 그들의 사고력을 발달시킬 권리도

The only way to excellence is to consistently improve yourself every single day.
탁월한 인간이 되는 유일한 길은 날마다 끊임없이 자신을 개선해 나가는 것이다.
—Thomas J. Vilord

함께 충분히 고려되고 있는지는 분명하지 않다. 현재의 교육활동으로 미루어 볼 때 학생이 사고의 권리, 즉 단지 만족할 만한 읽기와 쓰기기술을 배울 권리만이 아니라 그것을 넘어서 합당성이나 현명함, 상상력, 평가력과 같은 표준들을 배울 권리도 가지고 있는지는 명확하지 않다. 우리는 그저 적절성과 일관성 같이 읽고 쓰는 능력에 필요한 최소한의 표준만을 정했을 뿐, 학생의 사고력 향상에 필요한 높은 수준의 기준을 세우는 데는 실패했다. 그러나 학생은 높은 수준으로 사고할 권리를 가지고 있다. 학생의 사고력 향상을 위해 높은 수준의 기준이 제시되어야 한다. 그래야만 그들의 잠재력이 현대 사회의 요구에 좀 더 가까이 맞춰나갈 수 있다.

만약 인간이 신체 발달에 무관심하다면 각 개인은 점차 나약해져서 사회 구성원으로서 당연히 해야 할 자기 보호마저도 제대로 못할 것이다. 이와 같이 우리가 체력 증진을 위한 권리를 가지고 있듯이, 우리는 도덕적 강화를 위한 권리도 가지고 있다. 그럼으로써 우리는 도덕적인 자기 비판, 자기 수정, 자기 통제를 할 수 있다. 또한 우리는 창의성과 감정을 강화할 권리도 가지고 있다. 그럼으로써 우리는 타당하고 풍부하게 생각할 수 있으며, 정력과 탄력을 가지고 인생의 여러 시련을 만나게 되는 것이다.

탐구가 중시되는 사회에서 사고력 향상 교육을 하고자 할 때, 비판적, 창의적, 배려적 사고는 우리에게 교육적 과정의 일차적 측면이 무엇이어야 하는지를 알게 해 준다. 그런 사회에서는 아주 중요한 두 가지 규제적 이상(regulative idea)을 염두에 둘 필요가 있는데, 그것은 바로 민주주의와 합당성이다. 두 가지 모두 교육과정의 필수적인 요소다. 그런데 여기서 '일차적 측면(primary aspect)'이란 교육과정 전체(부분들의 전체라는 의미에서)를 의

명경지수(明鏡止水, 明: 밝을 명, 鏡: 거울 경, 止: 그칠 지, 水: 물 수)
맑을 거울과 조용한 물이라는 뜻으로, 티없이 맑고 고요한 심경을 이르는 말.

미하는 것이 아니라, 우리가 그 과정의 구조를 조직할 때 의존해야 할 정책, 원칙, 절차의 네트워크를 의미한다. 이 점에서 우리는 민주주의를 사회구조의 발전을 위한 규제적 이상으로 간주한다. 합당성은 개인이든 아니면 사회의 특성 절차든 그것이 가진 구조적 성격의 발전을 위한 규제적 이상이다.

주

1) 전영길, 이영만 역, **수평적 사고와 창의성**(서울: 서원, 1994), pp. 13-15.
2) 손봉호, **오늘을 위한 철학**(서울: 지학사, 1986), pp. 9-13.
3) 위기철, **생각은 힘이 세다**(파주: 청년사, 2003), pp. 11-14.
4) 위의 책, pp. 138-157.
5) 이종승, 김인선 역, **사고양식**(서울: 교육과학사, 2004), pp. 119-148.
6) 도북선 역, **생각 발전소**(서울: 북로드, 2005), pp. 227-233.
7) 위의 책, pp. 27-29.
8) 위의 책, pp. 232-233.
9) 위기철, **생각은 힘이 세다**(파주: 청년사, 2003), p. 158.
10) 위의 책, pp. 160-161.
11) 고영림 역, **미래의 교육에 반드시 필요한 7가지 원칙**(서울: 당대, 2006), pp. 18-55.
12) 김중용 역, **부의 미래**(서울: 청림 출판사, 2006), pp. 62-67.
13) 박진환, 김혜숙 역, **고차적 사고력 교육**(서울: 인간사랑, 2005), pp.37-42.
14) 위의 책, pp. 258-286.
15) 위의 책, pp. 341-346.

To learn, you have to listen. To improve, you have to try.
배우고 싶다면 들어라. 발전하고 싶으면 시도하라.

－Thomas Jefferson

제 2 장

논증을 위한 논리

인간이 가진 생각의 힘과 위험성을 고려해 볼 때 생각은 그 특성에 맞춰서 잘 다루어져야 한다. 이러한 생각 세계에 적용되는 법칙을 논리라고 한다. 그러한 논리는 생각과 언어를 매개로 하여 상대를 대상으로 주장하는 바를 옳다고 입증하는 과정으로 나타나는데 이런 과정을 논증이라고 말할 수 있다. 그리고 이러한 논증의 과정이 말로 표현되면 토론이나 연설이 되고 글로 표현되면 논술이나 논설문이 된다. 이러한 관계를 한마디로 논증을 위한 논리, 논증에 의한 논술이라고 쉽게 나타낼 수 있다. 다음에서는 이러한 관계성과 여기에 수반되는 개념들을 자세히 알아보도록 하자.

1. 논리: 생각의 법칙

논리가 무엇인지 한자와 영어의 어의적 입장으로 접근해 보자. 우선 한자의 '논(論)'이라는 글자는 '말씀 언(言)'과 '묶을 륜(侖)'으로 구성되어 있어, '논'은 말 묶음을 뜻한다. 그리고 잘 알려진 '리(理)'는 이치, 법칙, 규칙을 의미한다. 결국 논리는 우리말의 어원대로 풀이하면 '말 묶음의 이치'인 것이다. 영어의 'logic(논리)'이라는 단어는 포괄적이고 다의적인 그리스어의 '*logos*'에서 유래하였다. 신약성경의 요한복음 1장 1절에 나오는 유명한 구절인 "태초에 말씀이 있었다."에서 '말씀'에 해당하는 그리스어도 '*logos*'다. *logos*라는 그리스어는 말, 단어, 문장이라는 뜻과 함께 이성, 이유(reason), 규칙이라는 의미도 가지고 있다. 그런 의미에서 'logic'도 말과 관련된 법칙이라는 의미로 해석될 수 있을 것이다. 결국 영어의 'logic'이나 한자의 '논리'나 '말 묶음에 관한 이치'라고 해석해도 크게 틀리지 않을 것이다. 정리하면, 생각이 말과 글이라는 언어적 형식을 빌려 표현되는 말 묶음에 관련된 법칙이나 이치를 논리라고 할 수 있다.

1) 생각과 논리

만일 그런 말 묶음의 법칙인 논리가 어떤 힘을 가진다면 그것은 사유의 힘, 즉 생각하는 힘의 한 종류다. 생각이 힘(思力)을 가졌다고 할 때는 느낌 또는 단순한 의식 수준의 것이 아닌 능동적이고 적극적으로 생각하는 것을 말한다. 그러나 그런 생각에도 무엇을 기억해 내는 것, 상상해 보는 것, 또는 직관하는 것 등이 있으나 이런 생각은 논리의 힘을 갖는 것이 아니다. 논리의 힘을 갖는 생각은 추리를 하는 생각이다. 제1장에서 제시한 〈사례 1: 목동 소년의 지혜〉 같은 단순한 기억이 아니고, 기억을 해내기 위해 추리를 해야 하는 것도 있다. 추리를 하면서 상상하는 것도 있다. 뿐만 아니라, 직관이라는 것도 무의식적인 추리를 바탕으로 해서 얻어지는 것일 수

모순(矛盾, 矛: 창 모, 盾: 방패 순)
말이나 행동의 앞뒤가 서로 맞지 않음.

도 있다. 추리를 함으로써 그런 생각들이 더 풍부해진다. 더 힘 있는 생각이 될 수 있다. 그것은 역시 논리의 힘 때문이며, 논리의 힘은 생각의 종류 중에서도 추리하는 생각이 갖는 힘이다.

추리를 한다는 것은 무엇을 말하는가? 우리가 경험하는 사실보다 더 많은 것을 알 수 있게 하는 것이 추리다. 어떤 일이 일어나게 된 그 배경의 과정을 추리해 볼 수 있다. 어떤 일이 앞으로 어떻게 진전되어 갈 것인가를 추리해 볼 수 있다. 사건의 설명을 위한 추리와 사전의 예측을 위한 추리를 말한다. 이러한 추리는 대체로 언어적 추리를 뜻한다. 우리 마음속에서 일상 언어로 된 생각들이 그러한 설명이나 예측의 추리를 하게 하는 것이다. 그러나 일상 언어적 추리만이 아닌 수학적 추리도 가능하며 영상적 추리도 가능하다. 수학적 추리는 수학 언어를 기본 언어로 하는 과학적 탐구에서 필수적인 추리 방식이다. 과학자는 수학적으로 생각해야 하며, 특히 수학적으로 추리해야 한다. 그것은 우리가 흔히 말하는 수학적 능력의 조건을 뜻한다. 과학을 하기 위해서는 수학적 능력에서의 자격을 갖추어야 한다는 뜻이다. 적성이 맞아야 한다는 뜻이다.

영상적 추리는 언어를 사용하지 않는 비언어적 추리다. 우리의 감각 기관을 통해 들어오는 정보를 언어화나 개념화하지 않은 채 우리의 생각 속에서 추리의 자료로 사용하는 것을 말한다. 시각적 정보, 청각적 정보, 촉각적 정보, 미각적 정보가 모두 이러한 영상적 추리를 가능하게 한다. 이러한 추리는 우리 인간이 다른 동물과 공유하는 능력이라고 여겨진다. 그러니까 더 기본적이고, 더 본능적인 추리라고 생각된다. 인간과 같은 수준의 언어적인 사유를 할 수 없는 동물도 해 낼 수 있는 추리 능력이 그런 것일

Anyone who has never made a mistake has never tried anything new.
실수를 저지른 적이 없는 사람은 새로운 것을 시도해 본 적이 없는 것이다.
−Albert Einstein

수 있다.

우리도 영상적 추리를 한다. 언어적으로, 개념적으로 정리하여 추리할 시간적 여유가 없는 일에 대해서는 영상적으로 추리해서 판단한다. 위험을 직감한다든지 운동 경기처럼 빠른 반응을 필요로 하는 상황에서는 영상적으로 직접 추리하지 않을 수 없다. 일단 반응을 하고 나서 그것이 잘된 반응이었는가에 대해서는 나중에 언어적으로 추리해 보고 판단한다.

논리를 사유의 법칙이라고 할 때 그것은 자연의 법칙과 어떻게 다른가? 자연의 법칙은 여러 가지 자연 현상을 지배하는 법칙이다. 규칙적이고 반복적인 변화가 일어나게 하는 법칙, 구조적인 안정성을 유지할 수 있게 하는 법칙, 보편적인 속성을 갖도록 하는 법칙, 진화 또는 발전적 변화가 일어나게 하는 법칙, 목적과 수단의 관계를 지배하는 법칙, 불완전한 것으로부터 완전한 것을 지향하게 하는 법칙, 구체적인 것에서 추상적인 것으로, 또는 개체적인 것에서 일반적인 것으로 나아가게 하는 법칙, 그리고 불규칙적으로, 예외적으로, 또는 분포적으로 일어나는 현상을 지배하는 법칙 등 다양한 현상의 다양한 법칙들이 있다.

한편, 사유의 법칙은 사유의 세계를 지배하는 법칙이다. 사유의 기능이 따라야만 하는 법칙이라고 하는 것이 더 적절하다. 사유의 법칙은 사회적인 법률처럼 당위적으로 주어지는 것이므로, 그것은 어길 수 있는 법칙이다. 자연의 법칙은 어길 수 없는 것이므로 지배하는 법칙이라 할 수 있으나, 사유의 법칙은 어길 수 있는 것이므로 지배한다고 하기보다는 필요로 한다고 할 수 있다. 그것은 자연적 필연성이나 인과적 필연성과는 구별되는 논리적 필연성을 뜻한다. 그것은 사유의 세계가 자연의 세계 또는 객관

문전성시(門前成市, 門: 문 문, 前: 앞 전, 成: 이룰 성, 市: 저자 · 도시 · 시가 시)
문 앞이 저자(市)를 이룬다는 뜻으로, 권세가나 부잣집 문 앞이 방문객으로 저자를 이루다시피 붐빈다는 말.

적 세계를 모의하는 모형이기 때문에 필요로 하는 것이다. 사유의 세계는 객관적 세계를 표상하는 주관적 세계다. 객관적 세계를 모형화하여 거기서 일어나는 일을 설명하고, 예측하고, 이해하기 위한 필요성 때문에 만들어지는 세계다.

따라서, 사유의 법칙은 인간의 언어로 만들어지는 모형의 세계가 필요로 하는 법칙을 말한다. 객관적 세계가 언어로 표상됨으로써 여러 가지 모형의 세계를 만들 수 있으며, 그러한 모형을 통하여 객관적 세계의 온갖 상태, 구조, 변화 과정 등을 설명하고 예측할 수 있게 한다는 것이다. 그러므로, 정확한 설명과 예측을 위한 조건이 있어야 하며, 그러한 조건을 만족시키도록 하는 법칙 또는 기준이 필요한 것이다. 이러한 객관적 세계와의 관계에서 필요로 하는 사유의 법칙이 논리다. 논리적으로 정당하게, 법칙에 맞게 사유하는 것은 객관적 세계의 설명과 예측을 정확하게 해 준다. 객관적 세계에서 일어나는 현상은 자연 법칙의 지배를 받으면서 일어날 뿐이다. 그러나 그런 현상이 어떻게 일어났는가를 설명하고 예측하는 일은 생각으로 하는 일이다. 사유의 기능이며, 특히 논리적 사유의 기능이다.[1]

〈표 2-1〉 자연법칙과 사유법칙

구분	자연법칙	사유법칙
지배대상	객관적인 자연현상	생각과 언어의 주관적 영역
특성	어길 수 없음(규칙성, 반복성, 보편성)	사회 규칙처럼 어길 수 있음
존재 의미	지배하는 발견된 법칙	예측, 설명, 이해에 필요하여 만든 법칙
관계성	사유법칙의 원형	자연세계를 모형화(표상)해 만든 법칙
내용	자연 세계를 지배하는 법칙	생각의 세계에 필요한 조건과 기준

The greater the obstacle, the more glory in achieving it.
장애가 크면 클수록, 성취의 영광은 커지는 법이다.

– Moliere

2) 추론

실제로 논리적이냐 아니냐를 따져야 하는 궁극적인 대상은 '사고'이지만, 모든 사고가 논리적이어야 하지는 않다. 우리의 사고 중에서 일반적으로 추리라고 불리는 것이 바로 논리적이어야 하는 사고다. 논리학에서는 추리를 일반적으로 추론(inference)이라고 부른다. 그리고 논리학에서 추론은 주어진 사실로부터 새로운 사실을 이끌어 내는 사고의 과정이라 정의한다.[2] 추론은 논증이 이루어지는 인지 과정, 즉 전제를 이루는 판단으로부터 결론을 이루는 판단을 이끌어 내는(infer) 심적 과정을 말한다. 그러나 '논증하다(argue)'라는 어법에서처럼 논증이 실상 추론과 동일한 뜻으로 쓰일 수도 있다.[3] 추론 형식에는 다음과 같이 귀납추론, 연역추론, 가추추론이 있다.[4]

귀납추론 구체적인 사실에서 이 사실들을 모두 아우르는 보편적인 결론으로 이르는 방식이다. '수많은 바닷물을 맛보았지만 모두 짜기 때문에, 바닷물은 짜다(하지만 예외가 있을 수 있다).' 귀납적으로 사고할 때는, 지나치게 적은 예만 가지고 결론을 이끌어 낼 위험이 있다. 필요하다고 생각하는 것보다 더 많은 근거를 모으고 통계적인 표본 수집과 분석 방법을 활용하여 이러한 위험을 피할 수 있다.

연역추론 보편적인 전제와 이유에서 구체적인 주장으로 이르는 방식이다. '바닷물은 항상 짜다. 따라서 이 물은 바닷물이기 때문에 짤 것이다.' 연역적으로 사고할 때는, 전제를 모든 상황에 기계적으로 적용함으로써 틀에 갇힌 생각에 빠질 위험이 있다.

방약무인(傍若無人, 傍: 곁 · 의지할 방, 若: 같을 약, 無: 없을 무, 人: 사람 인)
곁에 사람이 없는 것 같이 여긴다는 뜻으로, 주위의 다른 사람을 전혀 의식하지 않은 채 제멋대로 마구 행동함을 이르는 말.

가추추론 연역추론보다 더 보편적인 추론 형식은, 문제가 되는 데이터를 잠정적으로 설명하는 가설을 세우고 나서 이러한 가설에서 추론해 나가는 '가추추론' 방식이다. 문제를 중심으로 가설을 먼저 세우고 이를 적절한 추론을 통해 검토한다. 가추적으로 사고할 때는, 처음 떠올린 가설에 집착할 위험이 있다. 처음 세운 가설에 지나치게 얽매이지 말고, 여러 가설을 상상하고, 자신이 뒷받침하고자 하는 가설을 부정하는 근거를 의식적으로 찾아냄으로써 이러한 위험을 피할 수 있다.

논증과 추리는 밀접한 관계가 있다. 논증과 추리는 둘 다 서로 관계를 맺고 있는 전제와 결론으로 이루어진다. 추리란 이미 알고 있는 것으로부터 새로운 지식이나 믿음에 도달하는 과정이다. 이때 우리는 이미 알거나 믿는 것으로부터 이 전제들에 기초한 결론을 끌어내려고 한다. 논증과 추리의 주요한 차이는 논증이 언어적 대상, 즉 우리가 보거나 들을 수 있는 일군의 진술인 반면, 추리는 언어적인 것이 아니라 심리적 과정을 일컫는 말이다. 다시 말해서, 우리 마음속에서 이유를 기초로 결론을 끌어내는 과정을 추리라고 한다면, 이 추리가 언어로 표현된 것이 바로 논증이다. 따라서 논증의 결론은 진술인 반면, 추리의 결론은 의견이나 믿음이나 판단이다.

2. 논리 유형

일상 언어를 사용하는 논술에서 우리가 흔히 적용하는 논리의 유형에는 어떤 것들이 있는가? 우리가 지금 사용하는 논리의 유형은 모두 오랜 인류

We make a living by what we get, but we make a life by what we give.
우리는 소득을 통해 생계를 유지하고, 기부를 통해 (진정한) 삶을 만들어 간다.
–Winston Churchill

의 문화와 역사를 통하여 사용되고 다듬어진 것들이다. 전통적으로 오래 사용되어 오면서 더 잘 다듬어진 논리학적 논리 유형이 있고, 자주 사용되면서도 논리학적 논의에서 다뤄지지 않는 사유실험적 논리 유형이 있다.

1) 논리학적 논리 유형

논리학에서 사용되는 추리(추론)의 방법에 따라 논리 유형은 크게 연역논증과 귀납논증으로 나뉘어 설명된다.[5]

(1) 연역논증

연역추론에 의해 논리를 전개해 나가는 논증이다.

예) 모든 인간은 죽는다.
○○○는 인간이다.
∴ ○○○는 죽는다.

연역논증은 전제에 담긴 필연성과 결론에 나타난 비확장성이 있다.

1. 만일 전제가 모두 옳다면 결론은 반드시 옳다(필연성).
2. 결론의 내용은 전제 속에 암암리에라도 이미 포함되어 있다(비확장성).

연역논증의 종류는 다음과 같이 분류된다.

- 명제논리의 논증: 조건논증, 선언논증, 귀류논증, 딜레마(양도)논증, 진리지표 방법

배수지진(背水之陣, 背: 등 배, 水: 물 수, 之: 갈 지(…의), 陣: 진칠 진)
물을 등지고 친 진지라는 뜻으로, 목숨을 걸고 어떤 일에 대처하는 경우를 비유함.

• 술어논리의 논증: 정언논증(주연규칙, 벤 도법), 관계논증

(2) 귀납논증

귀납추론에 의한 논리를 전개해 나가는 논증이다.

〈표 2-2〉 논증의 유형

연역논증 (타당한 연역논증)	귀납논증 (올바른 귀납논증)	그릇된 논증
1. 만일 전제가 모두 옳다면 결론은 반드시 옳다(필연성).	1. 만일 전제가 모두 옳다면 결론은 반드시 옳지는 않지만 옳음 직하다(개연성).	1. 만일 전제가 옳다고 해도 결론이 그를 가능성이 있다.
2. 결론의 내용은 전제 속에 암암리에라도 이미 포함되어 있다(비확장성).	2. 결론은 전제 속에 없는 새로운 내용을 포함한다(확장성).	2. 전제와 결론 사이에 거의아무런 관계가 없다.

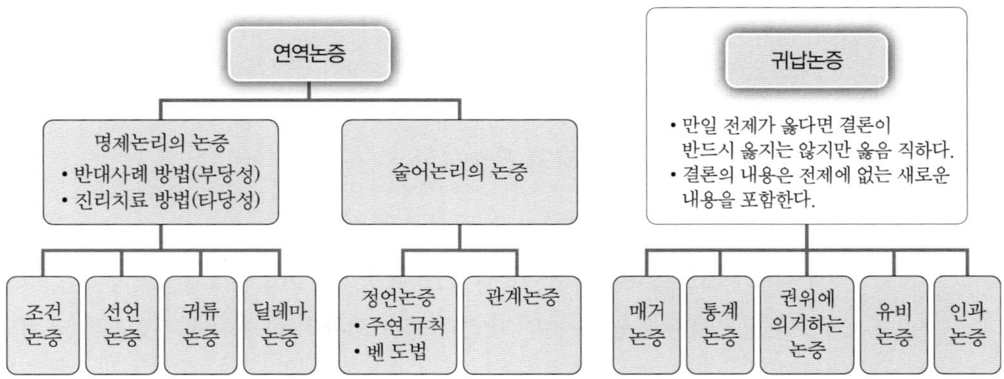

[그림 2-1] 논리학적 논리 유형

Man is not the sum of what he has, but the totality of what he does not yet have and what he might have.
인간은 현재 가진 것의 합계가 아니라 아직 가지지 않았지만 가질 수도 있는 것의 총합이다.
–Jean Paul Sartre

예) 지금까지 관찰된 모든 인간은 두뇌가 있다.
∴ 모든 인간은 두뇌가 있다.

귀납논증은 전제에는 개연성이 결론에는 확장성의 특성이 있다.

1. 만일 전제가 모두 옳다면 결론은 반드시 옳지는 않지만 옳음 직하다(개연성).
2. 결론은 전제 속에 없는 새로운 내용을 포함한다(확장성).[6)]

귀납논증에는 매거논증, 통계논증, 권위에 의거하는 논증, 유비논증, 인과논증의 유형이 있다.

2) 사유실험적 논리 유형

형식논리학에서는 수사학적 논증이 허용되지 않는다. 현대 논리학자들은 이런 논증 형식을 미숙한 단계의 논리학이라 생각한다. 그럼에도 우리의 일상언어 생활에서는 고대부터 지금까지 수사학적 논증이 부단히 사용되고 있다.[7)]

(1) 사유실험적 논리의 가능성

소홍렬(2004)이 다양한 사유실험을 통해 제시한 다양한 논증의 유형은 우리의 자연적 삶을 확장시키고 풍부하게 해 주는 역할을 한다. 그는 사유실험적 논리가 가능한 것은 자연과 인간 삶과의 관련성에 기인한다고 설명한다.[8)]

자연은 역사적이므로 중층적이고, 중층적이므로 부분과 전체의 관계가

백년하청(百年河淸, 百: 일백 백, 年: 해 년, 河: 물 하, 淸: 맑을 청)
백 년을 기다린다 해도 황하(黃河)의 흐린 물은 맑아지지 않는다는 뜻. 곧, ① 아무리 오래 기다려도 사물(事物)이 이루어지기 어려움의 비유. ② 확실하지 않은(믿을 수 없는) 일을 언제까지나 기다림(기대함)의 비유.

의존과 독립의 관계라든지 연속과 불연속의 관계로 나타나며, 양적인 변화가 질적인 변화로 이어지는 현상도 가능하다. 기능과 속성으로 구별되는 중층적 관계를 상향적으로 볼 수도 있고 하향적으로 볼 수도 있는 것이다. 이러한 자연에 대하여 우리는 '자연은 기계적인 것을 싫어한다.'라거나, '자연은 직선적인 것보다 곡선적인 것을 좋아한다.'라고 말한다. 자연은 역사적이면서 중층적이기 때문에 부드럽고 유연하다. 또한 넉넉하고 너그럽다. 자연은 어머니와 같다. 어머니가 아름다운 것처럼 자연은 아름답다. 부드러운 어머니의 몸처럼 자연은 부드럽다. 넉넉한 어머니의 가슴처럼 자연은 넉넉하다. 유연한 어머니의 자궁처럼 자연은 유연하다. 너그러운 어머니의 마음처럼 자연은 너그럽다. 그러므로 '어머니' 자연은 아름답다.

우리 인간은 이러한 자연의 아름다움을 모방하고, 이해하고, 이상화하여 표현하면서 문화를 만들어 간다. 조형적 아름다움을 추구하고, 음악적 아름다움을 표현한다. 수학적 아름다움에 감탄하고, 문학적 아름다움을 지향한다.

그런데 자연의 부드러움과 아름다움을 가능하게 하는 역사적 질서와 중층적 구조의 질서는 논리적 질서다. 자연의 논리가 가능하게 하는 질서다. 자연의 언어가 수학의 언어라고 하는 뜻에는 수학의 논리로써 자연의 논리를 표현할 수 있다는 것이 전제되어 있다. 수학의 논리는 반복적인 자연의 질서를 설명해 줄 수 있다. 물리학의 논리가 될 수 있었던 것이다. 수학은 이제 생명 세계를 설명하는 논리로 발전해야 한다. 그러나 거기서 멈출 수는 없다. 조형적 아름다움의 논리, 음악적 아름다움의 논리, 그리고 문학적 아름다움의 논리도 수학의 논리로 설명하고 표현할 수 있어야 한다.

A gentle answer quiets anger, but a harsh one stirs it up.
부드러운 답변은 화를 가라 앉게 하지만, 거친 답변은 화를 더 나게 한다.
–Solomon

수학이 자연의 언어라면 이러한 자연의 논리를 표현할 수 있을 것이다. 그런데 우리의 사유는 수학을 앞서 가면서 조형의 논리, 음악의 논리, 그리고 문학의 논리를 찾아서 적용하고 있다. 조형의 언어, 음악의 언어, 문학의 언어가 필요로 하는 논리를 발견하고 개발해 가면서 자연을 모방하고 그것을 이상화하는 창작을 추구하고 있다.

이러한 인간의 사유 능력은 분명 진화의 산물이며 자연의 논리를 모형화하여 연장한 것이다. 그러므로 인간의 사유 능력은 지금도 진화하고 있으며, 따라서 사유의 논리도 자연의 논리에 더 가까이 접근해 가고 있다. 아름다움을 추구하는 인간의 사유를 끊임없이 발전할 수 있게 하는 논리는 자연의 논리처럼 다양하고 부드러운 논리가 될 수밖에 없는 것이다. 연역논리만을 고집할 수 없다. 수학적 연역으로 논리를 제한할 수는 없다. 오히려 조형 예술에서, 음악 예술에서, 문학 예술에서 이미 적용되고 있는 다양하고 다원적인 논리를 따라가면서 논리적 사유의 가능성을 확장해 가야 한다. 더 자연스럽고, 더 풍부하고, 더 아름답고, 더 부드러운 사유를 가능하게 하는 논리로 발전시켜 나가야 하는 것이다.

(2) 사유실험적 논리의 여섯 가지 유형

소흥렬(1997)은 이런 관점에서 논리를 ① 연역논리, ② 유비논리, ③ 변증논리, ④ 실천논리, ⑤ 귀추논리 그리고 ⑥ 귀납논리로 구분하여 각 논리 유형에 대하여 각각의 특징을 더 잘 드러내면서 더 쉽게 익숙해지도록 하기 위한 방법으로 각 유형마다 철학자의 이름을 붙여 설명한다. 물론 하나의 논리 유형이 한 사람의 철학자에게 독점되었다는 뜻이 아니며, 한 철학

백면서생(白面書生, 白: 흰 백, 面: 얼굴 면, 書: 글 서, 生: 날 생)
오로지 글만 읽고 세상 일에 경험이 없는 젊은이를 이르는 말

자가 한 가지 유형에만 집착되었다는 뜻도 아니라고 한다. 모든 철학자들이 모든 유형의 논리를 사용했다고 하는 것이 가장 정확할 것이다. 그러나 이름을 붙이는 일은 임의적인 뜻을 갖지 않을 수 없으므로 그 논리의 유형과 그 철학자의 사상이나 방법이 몇 가지 측면에서나마 연관될 수 있다는 사실을 고려하여 이름을 붙일 수밖에 없다고 하면서 철학자의 이름을 붙여 다음과 같이 구분하여 설명한다.[9]

① 아리스토텔레스의 연역논리

연역논리는 가장 강한 논리다. 예외 없이 규칙적으로 일어나는 사건들이나 예외 없이 보편적인 속성을 전제로 하는 논리이므로 강할 수밖에 없다. 모든 사람이 이성적 동물이기 때문에 소크라테스도 이성적 동물이라고 하는 것은 연역논리적인 필연성을 갖는 추리다. 비가 올 때마다 땅이 젖는다거나 바람이 불면 언제나 나뭇잎이 흔들린다는 것을 전제로 하여 구체적인 현상을 설명하는 것도 필연적인 연역논리가 적용되는 예다.

연역논리의 대표적인 형식은 삼단논법이다. 두 개의 전제들로부터 결론을 이끌어 내는 형식이므로 삼단논법이라고 한다. 삼단논법의 여러 가지 유형을 정리하고, 정당한 삼단논법을 가려내도록 하는 규칙을 찾아내어 체계화시킨 철학자가 아리스토텔레스다. 아리스토텔레스 이전에는 아무도 논리를 체계화시켜 보지 못했다고 한다. 때문에 아리스토텔레스의 삼단논법은 고전적 논리가 되었고, 20세기에 와서 수학적 논리 또는 기호 논리가 체계화되기까지 유일한 연역논리적 체계로 남아 있다.

삼단논법이 정당한 논법 형식일 경우, 그것은 그것의 전제를 받아들이면서 결론을 거부할 수 없는 연역적 필연성을 갖는다. 그러므로 자기의 주장

The one thing separates the winners from the losers is, winners take action.
승자와 패자를 분리하는 단 한 가지는 승자는 실행하는 사람이라는 점이다.
—Anthony Robbins

하는 바를 입증하는 논거로서 가장 유효하게 쓰이는 것이 삼단논법이다. 중세 서양 철학자들은 하나님의 존재를 증명하기 위해 삼단논법을 사용했다. 지금도 어떤 주장을 논증한다는 것은 삼단논법으로 그 주장하는 바를 이끌어 내야 한다고 생각하는 사람들이 많다.

일반적으로 연역논리적 논지를 펴나갈 때 고려해야 할 오류에는 순환논법의 오류와 모순 또는 자가당착의 오류가 있다. 순환논법은 독단적이고 배타적인 주장을 하는 사람이 흔히 범하는 오류다. 교과서적인 순환논법의 예는 세 명의 도둑과 훔친 진주 일곱 개에 관한 이야기가 있다. 진주 일곱 개를 가지고 있던 도둑이 다른 두 명에게 각각 두 개씩 나누어 주고 자기는 세 개를 차지하자, 두 사람이 항의했다.

"너는 왜 진주 세 개를 갖느냐?"
"나는 두목이니까 너희들보다 하나 더 갖는다."
"어째서 네가 두목이냐?"
"나는 진주를 하나 더 가졌으니까 두목이다."

포스트모더니즘은 이념이나 가치관의 지배를 거부하면서 개방주의를 주장한다고 했으나 결과적으로는 경제력과 정치력에 의한 지배를 받아들이는 것이 되고 말았다. 그런데 경제력과 정치력에 의한 지배는 그 지배의 정당화를 위해 하나의 이념을 제시하게 되어 있다. 결국 강한 자의 이념이 지배하게 된다는 뜻이다. 이것은 모순이고 자가당착이다. 순환논법의 오류 속에 숨어 있는 힘의 '논리'를 의식하지 못한 자가당착이다. 도둑과 진주의 이야기에서처럼 순환논법의 오류를 서슴지 않고 범하는 사람은 힘의 '논

백문불여일견(百聞不如一見, 百: 일백 백, 聞: 들을 문, 不: 아니 불, 如: 같을 여, 一: 한 일, 見: 볼 견)
백 번 듣는 것이 한 번 보는 것만 못하다는 뜻으로, 무엇이든지 경험해야 확실히 알 수 있다는 말.

리'에 의존하겠다는 뜻을 표현하는 것이다. 그리고 그러한 힘의 '논리'는 자가당착의 오류가 되고 만다.

연역논리는 이처럼 논법 형식상의 오류를 범하지 않는 것일 때, 가장 강한 논리가 된다. 특히 예외 없는 규칙성이나 보편적 속성에 관한 사실을 전제로 할 때 그것의 논리적 필연성을 부정할 수가 없다. 그러나 이러한 연역논리의 힘을 너무 의식하면서 그것의 형식적 정당성이나 전제의 타당성을 신중하게 고려하지 않을 경우 터무니없는 오류를 범할 수 있다. 특히, 연역논리적인 오류는 연역논리적으로 반박을 받을 수 있기 때문에 비판 가운데서도 가장 강한 비판이 될 수 있다.

② 붓다의 유비논리

연역논리가 자기 주장을 세우기 위한 논증의 논리라면, 유비논리는 주로 설명을 위한 논리라고 할 수 있다. 비유를 들어서 설명하는 논리가 유비논리다.

학문적 세계에서는 특히 서양의 경우, 논증적 설명을 중요시해 왔기 때문에 연역논리에 치중할 수밖에 없었으며, 상대적으로 유비논리적 설명은 학문 외적인 영역, 이를테면 종교나 예술의 영역에서 주로 사용되어 온 것 같다. 반면에 아리스토텔레스의 영향을 받지 못한 동양에서는 연역논리적 논증보다는 오히려 유비논리적 설명이 철학과 종교의 모든 영역에서 널리 사용되어 온 듯하다. 이러한 점에서 대표적인 예를 우리는 붓다(Buddha)의 유비논리에서 찾을 수 있다.

> Habit is either the best of servants or the worst of masters.
> 습관은 최상의 하인이 될 수도 있고 최악의 주인이 될 수도 있다.
> –Nathaniel Emmons

세상은 영원한가 영원하지 않은가, 세상은 한정이 있는가 한정이 없는가, 목숨이 곧 몸인가 목숨과 몸은 다른가, 여래는 마침이 있는가 마침이 없는가, 여래는 마침이 있기도 하고 마침이 없기도 하는가, 여래는 마침이 있지도 않고 마침이 없지도 않은가.

이러한 형이상학적 문제에 대하여 사람들은 "세존(붓다)께서 분명한 입장을 택하여 한결 같이 주장한다면 그를 따르겠으나 그렇지 않는 한 따를 수 없다."라고 하였다. 붓다는 이런 사람이야말로 어리석은 사람이라고 말하면서 그런 문제에 대한 해답을 듣고 나서야 그를 따르겠다고 하면, 결국 그는 해답을 알아내기 전에 목숨을 잃고 말 것이라 했다. 이러한 사람의 어리석음을 붓다는 다음과 같은 비유를 들어 설명했다.

어떤 사람이 몸에 독화살을 맞아 그 독화살 때문에 지극히 심한 고통을 받고 있는데 그 친족들은 그를 가엾이 생각하고 불쌍히 여기며, 그의 유익과 안온을 위해 곧 의사를 청하였다. 그러나 독화살을 맞은 그 사람이 이렇게 말했다고 하자.

"아직 화살을 뽑아서는 안 된다. 나는 먼저 화살을 쏜 그 사람이 어떤 성, 어떤 이름, 어떤 신분의 사람이며, 키는 큰가 작은가, 살결은 거친가 고운가, 얼굴빛은 검은가 흰가, 아니면 검지도 않고 희지도 않은가, 크샤트리아 족인가 또는 바라문, 거사, 공사의 종족인가, 동방, 서방, 북방 어느 곳 출신인가를 알아야겠다. 또, 아직 이 화살을 뽑아서는 안 된다. 나는 먼저 그 화살이 산뽕나무로 만든 것인가, 뽕나무로 만든 것인가, 물푸레나무로 만든 것인가, 아니면 뿔로 만든 것인가를 알아야겠다. 또 아직 이 화살을 뽑아서는 안 된다. 나는 먼저 그 궁찰이 소의 힘줄인가, 노루나 사슴의 힘줄인가, 아니면 실인가를 알아야겠다. 또,

백아절현(伯牙絕絃, 伯: 맏 백, 牙: 어금니 아, 絕: 끊을 절, 絃: 악기 줄 현)
백아가 거문고의 줄을 끊었다는 뜻. 곧, ① 서로 마음이 통하는 절친한 벗(知己)의 죽음을 이르는 말. ② 친한 벗을 잃은 슬픔.

아직 이 화살을 뽑아서는 안 된다. 나는 먼저 그 화살 깃이 매의 털로 되었는가, 혹은 학의 털로 되었는가를 알아야겠다. 또 아직 이 화살을 뽑아서는 안 된다. 나는 먼저 그 화살촉이 살촉인가, 창으로 만든 것인가, 아니면 창칼로 만든 것인가를 알아야겠다."

독화살에 맞은 사람이 이렇게 말하면서 이런 모든 궁금증을 해결한 후에 화살을 뽑아야 한다고 고집한다면 그는 그런 것을 알아내기 전에 목숨을 잃을 것이 틀림없다.

세상이 영원한가 영원하지 않은가에 대하여 붓다가 어느 한 가지 주장을 하지 않는 것은 그것이 붓다가 가르쳐 주고자 하는 지혜와는 무관하며 깨달음이나 열반(涅槃)에 이르게 하는 길도 아니다. 붓다가 가르치고자 하는 것은 괴로움과 괴로움의 원인과 괴로움의 사라짐과 괴로움을 없애는 길이다. 이것은 지혜로 나아가게 하는 길이며, 깨달음으로 나아가게 하고, 열반에로 이르게 하는 길이다.

붓다의 유비논리는 어리석음을 깨우쳐 주기 위한 것이었다. 그러면서 참된 깨달음의 길을 열어 주고자 한 것이었다. 유비논리는 이처럼 한 가지 결론으로만 유도하는 것이 아니라 몇 가지 다른 의미들을 함께 함축하거나 시사하는 힘을 가지고 있다. 따라서 직접적인 방법으로 어떤 주장을 논증하기보다 간접적인 방법으로 설득하는 데는 유비논리가 더 적합하다. 연역논리는 결론을 받아들이지 않을 수 없게 하는 '강요'의 뜻을 가지고 있는가 하면, 유비논리는 듣는 사람 스스로가 결정하거나 선택하게 하는 '암시'의 뜻을 가지고 있다. 말하자면, 알아들을 수 있는 사람은 알아들을 것이고,

You don't have to be great to get started, but you have to get started to be great.
출발하기 위해 위대해질 필요는 없지만, 위대해지려면 출발부터 해야 한다.

–Les Brown

그렇지 못한 사람은 '들어도 듣지 못하는' 마음의 귀머거리가 될 수 있다는 것을 전제하는 것이 유비논리다. 듣는 사람으로 하여금 스스로 생각해서 새로운 깨달음에 이르게 하는 것이 유비논리의 방법이다.

그러나 유비 관계를 여러 가지로 전개시키는 데는 역시 한계가 있다. 그 한계는 유비 관계가 역유비 관계로 변해 버리는 데서 나타난다.

유비논리가 역유비 관계로 생각이 벗어나게 하는 것은 유비논리의 오류라고 할 수 있다. 연역논리적 오류와는 성격이 다른 것이지만 역효과적인 논리가 된다는 뜻에서 유비논리적 오류라 한다.

③ 소크라테스의 변증논리

변증논리는 역사적으로 변화하는 현상의 설명과 예측에 적용된다. 역사적 변화는 성장하고 발전하고 진화하는 변화를 말한다. 같은 상태에서 반복되는 변화는 역사적 변화가 아니다. 반복되는 변화는 인과의 법칙으로 설명할 수 있으며 이것은 연역논리의 적용을 필요로 한다. 변증논리는 연역논리로서 설명하거나 예측할 수 없는 역사적 현상을 위한 논리다.

다음에 제시한 대화는 '라케즈'라는 대화 편에 있는 내용을 간추려 본 것이다. 대화의 주제는 덕(德)에 관한 것이다. 자녀에게 덕을 가르칠 수 있는가라는 문제로 대화가 시작되었지만, 소크라테스는 그 문제를 답하기 전에 '덕이란 무엇인가?'를 물어봐야 한다고 제안한다.

'덕이란 무엇인가?'라는 문제는 '덕 일반'에 대한 문제이므로 논의의 편의를 위해 여러 가지 덕목 중에서 하나를 선택하여 대화를 하자는 소크라테스의 제안도 받아들여서 '용기란 무엇인가?'라는 문제로 대화의 주제가 축소된다. 이제 용기에 관한 대화가 전개된다.

토사구팽(兎死狗烹, 兎: 토끼 토, 死: 죽을 사, 狗: 개 구, 烹: 삶을 팽)
토끼 사냥이 끝나면 사냥개는 삶아 먹힌다는 뜻. 곧, 쓸모가 있을 때는 긴요하게 쓰이다가 쓸모가 없어지면 헌신짝처럼 버려진다는 말.

"용감한 사람은 전쟁에서 도망가지 않고 자기 자리를 지키면서 적에게 대항하여 싸우는 사람이다."

"전쟁에서 도망가지 않기 때문에 용감한 군인도 있으나, 일단 후퇴를 했다가 싸워서 이기는 군인도 있다. 또한 용감한 사람이란 전쟁에서만 볼 수 있는 것이 아니라 바다와 싸워야 하는 사람 중에서도, 그리고 질병이나 가난과 싸워야 하는 사람 중에서도 찾아볼 수 있으며, 정치가 중에서도 용감한 사람이 있다. 이처럼 다양한 행위들을 모두 용감한 행위라고 할 때 그들이 가지고 있는 공통의 속성이 무엇인지, 그것이 용기의 의미가 될 것이다."

"용기는 영혼의 인내, 또는 영혼이 견뎌 내는 것이다."

"모든 인내는 다 용기일 수는 없다. 현명하게 참는 것도 있고, 어리석게 참는 것도 있다. 현명한 인내는 좋고 고상하다. 어리석은 인내는 나쁘고 해롭다. 나쁘거나 해로운 것은 고상하지 못하다. 그러나 용기는 고상하다. 그러므로 어리석은 인내는 고상하지 않으며, 따라서 그런 것은 용기가 아니다. 용기는 현명한 인내다."

"현명하게 참고 견딘다는 것은 무엇을 말하는가? 만일 전쟁터에서의 군인이 자기 자리를 끝까지 지키면서 싸우기로 한 이유가 그렇게 함으로써만이 전쟁에서 이길 수 있다는 것을 계산해서 확신했기 때문이라면 그는 현명하게 선택을 했다고 할 수 있다. 하지만 이를 용감한 선택이라고 할 수 있는가? 용감한 군인은 그런 계산을 해 보지 않거나, 계산을 해 보고서 위험성이 있다는 것을 알면서도 자기 자리를 지키는 사람이다. 그러나 이런 사람은 '어리석게 견디는' 사람이라고 해야 하지 않을까? 그리고 어리석게 견디는 것은 용기가 아니라고 했다. 그렇다면 이것은 모순이다."

"용기를 인내하는 것 또는 견뎌 내는 것으로 이해하고자 하는 주장은 모순에 봉착하고 말았다. 그러면 일종의 지혜로 보는 것은 어떠한가?"

"어떤 지혜, 또는 무엇에 관한 지혜를 용기라고 할 것인가?"

"무엇을 두려워해야 하는지, 무엇에 희망을 가질 것인지, 또 무엇에 자신과

Do not go where the path man lead, go instead where there is no path and leave a trail.

길이 이끄는 곳으로 가지 말고, 길이 없는 곳에 가서 흔적을 남겨라.

–Ralph Waido Emerson

믿음을 가질 것인지를 분별할 수 있는 지혜가 용기다. 따라서 그런 분별적 지혜가 없이 행동하는 것은 용기가 아니다. 겁이 없거나 지각이 없어서 덤비는 사람은 용감한 사람이 아니다."

"두려움과 희망의 근거를 아는 지혜를 용기라 할 때, 이러한 지혜는 미래에 관한 지혜다. 그러나 지혜는 미래에 관한 지혜와 과거나 현재에 관한 지혜로 분리될 수 없다. 지혜는 현재, 과거, 미래를 모두 포함하는 전체에 관한 지혜여야 한다. 그런데 그러한 지혜를 덕이라고 한다면, 그것은 모든 종류의 덕을 포함하는 덕이 되어야 한다. 그러나 용기는 여러 덕목 중에서 한 가지일 뿐이다. 그러므로, 만일 용기를 지혜라고 한다면, 지혜는 곧 덕이니까, 용기는 덕 그 자체가 되고 만다. 그러나 이것은 자가당착이다. 용기는 덕목의 한 종류라고 하면서 전체적인 덕 그 자체라고 하는 자가당착이 된다."

대화는 여기서 끝난다. 용기가 무엇인가를 명확하게 정의할 수도 없었으며, 덕이 무엇인지도 분명하게 답할 수 없었다. 정확한 개념 정의가 어렵다는 것을 깨닫게 되었다. 그러면서 '덕'과 '용기' 그리고 '지혜'에 대한 이해를 더 넓히게 되었다. 변증 논리적 사고에 의해서 개념적 이해의 발전을 꾀할 수 있었다.

④ 공자의 실천논리

공자는 "덕을 가르칠 수 있는가?"라는 문제를 이론적 문제로 받아들이지 않고, "덕을 어떻게 가르칠 수 있는가?"라는 실천적 문제로 받아들였다. 공자의 가르침은 실천윤리적인 것이며, 그의 사고방식은 실천논리적인 것이었다. 어떤 목적이 주어지면 그것을 달성할 수 있는 수단을 생각해 내는 것이 실천논리다. 이것은 실용주의적 사고나 도구주의적 사고와도 같은

복수불반분(覆水不返盆, 覆: 엎을 복, 水: 물 수, 不: 아니 불, 返: 돌이킬 반, 盆: 동이 분)
한 번 엎지른 물은 다시 그릇에 담을 수 없다는 뜻. 곧, ① 한 번 떠난 아내는 다시 돌아올 수 없음의 비유. ② 일단 저지른 일은 다시 되돌릴 수 없음의 비유.

것이다. 실용주의적이라는 것은 결과로써 그것의 가치를 판단하자는 것이다. 도구주의적이라는 것도 어떤 결과를 가져오기 위한 도구로서의 가치 평가를 하자는 것이다.

공자의 가르침은 이론적 설명이 아닌 실천논리적 제안으로 받아들일 때 그 의미가 분명해진다. 예를 들면, 수신제가치국평천하(修身齊家治國平天下) (『대학(大學)』, 經一章)라는 말은 인과 관계를 설명하는 것으로 보면 이해가 되지 않는다. 수신이 제가의 원인이라고 할 수는 없다. 제가가 치국의 원인이 될 수도 없다. 치국이 평천하의 원인도 아니다. 이들의 관계는 원인과 결과의 관계가 아니다. 필요 조건과 충분 조건의 관계로 이해하는 것도 적합하지 않다. 수신이 제가의 충분 조건이 될 수는 없다. 수신이 제가의 필요 조건이라고는 할 수 있는가? 또 제가가 치국의 필요 조건이라고 할 수 있는가? 도덕적으로 그것을 이상으로 할 수는 있겠지만 필요 조건으로 한다면 치국에 관여하는 사람들 대부분이 부적격자가 될 것이다.

수신제가치국평천하가 뜻하는 것은 실천논리적 사고로 이해하는 것이 가장 타당할 것 같다. 평천하를 목적으로 하는 수단으로서 치국이 중요하고, 치국을 위한 수단으로서 제가가 중요하고, 제가를 위한 수단으로서 수신이 중요하다는 뜻이다. 말하자면, 제가를 옳게 하려면 수신을 하라는 말이다. 그리고 치국을 옳게 하려면 제가를 잘하라는 뜻이며, 평천하를 달성하고자 하면 치국을 잘할 수 있어야 한다는 뜻이다.

실천논리적 능력은 수단을 생각해 내는 능력이다. 더 좋은 수단을 발견하고, 고안해 내고, 그것을 학습하여 실용화하는 능력이다. 이것은 우리 인간만의 능력이 아니다. 모든 생명체는 환경에 적응하면서 생존 경쟁에서

The greatest happiness is to transform your feelings into actions.
최고의 행복이란 감정을 행동으로 옮기는 데서 얻어진다.

–Madame de Stael

살아남아야 하는 목적을 가지고 있기 때문에 실천논리적 사고를 하게 되어 있다. 그것은 본능적 기능으로 혹은 집단적 기능으로 나타나기도 한다. 아마 하등 동물과 고등 동물의 구별은 이러한 실천논리적 사고의 능력에서 가장 뚜렷하게 드러난다고 할 수 있을 것이다. 이런 점에서 우리 인간은 만물의 영장이라 자부할 수 있다. 인간의 가장 무서운 경쟁자는 인간이라는 말도 실천논리적 사고에서 다른 어떤 생물도 인간의 수준에 접근해 오지는 못하고 있음을 의미한다. 따라서 이러한 인간의 행위를 설명하고, 예측하고, 정당화하는 데는 인간의 수준에 걸맞는 실천논리의 적용이 필요하다. 그러나 인간의 실천논리적 능력은 특히 컴퓨터의 등장에 따라 급속도로 향상되고 있으므로 인간 행위의 설명과 예측은 점점 더 어려워지고 있다. 실천논리의 적용을 필요로 하는 인간 행위에 관한 논술이 그만큼 더 어려워진다는 뜻이다. 하지만 실천논리의 적용과 개발은 그럴수록 더 절실하게 요청되는 영역이며, 그럴수록 더 심각한 문제를 제기하는 영역이다.

⑤ 플라톤의 귀추논리

수단과 목적을 혼동하는 도구주의적 오류를 피하려면 본질주의를 받아들여야 한다. 본질적 가치를 인정하고 그것을 목적으로 하면서 수단적인 것과 구별해야 한다. 이를테면, 인간의 본성 같은 것을 받아들이고 그것을 도덕적 가치 판단에서 목적으로 해야 한다. 하지만 인간에게 선한 본성이 있다는 것을 어떻게 주장할 것인가? 성선설과 성악설의 논쟁은 어느 한쪽으로 끝날 수 있는 성질의 것이 아니다. 각각의 사람들을 보면 선한 사람도 있고 악한 사람도 있는 것 같다. 그러나 더 깊이 관찰해 보면 사람마다 선한 본성과 악한 본성을 함께 가지고 있는 것 같다. 그렇다면 사람의 본성이

분서갱유(焚書坑儒, 焚: 불사를 분, 書: 글 서, 坑: 묻을 갱, 儒: 선비 유)
책을 불사르고 선비를 산 채로 구덩이에 파묻어 죽인다는 뜻으로, 진(秦)나라 시황제(始皇帝)의 가혹한 법(苛法)과 혹독한 정치(酷政)을 이르는 말.

선하기도 하고 악하기도 한 것으로 볼 것인가? 아니면, 개인의 본성을 이야기하는 것 자체가 잘못인가? 사람은 누구나 악할 수도 있고 선할 수도 있는 것인가? 따라서, 그것은 개인의 본성이라기보다는 악할 수 있는 가능성과 선할 수 있는 가능성이라고 해야 할 것인가? 선한 본성 또는 악한 본성이란 개인에게 적용될 수 없는 것이라고 해야 할 것인가? 그렇다면 개인을 선하게 하기도 하고 악하게 하기도 하는 것은 무엇인가? 그런 무엇이 개인을 초월하여 어디엔가 있다고 생각할 수 있는가?

플라톤의 본질주의는 그러한 가능성을 시사한다. 플라톤에게서의 본질적인 것은 '형상'이나 '이데아'라고 하는 것이다. 예를 들면, 이 세상에서 아름다운 것들은 그 자체로 아름다운 것이 아니라 아름다움의 이데아와의 관계 속에서 비로소 아름다운 것이다. 본질적으로 아름다운 것, 또는 아름다움 그 자체, 또는 순수하고 완전한 아름다움은 이데아로서의 아름다움이다. 그것은 이 세상에 있는 개체들처럼 존재하는 것이 아니라 이 세상을 초월하여 존재하는 것이다. 물질 세계가 아닌 순수 정신의 세계라고 할 수 있는 이데아의 세계가 따로 존재한다는 것이다.

이러한 플라톤의 초월주의적 본질주의를 우리는 이 세계 안에서의 개체적 속성과 일반적 속성의 관계에 적용해 볼 수 있다. 그렇게 했을 때, 일반적 속성은 개체적 속성과 차원적으로 구별된다. 일반적 속성은 개체적 속성을 종합한 것이 아니다. 개체적 속성의 보편화와도 다르다. 가령, 일반적 의지라는 것은 개개인의 의지를 종합한 것이 아니다. 개인적 의지는 개인을 위한 개인의 의지이지만, 일반적 의지는 전체를 위한 개인의 의지다. 따라서 한 개인 안에서 개인적 의지와 일반적 의지는 갈등을 일으킬 수 있다. 이

Motivation is what gets you started, habit is what keeps you going.
출발하게 만드는 힘이 '동기'라면, 계속 나아가게 만드는 힘은 '습관'이다.

–Jim Ryun

렇게 볼 때 일반적 의지는 개인을 초월하여 존재하는 상위 차원의 속성이라 할 수 있다. 그러면서 그러한 일반적 의지의 실현은 하위 차원의 개인을 통해서만 가능한 것이다. 개인의 차원에서 보면 그것은 일반적 의지를 따르고자 하는 성향이며 지향성으로 나타난다. 그러나 일반적 의지의 차원에서 보면 그것은 개인의 속성이나 기능을 지배하는 힘으로 나타난다.

귀추논리는 일반성과 개체성의 차원 관계에 관한 논리다. 개체성에 근거하여 일반성에 관한 가정을 해 보는 것이며, 그렇게 가정해 본 일반성으로부터 개체성을 설명하고 예측해 보는 것이다. 말하자면 개체성과 일반성의 차원을 오르내리는 차원 이동을 하는 것이 귀추논리다.

귀추논리 또는 귀추법은 'abduction'을 번역한 것이다. 서양 철학에서 이 귀추논리에 관심을 가져온 것은 오래되었으나 최근에 와서 새롭게 관심을 모으게 된 것은 과학 철학에서의 발견의 논리 때문이다. 가설을 검증하는 데 필요한 논리만이 아니라 가설을 발견하는 데 필요한 논리에 관심을 모으면서 귀추논리가 주목을 받게 되었다. 가설을 세우는 것은 직관이지만 영감에만 의존하는 것으로 생각해 버렸던 것을 다시 생각해 보면서 어떤 종류의 논리가 개입된다는 것을 이야기하기 시작한 것이다.

귀추논리는 차원적 관계를 바탕으로 하는 설명을 위해 필요한 논리다. 그러나 귀추적 일반화가 환원적 분석의 도움을 받지 못할 때는 그것의 설명력에도 불구하고 그것의 진리 여부를 가릴 수 없다. 따라서 예측의 힘이 약할 수밖에 없으며 논증적 논리로서의 힘도 약할 수밖에 없다.

⑥ 노자의 귀납논리

귀납논리 또는 귀납법은 두 가지 측면에서 이해될 수 있다. 귀납적 일반

사면초가(四面楚歌, 四: 넉 사, 面: 낯 · 겉 · 대할 면, 楚: 초나라 초, 歌: 노래 가)
사면에서 들려 오는 초나라 노래란 뜻. 곧, ① 사방 빈틈없이 적에게 포위된 고립무원(孤立無援)의 상태. ② 주위에 반대자 또는 적이 많아 고립되어 있는 처지. ③ 사방으로부터 비난받음의 비유.

화의 논리라는 뜻과 경험에 의존하는 논리라는 뜻이 그것이다. 그런데 귀납적 일반화는 앞서 언급한 것처럼 통계적 보편성을 의미하는 것이므로 그 이상의 논리적 의미를 갖지는 못한다. 과학적 가설을 세우기 위해 관찰한 현상이 통계적인 보편성을 나타낸다면 가설을 위해서는 좋은 근거 자료가 된다. 그러나 여기에는 논리적으로 의미 있는 추리가 필요 없다. '통계적'이란 말은 '논리적'이란 말과는 상관없는 자료 수집의 방법을 의미한다.

경험에 의존하는 논리를 뜻하는 귀납은 연역논리와 대조되는 의미를 갖는다. 연역논리를 명제와 논법의 형식에 의존하는 식의 논리라고 한다면, 귀납논리는 경험의 내용, 특히 언어화되기 전의 경험 내용에 의존하는 내용의 논리다. 경험을 쌓아 감으로써만 추리의 능력을 향상시킬 수 있는 논리가 귀납법이다. 이것은 어떤 현상에 대하여 전체적으로 파악할 수 있는 경험의 축적이 필요함을 말한다. 또한 그것은 명제화되지 않은 경험적 내용을 포함하기 때문에 사람마다 스스로 경험해야 하는 조건을 가지고 있다. 명제화되지 않은 경험적 내용을 남에게 가르쳐 줄 수 없기 때문에 각자가 직접 경험해서 습득해야 한다는 뜻이다.

귀납논리를 이처럼 경험에 의존하는 논리로 이해할 때 그것은 곧 지혜의 논리라고 할 수 있다. 지혜는 가르칠 수 없는 것이라고 하는 뜻도 이러한 귀납논리의 특성과 관련시켜 보면 이해가 된다. 지혜 있는 사람은 보통 사람이 예측할 수 없는 것도 예상한다. 확률적으로는 일어날 수 없다고 생각되는 현상도 분포적으로 예상할 수 있다. 지혜로운 군인은 삶과 죽음의 길을 직감한다고 한다. 지혜로운 운동선수는 승리의 기회를 예감한다고 한다. 이들은 모두 자신의 전문 영역에 도가 통한 사람이다.

> The philosophy of the rich versus the poor is this. The rich invest their money and spends what is left, the poor spends their money and invest what is left.
> 부자와 빈자의 철학은 이렇다. 부자는 투자를 먼저 하고 남은 돈을 쓰지만, 빈자는 먼저 쓰고 남은 돈을 투자한다.
> –Jim Rohn

'도가 통한다'는 표현은 아마 노자의 도가(道家) 사상에서 유래한 것일 것이다. 노자의 『도덕경(道德經)』(第一五章)에는 성현들의 지혜에 관한 내용이 있다.

> 성현들의 지혜는 미묘하고 심오하여 헤아릴 수 없다. 그 지혜의 깊이를 헤아릴 수 없으므로 그들의 자세나 행동에서 나타나는 바를 통하여 짐작할 수 있을 뿐이다. 지혜로운 사람들이 겨울 강을 건너가는 것처럼 조심스러운 자세를 취한다. 위험을 예감하는 사람처럼 긴장해 있다. 남의 집을 방문하는 사람처럼 정중하다. 그들은 막 녹아 버릴 것 같은 얼음을 보는 것처럼, 조각을 하지 않은 통나무를 보는 것처럼, 텅 빈 동굴에 접근하는 것처럼, 흙탕물의 웅덩이를 보는 것처럼 예측할 수 없는 변화를 기다리는 자세를 취한다. 무엇이든 자신의 뜻대로 될 것을 욕망하지 않으면서 변화를 기다린다.

귀납논리적 오류는 무엇일까? 경험적 근거가 불충분한 조건에서 분포적 설명이나 예측을 하게 되면 '오류'가 될 것이다. 또한 경험 자료를, 예를 들어 언어적 자료로 제한하는 것은 역시 자료의 불충분함이라는 오류가 될 수 있다. 마찬가지로, 어떤 현상에 대한 전체적인 분포 관계를 이해하기 위해서는 경험적 자료가 편파적이어서는 안 된다. 경험적 자료의 균형있는 분포가 중요하다.

지혜는 가르칠 수는 없는 것이라고 한다. 경험적으로 터득해야 하고, 경험적으로 각자 성장해 가야 하기 때문이다. 하지만 지혜의 논리라고 하는 귀납논리를 적용하는 사고 방식의 훈련과 교육은 가능할 것이다. 형식논리적인 틀에 매여 버리기 쉬운 기계적 사고의 시대에, 특히 그런 틀에 얽매이지 않는 자유로운 귀납적 사고의 훈련과 적용이 중요한 의미를 갖는다. 귀

퇴고(推敲, 推: 밀 퇴 · 옮을 추, 敲: 두드릴 고)
민다, 두드린다는 뜻으로, 시문(詩文)을 지을 때 자구(字句)를 여러 번 생각하여 고침을 이르는 말.

납적으로 논증하고, 귀납적으로 설명하고, 귀납적으로 예측하는 체험은 컴퓨터 시대의 기계적 사고로부터 우리 인간을 해방시켜 주는 힘을 가질 수 있다. 아마 이런 것이 도가 사상에 대한 새로운 관심을 갖게 하는 이유일 수 있다.

연역논리만을 고집하면 논리와 생활 세계가 너무 멀어진다. 그렇게 되면 논술문도 논리학의 문제풀이처럼 될 수 있다. 논술문의 소재와 자료는 우리의 생활 세계 어디서나 찾을 수 있다. 문제의 성질과 이용되는 자료의 종류에 따라서 적절한 논리의 유형을 선택해야 한다. 적어도 여기서 논의되고 설명된 여섯 가지 논리의 유형을 마음대로 선택하여 적용할 수 있을 때 그 글은 설득력이 있으면서 풍부하고 또 재미있는 글이 될 것이다.

(3) 감성과 논리 유형

소흥렬은 인간의 지성에 이유가 있는 것처럼 감성에도 이유가 있다고 주장한다. 그에 따르면, 지성적 마음에는 이유가 있고 감성적 마음에는 원인이 있어 모두를 논리적으로 적용할 수 있다. 감성의 논리는 연역의 논리보다 느슨한 변증논리, 귀납논리, 유비논리에 귀추논리와 실천논리를 추가하여 비연역논리라고 규정한다.

그는 논리와 감성을 연결하여 설명한다. 변증논리는 갈등논리다. 대립과 모순 관계를 종합하여 지양하게 하는 논리이므로 긴장감과 관련된 논리다. 경쟁, 긴장감, 모순, 갈등의 감정은 변증논리적 사유의 조건이 되는 감성적 바탕이라 할 수 있다.

귀추논리는 추상화나 상징화를 통한 초월을 가능하게 한다. 승화된 기분

Everything changes when you change.
당신이 변하면 모든 것이 변한다.

–Jim Rohn

을 가능하게 하는 것이다.

유비논리는 포용적 사유를 가능하게 한다. 유비논리적으로 하면 연결 관계가 쉽게 파악된다. 수용적이면서도 여유 있는 사유를 하게 하며, 유연한 느낌을 주는 논리다.

실천논리는 방편의 논리다. 이는 해결 방법을 찾게 해 주고, 길을 찾고, 목표를 선택하게 한다. 실천논리적 사유는 안정된 것을 추구하게 한다. 평안하게 하는 논리다. 실천논리에 능한 사람은 어떤 상황에서도 마음의 평안을 유지할 수 있는 사람이다.

귀납논리는 체험의 논리다. 경이로움을 체험하고, 예외적이고 특이함을 체험함으로써 그것의 즐거움을 느끼게 하는 사유다. 통상적, 통속적, 또는 상투적인 것에서 느낄 수 없는 체험을 소중한 자료로 받아들이게 하는 논리다. 꿈을 꾸도록 하고 환상의 세계를 그려 볼 수 있게 하는 논리다.

연역논리는 규칙과 반복의 논리로서, 필연성의 논리라고도 한다. 예측을 가능하게 하고 신뢰감을 주는 논리이며, 토대적인 사유와 뿌리가 있는 사유를 가능하게 한다.

(4) 학문과 논리 유형

사유실험적 논리에서 소홍렬은 인문학과 논리와도 연결지어 설명한다. 과학의 연역논리, 역사의 변증논리, 종교의 실천논리, 문학의 귀추논리, 예술의 귀납논리, 철학의 유비논리가 연결된 내용이라고 말한다. 아마 가장 보편적인 지지를 받을 수 있는 것은 과학의 논리일 것이다. 수학을 과학의 언어라고 할 때 과학의 논리는 역시 연역의 논리다. 과학적 탐구의 일차적

살신성인(殺身成仁, 殺: 죽일 살, 身: 몸 신, 成: 이룰 성, 仁: 어질 인)
몸을 죽여 어진 일을 이룬다는 뜻으로, 다른 사람 또는 대의를 위해 목숨을 버린다는 말.

목표가 법칙을 발견하는 것이며, 발견된 법칙은 과학적 설명의 전제가 된다. 이때 과학적 설명이 다른 어떤 비과학적 설명보다 설득력이 있고 신뢰가 가는 것은 연역논리적 설명의 힘이다.

다음으로 그럴듯한 것은 역시 역사의 논리를 변증법으로 보는 관점일 것이다. 역사적 변화, 역사적 발전은 비선형적인 논리로 설명된다. 연역논리가 아닌, 비약이 개입되는 논리를 말한다. 그중에서도 갈등 관계를 해결하는 종합적 지양의 논리인 변증법이 가장 특이한 역사의 논리다.

종교의 논리도 비교적 분명한 듯하다. 종교는 이 땅에서 불가능한 일에 대해서도 그것이 가능할 수 있다는 것을 믿게 하는 방법을 제시한다. 사실상 종교적 대전제를 믿음으로 받아들이고 나면 모든 것이 가능하게 된다. 모든 것을 가능하게 하는 방편의 논리를 제시하는 것이 종교다. 연역논리적으로 보면 모순투성이인 종교적 가르침도 방편의 논리, 즉 실천논리로 보면 설득력이 있다.

문학을 개념적, 언어적 승화를 위한 것이라고 한다면, 문학의 논리는 귀추법이다. 복잡하고 잡다한 현상을 언어적으로 추상화, 상징화 또는 단순화시켜 줌으로써 개별 사건에서 볼 수 없었던 의미를 체험하게 한다. 흐르는 강물을 중심으로 주변의 경관이 통일되고 질서 있게 변화됨으로써 어떤 승화된 의미를 체험할 수 있게 하는 것과 같다. 문학적 영감은 귀추논리적인 가정을 위한 것이며, 문학적 감동도 귀추논리적인 승화를 통해서 가능한 것이다.

예술은 문학과 구별할 때 훨씬 더 개별적이다. 개별 사건의 의미를 더 소중하게 표현해 주는 것이 예술이다. 예술적 창작도 그런 개별 사건들을 예

I am the captain of my soul. I am the master of my fate.
나는 내 영혼의 선장이며, 내 운명의 주인이다.

–William Henry

술적 표현 방법으로 더해 주는 것이다. 이러한 예술의 논리는 귀납논리다. 통계적 귀납이 아닌 분포적 귀납이다. 반복되지 않는 개별 사건들이 드문드문, 또는 단 한 번 일어나는 것에서도 의미를 찾는다. 그런 개별 사건들을 통하여 어떤 진리의 메시지가 전달될 수 있다.

철학도 과학처럼 진리를 탐구한다. 탐구 방법에서 과학은 관찰실험을 기본으로 하지만, 철학은 사유실험에 의존한다는 것이다. 철학의 사유실험은 본질적으로 유비논리에 근거한다. 문제는 그러한 철학적 사유실험이 이루어지는 과정의 논리도 유비논리나 변증논리를 포함해야 한다는 것이다. 사유실험의 과정이 연역논리로 제할될 때 철학은 진리의 탐구가 아닌 인식론적 확인이 되고 만다. 연역논리만으로는 철학적 상상력이 불가능하다. 철학이 진리 탐구자로서의 본연의 모습을 다시 찾으려면 포괄적이며 유연해야 한다. 상상력이 날개를 펼 수 있도록 자유로워야 한다. 철학은 유비논리적으로 논리적 사유실험으로 다시 살아나야 한다.[10]

〈표 2-3〉 사유실험에 의한 논리 유형-감정-학문 관계성

논리적 사유	철학자	논리/감정	학문
귀추논리	플라톤	초월의 논리/ 승화된 기분	문학
변증논리	소크라테스	갈등의 논리/ 긴장의 감정	역사
유비논리	붓다	포용적 사유/ 유연한 느낌	철학
연역논리	아리스토텔레스	필연성의 논리/ 신뢰감	과학
귀납논리	노자	체험의 논리/ 즐거운 느낌	예술
실천논리	공자	방편의 논리/ 편안한 마음	종교

후생가외(後生可畏, 後: 뒤 후, 生: 날 생, 可: 가히 가, 畏: 두려울 외)
젊은 후배들은 두려워할 만하다는 뜻. 곧, 젊은 후배들은 선인(先人→先生)의 가르침을 배워 어떤 훌륭한 인물이 될지 모르기 때문에 가히 두렵다는 말.

주

1) 소홍렬, 논술문 강의와 연습(서울: 이화여자대학교 출판부, 1997), pp. 36-37.
2) 위의 책, pp. 14-15.
3) 정상모, 논리적 사고의 길잡이(부산: 신라대학교 출판부, 2004), p. 38.
4) 윤영삼 역, 논증의 탄생(서울: 홍문관, 2008), p. 327.
5) 논리학적 논리 유형에 대한 자세한 설명은 부록 참조.
6) 한상기, 비판적 사고와 논리(파주: 서광사, 2007), p. 266.
7) 김용규, 설득의 논리학(서울: 웅진지식하우스, 2007), p. 27.
8) 소홍렬은 연역논리의 학습을 위한『논리와 사고』라는 책을 1979년에 출간한 이후로 사유의 논리를 연역논리로 제한하지 않고 다양한 비연역논리의 유형으로 확장해 가는 것이 당연하고 필요한 진화의 과정이라 주장하면서 비연역논리 부분을 추가하여『부드러운 논리 아름다운 생각』(2004)이라는 저서를 출간하였다. 소홍렬, 부드러운 논리 아름다운 생각(서울: 이화여자대학교 출판부, 2004), pp. 5-7.
9) 소홍렬, 논술문 강의와 연습(서울: 이화여자대학교 출판부, 1997), pp. 38-68.
10) 위의 책, pp. 122-134.

I do not think there is any other quality so essential to success of any kind as the quality of perseverance. It overcomes almost everything.
어떤 종류의 성공이든 인내보다 더 필수적인 자질은 없다. 인내는 거의 모든 것. 심지어 천성까지 극복한다.
—John D. Rockefeller

제 3 장

논증: 논리적으로 옳음을 입증하는 과정

1. 논증의 이해

1) 언어와 논증

생각의 법칙인 논리와 여기서 집중적으로 다루는 논증은 사고를 바탕으로 한 말 묶음(언어)이기에 말 묶음에 대한 이해가 선행되어야 한다. 말 묶음에는 어떤 종류의 말 묶음이 있는가? 송하석(2007)은 말 묶음의 종류를 다음과 같이 명료하게 설명한다.[1)]

- 기술: 관찰된 사실을 있는 그대로 보고하는 말 묶음
- 인과적 설명: 이미 발생한 사실의 원인을 제시하는 말 묶음
- 억지: 주장만 있고 주장에 대한 근거가 없는 말 묶음
- 논증: 주장과 근거로 이루어져서 논리적 이치를 따질 수 있는 말 묶음

논증 = 주장 + 근거

이러한 말 묶음의 분류와 이해를 바탕으로 추론과 논증을 정의한다.

- **추론**: 주어진 사실로부터 새로운 사실을 이끌어 내는 사고의 과정이다.
- **논증**: 추론이 언어적으로 표현된 것이다. 주어진 사실(근거, 논거, 전제)을 나타내는 문장과 새로운 사실(주장, 논지, 결론)을 나타내는 문장으로 구성된다. 따라서 논리적 평가의 대상이 되는 말 묶음이다.[2)]

논증 = 주어진 사실(근거, 논거, 전제) → (추론) → 새로운 사실(주장, 논지, 결론)

한편, 정상모(2004)는 좀 더 조직적인 체계로 언어를 정보적, 표현적, 지시적, 질문적 언어로 나누어 논리와 관련된 언어를 정보적 언어로 설명한다.[3)] 정보적 언어를 구성하는 기본 단위는 명사인데, 두 개의 명사가 문법적 연결사로 결합되면 명제가 된다.[4)] 명사와 명제에 대응하는 사고 과정상의 용어는 각각 개념과 판단이다. 개념(概念, concept)이란 일정한 대상이 갖는 우연한 속성들을 버리고 공통의 본질적 속성들을 추상하여 종합한 사고 단위다. 그리고 두 개념이 결합하여 하나의 판단을 이룬다. 판단(判斷, judgement)은 사고의 대상에 대해서 그것이 무엇이라고 단정하는 사고 형식이다. 즉, 사물, 현상, 사상, 언어 등의 성격, 관계, 상태 등에 대해 단적으로 또는 제한적으로 무엇이라고 긍정 또는 부정하는 사고 형식을 말한다. 따라서 판단은 최소 두 개 이상의 개념으로 성립한다. 판단이 객관적 사태에 대한 사고 작용인 까닭에 판단과 사태 사이에 일치 여부 문제가 발생한다. 일반적으로 판단이 객관적 사태와 일치하면 참(옳은, truth) 판단이고, 그렇지 못하면 거짓(그른, false) 판단이라 규정한다. 달리 말하면, 명사와 명제는 각각 개념과 판단의 언어적 표시다.

삼고초려(三顧草廬, 三: 석 삼, 顧: 돌아볼 고, 草: 풀 초, 廬: 풀집 려)
초가집을 세 번 찾아간다는 뜻. 곧, ① 사람을 맞이하는 데 진심으로 예를 다함(三顧之禮). ② 윗사람으로부터 후히 대우받음의 비유.

개념(명사) + 개념(명사) = 판단(명제)

판단(명제) + 판단(명제) = 추론(논증)

둘 이상의 명제들이 결합되어 성립하는 언명인 기술, 설명, 그리고 논증은 정보적 언어의 3대 진술 형식이다. 정보에 관한 우리의 언명은 이들 중 하나 또는 둘 이상이 함께인 형태로 구성된다. 기술(記述, description)은 명제들의 집합으로 대상의 이러저러함을 밝히거나(묘사하거나) 보고하는 문장이다. 기술은 시간 또는 위치 관계의 측면에서 명제들이 서로 병렬로 연결되어 있다. 설명(說明, explanation)은 사실이 어떠함을 말하는 명제와 사실의 원인과 결과를 들어 나타내는 형식의 문장이다.[5] 이러한 맥락에서 정상모는 논증과 추론을 연결하여 설명한다. 논증(論證, arguments)이란 한 명제의 참이 다른 명제들로부터 지지되는 관계를 가진 명제들의 집합, 혹은 주장과 그 근거로 된 진술이다. 이때 지지되는 명제 혹은 주장을 결론(結論, conclusion)이라고 하며, 결론을 지지하는, 즉 그것의 근거를 이루는 명제를 전제(前提, premise)라고 부른다.

논증= 전제 + 결론

2) 논증의 구성 요소

논증을 이루는 글은 그것의 구성 요소들을 쉽게 판단할 수 있도록 적절한 접속 부사(지시어)를 사용한다. 꼭 그런 것은 아니지만 대체로 논증은 전제와 결론을 확인시켜 주는 낱말이나 구절을 포함한다. 그래서 전제임을

Begin with the end in mind.
끝을 염두에 두고 시작하라.

–Stephen Covey

암시하거나 나타내는 낱말을 '전제 지시어'라 하고, 결론임을 암시하거나 나타내는 낱말을 '결론 지시어'라 한다. 논증을 확인하고, 그 논증의 전제와 결론을 확인할 때는 바로 이 전제 지시어와 결론 지시어를 활용하면 편리하다. 이 지시어들은 논증이 포함하는 진술의 부분이 아니다. 오히려 지시어들은 결론이나 전제를 소개하거나 형성하는 것이다.

이제 논리와 논증의 관계를 정리해 보자. 논증(argument)이란 주장과 근거가 포함된 말 묶음이고, 그래서 논리적인 이치를 따질 수 있는 말의 단위다. 즉, 논증에는 주장이 포함되어야 하고, 그 주장을 뒷받침하는 근거가 포함되어야 한다. 논증이 논리적인 이치를 따질 수 있는 말 묶음이라 하는 이유는 논증의 근거가 주장을 얼마나 잘 뒷받침하느냐를 따질 수 있기 때문이다. 이러한 내용을 다루는 학문을 논리학이라고 한다.

한편 다양한 상황에서 다양한 목적을 위해 추리를 이용할 수 있는 것처

〈표 3-1〉 전제 지시어와 결론 지시어

전제 지시어	결론 지시어
~ 하므로 (since) 왜냐하면 (for) ~ 때문에 (because) ~라는 상황이라면 (given that) ~라는 이유 때문에 (for the reason that) ~을 보니 (seeing that)	그러므로 (therefore) 따라서 (thus) 그러니까 (hence) 결과적으로 (consequently) 다음과 같은 결론으로 (We may conclude that) 그래서 (so) 그 결과는 (It follows that) 그런 까닭에 (accordingly)

삼십육계 주위상계(三十六計走爲上計, 三: 석 삼, 十: 열 십, 六: 여섯 륙, 計: 꾀할 계, 走: 달아날 주, 爲: 할 위, 上: 위 상)

서른 여섯 가지 계책 중에서 피하는 것이 제일 좋은 계책이란 뜻으로, 일의 형편이 불리할 때는 도망가는 것이 상책이라는 말.

럼, 우리가 논증을 구성하는 데는 결정, 설명, 예측, 설득의 네 가지 목적이 있을 수 있다. 그 목적은 대략 다음과 같다.[6]

- **결정** : 우리는 결정하기 위해 논증을 구성한다.
  - 전제 1 : 내 인생을 통하여 나는 전기에 관심을 가져왔다.
  - 전제 2 : 전기공학 분야에는 매력적인 직업 기회가 많다.
  - 결론 : 그러므로 나는 전기공학자가 되는 쪽으로 노력할 것이다.
- **설명** : 우리는 설명하기 위해 논증을 구성한다.
  - 전제 1 : 집을 나서려는 순간 갑자기 급한 전화가 와서 시간이 소요되었다.
  - 전제 2 : 교통사고 때문에 예기치 않은 교통정체가 있었다.
  - 결론 : 그러므로 나는 약속시간에 늦었다.
- **예측** : 우리는 예측하기 위해 논증을 구성한다.
  - 전제 1 : 어떤 운전자는 고속국도에서 제한속도가 100km건 110km건 그보다 더 빨리 달릴 것이다.
  - 전제 2 : 차 사고는 과속 때 일어날 가능성이 높다.
  - 결론 : 그러므로 서해안 고속국도의 110km 제한속도는 자동차 사고 증가를 가져올 것이다.
- **설득** : 우리는 설득하기 위해 논증을 구성한다.
  - 전제 1 : 과도한 흡연은 폐암을 일으킬 수 있다.
  - 전제 2 : 부모가 흡연을 하는 아이들은 커서 흡연에 빠질 가능성이 많다.
  - 결론 : 그러므로 아이가 있는 부모는 흡연을 삼가야 한다.

Anyone who has never made a mistake has never tried anything new.
실수를 저지른 적이 없는 사람은 새로운 것을 시도해 본 적이 없는 것이다.
–Albert Einstein

3) 토론도 논증이다

토론(討論)의 '토(討)'는 상대를 친다는 뜻을 가진 말이다. 따라서 토론은 상대를 논리적으로 공격함을 뜻한다. 말하자면, 토론이란 여럿이 함께하는 논리 게임이라고 할 수 있는 것이다. 토론이 논리적인 사고력을 기르는 데 탁월한 이유가 바로 그러한 역동성에 있다. 독백(monologue)보다는 대화(dialogue)가, 대화보다는 토론(syllogue: 신조어)이 논리적 식견을 높이고 비판적-창의적 사고력을 높이는 최상의 방법인 것이다. 좀 더 자세히 규정하면, 토론은 '어떤 주제에 대하여 서로 다른 주장을 하는 사람들이 논증이나 검증을 통해 자기 주장을 정당화하고 다른 사람을 설득하려는 말하고 듣는 활동' 이다. 토론의 최종 목적은 다양한 견해들의 역동적 상호 경쟁을 통해 논제에 관해 최선의 견해나 해결책을 도출하는 것이다. 토론 중의 갑론을박하는 논쟁은 수단일 뿐이다. 그렇지만 과정으로서의 토론의 핵심은 그러한 논쟁에 있다고 보아야 한다.[7]

4) 논증이 아닌 것으로는 무엇이 있는가

논증이 아닌 것으로는 설명, 설득, 이야기가 있는데, 이를 구체적으로 살펴보면 다음과 같다.

(1) 설명

설명 중에서 단순한 사실을 기술하는 형태의 대화나 문장은 논증이 아니다. 원인과 결과 관계를 설명하는 경우에는 논증이라고 말할 수 있다. 어떤

새옹지마(塞翁之馬, 塞: 변방 새, 翁: 늙은이 옹, 之: 갈 지(…의), 馬: 말 마)
세상만사가 변전무상(變轉無常)하므로, 인생의 길흉화복(吉凶禍福)을 예측할 수 없다는 뜻. 길흉화복의 덧없음의 비유.

대화나 글이 논증이 되기 위해서는 주장과 그에 대한 타당한 이유가 제시되는 형식을 갖춰야 한다.

(2) 설득

설득 중에서도 겉으로는 논증처럼 보이지만 실제로는 그렇지 않은 유형이 있다. 논리성과 공정성이라는 논증의 핵심 요소가 빠져 있기 때문이다. 우리가 흔히 접할 수 있는 '논증이 아닌 설득'으로 다음 세 가지가 있다.

협상(negotiation) 자동차 가격을 놓고 서로 흥정을 할 때도 주장과 이유를 서로 교환하기 때문에 마치 논증하는 것처럼 보인다. 하지만 협상에서는 쌍방이 수긍할 수 있는 결과에 도달할 수 있다면 어떠한 이유를 제시해도 상관없다. 물론 원칙적으로는 거짓말을 해서는 안 되지만, 솔직할 필요는 없다. 기꺼이 지불할 수 있는 금액을 숨긴다고 해도 전혀 윤리적으로 잘못된 것이 아니다.

선전(propaganda) 주장과 이유를 제시한다는 면에서 논증과 비슷하지만 그 이유의 타당성에 대해서는 전혀 신경 쓰지 않는다. 선전에서는 대개 청중의 감정을 자극하는 효과가 있느냐 없느냐 하는 것만 중요하다. 사람의 생각에 전혀 신경 쓰지 않는다. 다만 자신이 목표로 하는 사람의 특정한 생각을 꺾는 것이 목적이다. 사람과 의견이나 관점을 교환하는 일에는 전혀 관심이 없다. 정직한 논증에서는 마음을 열고 상대방의 주장과 이유를 듣고 생각을 바꿀 수도 있어야 한다.

강압(coercion) 자신의 주장을 거부했을 때 고통을 치러야 한다고 협박

Whatever you are, be a good one.
무엇을 하든 훌륭한 사람이 되어라.

–Abraham Lincoln

함으로써 문제를 푼다. "순응하든지 아니면 고통을 받아라!" 강압을 채찍에 비유한다면 당근 또한 뇌물로 사용할 때 또 다른 형태의 강압이 될 수 있다. "순응하면 보상을 주겠다." 또한 자신의 권위를 논증에 이용하는 것도 역시 강압이다. "내가 당신보다 더 많이 아니까 내 말에 따라라." 상대방에게 창피를 줘서 동의하도록 만드는 것도 강압이다. 영화 〈스타워즈〉에서 레아 공주가 "도와줘요. 오비완 케노비, 당신만이 나의 유일한 희망이에요." 라고 사정하는 것도 강압이라 할 수 있다. 그녀를 도와주거나 또는 자신의 고귀한 가치를 배신하거나 둘 중 하나를 선택하도록 만들기 때문이다.

(3) 이야기

사람들 중에 '좋은 이야기가 곧 좋은 논증'이라고 생각하는 이들도 있다. 실제로 훌륭한 이야기 중에는 핵심이 명확하게 드러나 작가의 의도를 독자가 쉽게 이해할 수 있는 것도 있다. 하지만 이야기만으로는 절대 어떠한 주장도, 어떠한 이유도 될 수 없다. 그래서 도덕적 교훈을 가르치고자 하는 이야기들은 대부분 '아무거나 욕심내지 마라.'와 같은 명확한 메시지로 끝을 맺는다. 그러한 교훈적인 문구로 장식하지 않으면 독자는 자신이 읽은 이야기가 어떤 메시지를 전달하려고 하는지 추측해야 하기 때문이다. 하지만 좋은 이야기는 논증을 뒷받침하기 위한 근거로 사용할 때 큰 힘을 발휘하기도 한다.[8)]

우리는 논증을 날카로운 목소리, 논쟁하는 사람의 호전적인 태도, 자신의 주장을 받아들이도록 청중을 강압하고자 하는 욕망이 아님을 여러 가지 설명을 통하여 알게 되었다. 윌리엄스와 콜럼(윤영삼 역, 2008)은 『논증의

소년이로 학난성(少年易老學難成, 少: 젊을 소, 易: 쉬울 이, 老: 늙을 로, 學: 배울 · 학문 학, 難: 어려울 난)
소년은 늙기 쉬우나 학문을 이루기는 어렵다는 말.

탄생』이라는 그들의 책에서 다음 두 가지로 논증을 정의한다.

- 해결 방식에서 서로 동의하지 않는 문제를 둘 이상의 사람들이 함께 풀려고 한다.
- 각각의 해결법을 뒷받침한다고 생각하는 이유와 근거를 교환하고 상대방이 제시하는 질문, 반대, 대안에 대해 대답하려고 대응한다.

논증은 단지 불일치를 해소하기 위해서 하는 것이 아니다. 좋은 논증은 문제를 깊이 탐구하도록 도와주고, 자신의 믿음을 설명하도록 도와준다. 서로 동의하지 못하더라도 상대방을 이해할 수 있는 좋은 기회가 된다.[9]

지금까지 설명한 말 묶음, 논리, 논증, 추론, 논술과 관련된 다양한 접근의 설명을 표로 정리하면 다음과 같다.

〈표 3-2〉 논증 이해를 위한 다양한 접근

논증의 ~		논증
개 념		주어진 사실(근거, 논거, 전제)에서 →(추론)을 통해 → 새로운 사실(주장, 논지, 결론)을 끌어내는 과정
목 적		의사소통의 방법 : 결과, 설명, 예측, 설득
내 용		주장 + 근거
형 식		(전제 지시어) 전제 + (결론 지시어) 결론
결과물	말	변증(dialect) : 두 사람이 말을 서로 주고받는 형태[10]
결과물	말	웅변, 연설 : 한 사람이 대중을 향해 논증하는 형태
결과물	말	토론 : 두 사람(집단) 이상이 서로의 견해를 밝히는 논증 형태
결과물	글	논술(문), 논설(문)

The greater the obstacle, the more glory in achieving it.
장애가 크면 클수록, 성취의 영광은 커지는 법이다.

–Moliere

2. 논증으로 무엇을 할 수 있는가

① 논증은 우리를 합리적으로 만든다

자라면서 우리는, 왜 다른 사람이 하라는 대로 생각하고 행동해야 하는지 의심을 품으면서 합리적으로 생각하기 시작한다. 그리고 커 가면서 어떤 질문을 받았을 때, 자신이 왜 그렇게 생각하고 행동하는지 이유를 제시하는 법을 배운다. 하지만 합리성만으로는 이런 것을 잘할 수가 없다. 해결책을 무작정 찾아 나서기 전에 해결하고자 하는 문제가 무엇인지 냉정하게 평가하고 판단하기 위해서는 '자기절제력'이 필요하다. 이러한 절제의 시간을 갖는 동안 우리는 다음과 같은 혜택을 얻을 수 있다.

- 경험 · 관찰 · 연구를 통해 정보를 모으는 인내력과 자신의 생각을 꺾을 줄 아는 판단력
- 그러한 정보를 활용하여 완벽한 결론으로 나아가는 길을 추론하는 능력

하지만 이는 제한적인 합리성에 불과하다. 이 정도 능력은 침팬지에게도 있다고 한다. 인간이라면 자신의 추론을 스스로 되짚어 보고 검토할 수 있어야 한다. 이를 위해서는 다음 사항을 실천해야 한다.

- 자신이 찾은 해결책과 모순되는 근거를 찾아내려는 의지. 이는 곧 자신의 생각을 굽힐 줄 아는 탁월한 인식이기도 하다.
- 근거의 무게가 자신의 믿음과 모순될 때 생각을 바꿀 수 있는 용기. 이

송양지인(宋襄之仁, 宋: 송나라 송, 襄: 도울 양, 之: 갈 지(…의), 仁: 어질 인)
송나라 양공(襄公)의 인정이란 뜻. 곧, ① 쓸데없는 인정을 베푸는 것의 비유. ② 무익한 동정이나 배려.

는 곧 믿음을 쉽게 바꾸지 않는 자신감이기도 하다.

- 자신의 결론에 따라 행동함으로써 먼 미래에 얻게 될 결과를 가늠할 수 있는 상상력. 이는 곧 믿음이나 행동이 필요할 때 흔들리지 않고 지켜나가는 힘이기도 하다.
- 자신의 추론을 하나씩 따져보는 능력. 가설 · 불일치 · 모순을 인식하고 의심하는 능력. 하지만 생각할 수 있는 모든 것을 해결할 필요는 없다.

최소한 이러한 경우에만 "합리적으로 생각한다."라고 말할 수 있다. '잠깐 …… 그렇다면 …… ? 누군가 …… 라고 반박하면 어떻게 말해야 하지?'라는 경우에 이와 같은 생각의 혜택을 통해 얻은 합리성이 곧 논증을 수행하기 위한 능력과 같다. 논증이란 또한 혼자서도 언제나 할 수 있는 것이다.

② 논증은 공동체를 지탱한다

인간은 사회적인 동물이기 때문에 나와 다른 관점을 지닌 무수한 사람들과 부딪히며 어울려 살아야 한다. 합리적인 '공동체'의 합리적인 '시민'이 되고자 한다면, 단순히 합리적으로 사고하는 것을 넘어 다른 사람들이 자신의 견해를 수용할 수 있을 만큼 타당한 논리를 제시할 줄 알아야 한다. 그러한 주장에 사람들이 아무도 동의하지 않는다 하더라도 최소한 존중해 줄 수 있을 정도는 되어야 한다. 합리적으로 보이는 근거를 제시하고 진정으로 사려 깊게 논증한다면 상대방은 입장을 바꿔서 생각해 볼 것이고 이로써 당신의 생각을 인정할 수도 있다.

Nothing great will ever be achieved without great men, and men are only great if they are determined to be so.
위대한 사람 없이는 어떤 위대한 것도 성취될 수 없다. 사람은 위대해지고자 결심해야만 그렇게 될 수 있다. −Chales de Gaulle

③ 논증은 학술 집단과 전문가 집단의 핵심 기술이다

논증, 특히 논증을 글로 풀어내는 기술은 학계와 전문가 집단에서 살아남기 위한 핵심 기술이다. 과학자, 기술자, 대학 교수, 그 밖의 무수한 사람들이 모두 자기 분야에서 마주치는 문제에 대한 해법을 찾고 이를 뒷받침하기 위해 논증을 펼쳐야 한다. 마음속으로 먼저 논증 체계를 구성하고, 동료와 대화하면서 논증을 다듬고, 좀 더 폭넓은 공동체 구성원을 위해 글로 정리한다. 논증은 문제를 해결하기 위한 작업이다. 문제는 다음 두 종류로 나눌 수 있다. 이 두 문제는 해법도 다르고 이를 뒷받침하는 방식도 다르다.

실용 문제(pragmatic problem)

"현 상황을 바꾸려면 무슨 일을 해야 하는가?"

– 문제 : 세계 경제가 붕괴했다.

– 해결 : '우리가 해야 할 일'은 국제적으로 금융정책을 새롭게 확립하는 것이다.

이러한 주제를 '실용 문제'라고 한다. 우리가 직접 품을 팔아 실질적인 대가를 치러야만 해결되는 문제다. 그래서 이들은 그러한 문제를 해결하기 위한 어떤 '행동'을 제안한다. 전문가 집단은 대개 '누군가 무엇을 행동으로 옮길 때에만' 해결되는 문제를 다룬다.

개념 문제(conceptual problem)

"이 쟁점에 대해서 좀 더 잘 이해하려면 무엇을 알아야 하는가?"

– 문제 : 미국발 경제 위기가 21세기 한국 경제에 어떤 영향을 미쳤는지

수청무대어(水淸無大魚, 水: 물 수, 淸: 맑을 청, 無: 없을 무, 大: 클 대, 魚: 고기 어)
물이 (너무) 맑으면 큰 물고기가 (물을 숨기지 못해) 살 수 없다는 뜻으로, 사람이 너무 결백하면 남이 가까이하지 않음의 비유.

알지 못한다.

- 해결: '우리가 알아야 하는 것'은 미국과 무역을 하게 되면서 우리나라와 미국 사이에 새로운 금융 관계가 출현했다는 사실이다.

이러한 주제를 '개념 문제'라고 한다. 실용 문제와 반대로 학자 집단은 해결책을 찾기 위해 문제를 파고들기보다는 독자로 하여금 특정 주제에 대해 더 깊이 '이해할 수 있도록' 도와주는 것을 목적으로 한다.

실용 문제든 개념 문제든 해법을 제시할 때에는 그 해법을 뒷받침할 수 있는 논증을 적절하게 제시해야 한다. 그렇게 논증을 해야만 비로소 같은 집단에 속하는 사람들이 깊이 고민하고 검증하고 필요에 따라서는 개선을 하거나 거부할 수 있다.

④ 논증이 없으면 민주주의도 없다

논증은 또한 민주주의를 유지하는 핵심 기술이기도 하다. 독재자는 논증할 필요가 없다. 아무도 자신의 결정에 대해 토를 달지 않을 것이며, 억지를 부려도 이의를 제기하는 사람이 거의 없기 때문이다. 하지만 원칙적으로 민주주의에서는, 우리를 대신해 문제를 제기하고 우리를 대신해 논증할 사람을 우리 손으로 직접 지도자로 뽑는다. 따라서 민주주의의 모든 지도자는 반드시 우리가 던지는 질문에 대답해야 할 의무가 있다.[11]

We make a living by what we get, but we make a life by what we give.
우리는 소득을 통해 생계를 유지하고, 기부를 통해 (진정한) 삶을 만들어 간다.
-Winston Churchill

3. 논증의 힘은 어디서 나오는가

그렇다면 이러한 논증의 힘은 인간의 어떤 요소에서 나오는 것일까? 흔히 견고한 추리를 하기 위해서는 인간의 감정을 배재해야 한다는 철학자도 있으나, 윌리엄스와 콜럼(윤영삼 역, 2008)은 논증의 힘은 인간의 논리, 성품, 감정에서 나온다고 다음과 같이 주장한다.[12)]

> 감정은 우리 인간이 지닌 합리성의 일부다. 아무리 합리적인 인간이라고 해도 홀로코스트나 노예제도에 대해 논쟁을 하면서 감정적으로 태연할 수 없을 것이다. 아무리 논리적인 결론이라고 해도 정서적으로 옳지 않은 행동을 하면, 자신의 감정을 무시한 것에 대해 후회하고 말 것이다. 하지만 우리는 감정적인 이유만으로 어떤 주장을 뒷받침할 수 있을까? 느낌이나 감정만으로는 어떤 주장도 정당화할 수 없다. 합리적으로 보이는 방식으로 우리 주장을 그리고 우리 감정을 설명해야 한다. 다시 말해, 어떤 주장을 다른 타당한 이유와 근거를 갖추도록 해야 한다는 뜻이다. 논증에 대해서 이야기할 때 많은 사람들이 논증의 힘을 다음 세 가지 요소로 설명한다.
>
> ① 로고스(logos) : 독자의 논리에 호소하는 힘(주로 논리학자의 설명은 여기에 근거한다.)
>
> ② 에토스(ethos) : 저자의 믿을 수 있고 포용력 있는 성품에 호소하는 힘
>
> ③ 파토스(pathos) : 독자의 연민, 화, 두려움 같은 감정에 직접 호소하는 힘
>
> 에토스와 파토스는 독자의 감정에 호소한다. 이론상으로는 이 세 요소를 구분할 수 있지만 실제 논증에서는 뒤엉켜 있기 때문에 하나하나 분리해 내는 일은 그다지 의미가 없다.

순망치한(脣亡齒寒, 脣: 입술 순, 亡: 망할 · 잃을 망, 齒: 이 치, 寒: 찰 한)
입술을 잃으면 이가 시리다는 뜻. 곧, ① 이웃 나라가 가까운 사이의 한쪽이 망하면 다른 한쪽도 온전하기 어려움의 비유. ② 서로 도우며 떨어질 수 없는 밀접한 관계, 또는 서로 도움으로써 성립되는 관계의 비유.

4. 논증의 오류

그릇된 논증은 전제가 결론을 거의 또는 전혀 입증하지 못하는 논증이다. 이런 논증들 가운데 겉보기에 그럴듯해 보이는 논증을 일컬어 오류라 한다. 겉보기에 그럴듯해 보인다는 말은 실제로는 좋은 논증이 못되지만 얼핏 보기에 타당하거나 올바른 것처럼 보이기 때문에 설득력이 있어 보인다는 말이다. 오류는 논점과 관련되어 구분하는 데는 논점과 전혀 관련이 없는 오류, 논점의 핵심을 다루지 못하고 주변적인 내용을 언급하는 정도로 그치는 오류, 논점을 넘어서는 오류로 나뉘는데 이에 해당되는 오류의 종류는 [그림 3-1]과 같다.[13)]

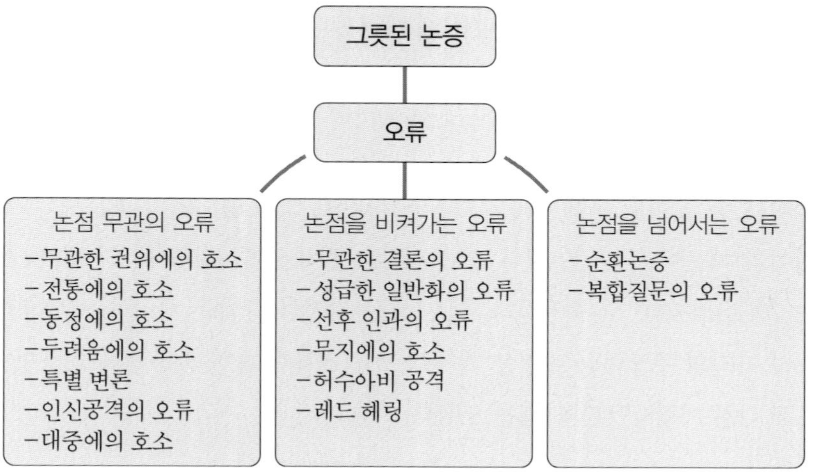

[그림 3-1] 그릇된 논증 유형

Man is not the creature of circumstances, circumstances are the creatures of man.
인간은 환경의 피조물이 아니다. 환경이 인간의 피조물인 것이다.
—Benfamin Disraell

1) 논점 무관의 오류

논점 무관의 오류는 전제와 결론 사이에 아무런 실제적 연관 관계가 없는데도 관계가 있는 것처럼 내세워지기 때문에 발생하는 오류다. 논점 무관의 오류들 중에는 우리의 감정에 호소하는 것이 많다.

① 무관하거나 의심스러운 권위에의 호소

권위에 의거하는 논증을 잘 이용하면 괜찮다. 하지만 권위자가 전문가의 권위를 해당 분야가 아닌 다른 분야에까지 연장하면 오류가 발생한다. 유명 연예인이나 운동선수가 그들의 전문 분야와 관련 없는 어떤 제품의 광고에 등장하거나 핵물리학자가 종교적 주장을 입증하는 데 거명되는 경우 이런 오류가 발생한다. 아인슈타인은 물리학에서는 뛰어난 권위자지만 물리학 이외의 영역에까지 훌륭한 권위인 것은 아니다. 실제로 아인슈타인은 물리학을 벗어나 사회윤리적 문제에 대해서도 많은 발언을 했는데, 물리학자로서의 그의 권위가 이런 문제에까지 연장되는 것은 아니다.

② 전통에의 호소

이 오류는 어떤 관행이나 사고방식이 단지 더 오래되었기 때문에, 전통적이기 때문에 또는 '언제나 그런 식으로 행해졌기' 때문에 '더 좋다' 또는 '더 올바르다' 고 주장한다. 이 오류는 적절한 증거를 제시하는 것이 아니라 자기의 주장이나 관점을 지지해 주는 전통에 대한 존중심에 호소함으로써 다른 사람을 설득하려는 오류다.

암중모색(暗中摸索, 暗: 어두울 암, 中: 가운데 중, 摸: 더듬을 모, 索: 찾을 색)
어둠 속에서 손으로 더듬어 찾는다는 뜻으로, 어림짐작으로 찾는다(혹은 추측한다)는 말.

③ 동정에의 호소

동정에 호소하는 논증은 증거를 제시하는 대신 동정심에 호소해서 다른 사람을 어떤 관점으로 설득하고자 하는 논증이다. 결론을 뒷받침하기 위해 제시된 이유가 실제로 옳을 수는 있다. 하지만 그 이유는 결론과 관련이 없다. 결론을 뒷받침하는 증거를 제시하는 대신 그 이유를 우리로 하여금 당사자에 대해 가엾게 느끼도록 만들고, 그래서 동정심 때문에 결론에 동의하게 만든다.

④ 두려움에의 호소

증거를 제시하는 대신 바람직하지 않은 결말을 초래하게 되리라고 위협함으로써 결론을 받아들이게 하려는 논증이다.

⑤ 특별 변론

이 오류는 합리적인 정당성 없이 누군가가 표준이나 원칙의 적용에 대해 사진을 특별한 예외로 만들려 할 때 발생한다. "어쩌면 나는 나 자신의 개인 용도로 금고의 돈을 쓰면 안 되겠지만, 누가 뭐라 해도 나는 이 단체의 회장이 아닌가."와 같은 경우에 바로 이 오류를 범하고 있다.

⑥ 인신공격의 오류

인신공격의 오류는 상대방의 입장이나 논증을 그 근거가 부실하다는 이유로 비판하는 것이 아니라 상대방의 인품, 성격, 직업, 과거 행적 등 개인 신상을 공격함으로써 발생하는 오류다.

A dream is just a dream. A goal is a dream with a plan and a deadline.
꿈은 단지 꿈일 뿐이다. 목표란 계획과 마감시한을 가진 꿈이다.

−Harvey Mackay

⑦ 대중에의 호소

대중에의 호소는 어떤 주장에 대한 타당한 이유를 제시하는 대신 대중의 편견, 군중심리, 열광에 호소하여 그 주장을 옳다고 주장하거나, 많은 사람이 그 주장을 받아들인다는 이유로 그 주장을 옳다고 하는 오류다.

2) 논점을 비켜가는 오류

이 오류에서는 전제가 어떤 결론을 증명하지만 전제가 증명하는 것처럼 보이는 것은 그 결론이 아니다. 이런 논증은 흔히 실제로 증명된 것과 증명되었다고 가정된 것을 혼동하기 쉽기 때문에 설득력이 있다. 이 오류는 논점 전환의 오류라고도 한다.

① 무관한 결론의 오류

누군가가 여성이 착취당하고 있으며 차별대우 받고 있다고 주장한다고 하자. 이에 대한 반론으로 많은 여성이 자신이 착취를 당하거나 차별대우를 받고 있다고 느끼지 않는다는 것을 증명하는 조사 결과를 증거로 제시했다고 하자. 이 대답은 두 가지 점에서 논점을 비켜가고 있다. 첫째, 많은 여성이 그렇게 느낀다는 사실의 가능성을 열어 놓고 있다. 둘째, 설령 대부분의 여성이 착취당하거나 차별대우를 받고 있지 않다고 느낀다 해도, 그들의 느낌은 그들이 실제로 착취당하거나 차별대우를 받고 있지 않다는 사실에 대한 증명은 되지 못한다. 이런 경우 증거로 제시된 전제는 결론의 옳음과 무관하다.

양두구육(羊頭狗肉, 羊: 양 양, 頭: 머리 두, 狗: 개 구, 肉: 고기 육)
밖에는 양 머리를 걸어 놓고 안에서는 개고기를 판다는 뜻. 곧, ① 거짓 간판을 내걺. ② 좋은 물건을 내걸고 나쁜 물건을 팖. ③ 겉과 속이 일치하지 않음의 비유. ④ 겉으로는 훌륭하나 속은 전혀 다른 속임수의 비유.

② 성급한 일반화의 오류

이 오류는 귀납적 일반화와 관련하여 이미 설명했다. 이 오류는 흔히 어떤 집합의 약간의 원소에 관한 사실만을 입증해 놓고 그 집합의 모든 원소에 관한 사실을 입증한다고 주장할 때 발생한다. 성급한 일반화의 오류가 발생하는 방식은 두 가지인데, 하나는 양적으로 매우 작은 표본에 의존하거나(불충분한 통계의 오류), 질적으로 대표성이 없이 편향된 표본을 추출할 때(편향 통계의 오류) 발생한다.

③ 선후 인과의 오류

이 논증은 기껏해야 결론이 옳을 개연성(확률)을 입증하는 정도의 논증인데도 마치 확실성을 보증하는 것처럼 취급할 때 발생한다. 이 오류는 우연히 시간적 선후 관계에 있는 두 사건을 필연적인 인과 관계에 있는 것으로 취급할 때 발생한다. 아기는 거의 모두 걷는 걸 배우기 전에 이가 나지만 이가 나는 것이 걷는 것의 원인은 아니다.

④ 무지에의 호소

"너는 신을 믿지 않는다고 했지?
하지만 신이 실존하지 않는다는 것을 증명할 수 있어?
증명할 수 없다면, 너는 신이 실존한다는 결론을 받아들여야 해."

이 오류는 기껏해야 결론이 반증되지 않았다는 것을 증명하는 논증을 가지고 그 결론이 옳다는 것을 증명하기 위해 사용하는 오류다. 이 논증은 결론을 증명하는 것이 그 논증을 제시한 사람의 책임이기 때문에 올바르지

Life is change, growth is optional. Choose wisely.
인생은 변화하고 성장은 선택 사항이다. 현명하게 선택하라.

–Karen Kaiser Clark

않다. 누군가가 "백두산 천지에 괴물이 없다는 것을 증명하려는 모든 시도가 실패했다. 그러므로 백두산 천지에 괴물이 있다."라고 주장한다고 하자. 이 경우 백두산 천지에 괴물이 있다는 것을 반증하려는 모든 시도가 성공하지 못했다 하더라도, 우리가 내려야 할 결론은 여전히 의심의 여지가 있다는 것이지 괴물의 존재가 증명되었다는 것이 아니다.

⑤ 허수아비 공격

이 오류는 그 이름을 시각적으로 떠올리면 쉽게 이해가 된다. 상대방의 원래 논증을 살아 있는 인간이라고 한다면, 허수아비는 그 논증 대신에 제시된 논증을 풍자적으로 표현한 은유다. 진짜 논증 대신 가짜 논증에 해당하는 허수아비를 무너뜨려 놓고 진짜 논증이 무너진 것처럼 만들려는 오류다. 하지만 어떤 입장을 비판할 때는 그 입장을 제시한 상대방의 입장에서 그 입장을 되도록 강하게 대변하는 것이 공평하다.

⑥ 레드 헤링

이 오류는 관련 없는 주제를 끌어들임으로써 원래 논점으로부터 주의를 흩뜨리거나 전환시키기 위해 사용되는 오류다. 레드 헤링(red herring)은 훈제 청어란 뜻으로, 18세기 유럽에서 냄새가 지독한 이 생선을 사냥개를 훈련시킬 때 여우가 다니는 길에 놓아두어 개를 훈련시키는 데 사용했던 것에서 유래했다. 한편으로는 사냥감을 쫓던 개가 그 냄새를 맡고 나면 사냥감을 놓친다고 해서 논쟁에 휘말린 사람이 위기를 모면하기 위해 엉뚱한 데로 상대방의 관심을 돌려 논점을 흐리게 하는 기법이다.

파죽지세(破竹之勢, 破: 깨뜨릴 · 깨어질 파, 竹: 대나무 죽, 之: 갈 지(…의), 勢: 기세 · 형세 세)
대나무를 쪼개는 기세라는 뜻. 곧, ① 맹렬한 기세. ② 세력이 강대하여 적대하는 자가 없음의 비유. ③ 무인지경을 가듯 아무런 저항도 받지 않고 진군함의 비유.

3) 논점을 넘어서는 오류

논점을 넘어서는 오류는 논점이 증명되었다고 가정한 다음 이 가정을 근거로 하여 또 다른 결론을 도출해 내는 오류다. 이 오류는 결론이 전제에 의해 명확하게 증명되지 않았는데도 불구하고 실제로는 결론의 옳음을 가정하고 상대방으로 하여금 어떤 방식으로든 그 결론을 승인하도록 '구걸'한다. 따라서 이처럼 논점을 넘어서는 오류는 흔히 선결 문제 요구(begging the question)의 오류라 불린다.

① 순환논증

순환논증(circular argument)은 명시적으로나 암암리에 논증의 결론 자체를 전제의 일부로 사용한다. 따라서 순환논증은 증명을 제시하는 것이 아니라 결론을 다른 방식으로 주장하고 있을 뿐이다. 이렇게 함으로써 상대방으로 하여금 증명되지 않은 것을 증명된 것처럼 승인하도록 유도한다. 순환논증에서는 결론이 전제로 나타날 때 그 전제가 대개는 결론과 다른 말로 진술되기 때문에 결론이 전제로 사용되었다는 사실을 알아차리기가 쉽지 않다. 하지만 아무리 복잡한 순환논증이라도 기본 구조는 "p가 옳다. 왜냐하면 p이기 때문이다."로 되어 있다.

② 복합질문의 오류

복합질문의 오류(fallacy of complex question)는 엄밀히 말하면 논증적 오류는 아니다. 이 오류는 어떻게 대답하든 대답하는 사람이 수긍할 수 없거나 수긍하고 싶지 않은 내용을 수긍하는 결과를 낳는 것을 목적으로 한다. 이 오류는 의심스럽거나 불확실한 가정을 옳다고 가정한다는 점에서

Sucess depends upon our previous preparations, and without such preparations there is sure to be failure.
성공은 사전 준비에 좌우된다. 그런 준비가 없으면 실패가 따를 게 확실하다.
–공자(Confucius)

선결 문제 요구의 오류를 범하고 있는 것이다.

주

1) 송하석, **리더를 위한 논리 훈련**(서울: 사피엔스21, 2007), p. 21.
2) 위의 책, p. 17.
3) 정상모, **논리적 사고의 길잡이**(부산: 신라대학교 출판부, 2004), pp. 28-33.
4) 명제(命題, proposition)는 판단의 결과 또는 그것의 언어적 표시로서 명사와 명사의 결합으로 이루어진다. 명제는 판단이 옳고 그른 것에 따라 참인 명제와 거짓인 명제로 나누어진다. 명제의 종류와 그 예는 다음과 같다. 분석 명제: 유클리드 기하학에서 삼각형의 내각의 합은 180° 이다. 종합 명제: 구리는 푸른 녹이 쓰는 금속이다. 정언 명제: 모든 사람은 포유류이다. 관계 명제: 철수는 영희의 친구이다. 가언 명제: 지구 온난화가 계속된다면, 대규모 멸종 사태가 올 것이다. 선언 명제: 이무기는 파충류이거나 어류다. 연언 명제: 갑식이는 선생이고 을순이는 학생이다. 위의 책, pp. 28-30.
5) 설명은 기능에 따라 물리적 설명(현상을 구성하는 여러 요소들 상호 간의 인과 관계를 밝힘으로써 그 현상을 설명하는 것), 심리적 설명(사건을 행위자의 이유나 동기의 관점에서 설명하는 것), 기능적 설명(대상이나 사건을 그것이 처한 맥락에 놓고 거기서 어떤 역할을 맡는지를 밝히는 형식의 글)의 세 가지로 구분한다. 위의 책, pp. 36-38.
6) 한상기, **비판적 사고와 논리**(파주: 서광사, 2007), pp. 249-250.
7) 정상모, **논리적 사고의 길잡이**(부산: 신라대학교 출판부, 2004), p. 75.
8) 윤영삼 역, **논증의 탄생**(서울: 홍문관, 2008), pp. 38-42.
9) 위의 책, p. 45.
10) 변증(辨證, dialect)은 원래는 "서로 이야기를 주고받다"라는 의미로, 아직 밝혀지지는 않았지만 근거를 찾아 뒷받침할 수 있는 진실을 밝히기 위해 두 사람이 서로 질문과 대답을 주고받는 과정이 바로 '변증'이다. 아리스토텔레스는『수사학』에서 수사는 주장을 제시"말(화술)을 통한 설득의 기술"이고 변증은 그 주장을 검토하는 과정이라고 했다. 수사와 변증은 궁극적으로 설득의 기술이라는 동전의 양면과 같다고 주장한다. 변증은 논리학, 언어철학, 논증, 변증법과 같은 학문들의 초석이 되었으나, 정작 변증이 학문으로 정립된 것은 20세기 스티븐 툴민(Stephen E. Toulmin)에 의해서다. 위의 책, p. 9.
11) 위의 책, pp. 32-26.
12) 위의 책, p. 44.
13) 한상기, **비판적 사고와 논리**(파주: 서광사, 2007), pp. 316-325.

홍일점(紅一點, 紅: 붉을 홍, 一: 한 일, 點: 점 · 점 찍을 · 흠 점)
① 여럿 가운데서 오직 하나 이채를 띠는 것. ② 많은 남자들 틈에 오직 하나뿐인 여자. ③ 여러 하찮은 것 가운데 단 하나 우수한 것.

제 4 장

논술: 논증의 언어적 표현

우리의 다양한 생각들은 적절한 법칙(논리)에 의거하여 사용될 때 힘을 드러내게 되어 자신과 타인과의 의사소통의 목적을 달성하는 논증이 된다. 이런 추리의 과정은 말과 글로 표현되어 유용성과 힘을 발휘한다. 이 모든 과정을 논증을 위한 논리, 논증에 의한 논술이라고 표현할 수 있다. 그러므로 논술에 관한 설명에서는 논리와 논증이라는 용어가 자연스럽게 자주 혼용되어 사용될 것이다. 앞서 언급한 것처럼, 논증이 말로 표현되면 토론, 변론, 웅변, 연설이고, 논증이 글로 그 표현을 드러내면 논술이 된다. 말과 글이 논증 과정의 표현 매개체라는 관점에서 논술은 논증에 의한 언어적 표현이다. 그러한 논술의 특성상 논술을 위한 준비 과정과 언어적 표현의 기법이 요구된다. 이 장에서는 논술을 위한 준비로서 어떤 교육적 노력이 필요하며, 논술의 표현 기술들은 무엇이 있는지 알아보도록 한다.

1. 논술을 위한 교육적 노력

토론이나 논술은 기술적 연습으로만 이루어지는 것은 결코 아니다. 논술은 그 전에 어떤 충분한 준비와 노력의 결실로 이어지는 하나의 긴 과정의 결과다. 제1장에서 제시한 내용 속에서 많은 생각의 기회와 계기를 가져야 한다. 그런 일들이 교육 현장에서는 다양한 책읽기와 논술 이외의 글을 재미있게 써보기, 자료 수집과 정리 활동 등으로 체득되어야 한다. 이런 교육 활동의 결과로 논술은 더욱 바람직한 내용과 형식으로 나타나 그 진가를 발휘할 수 있을 것이다.

1) 다양한 책을 많이 읽기: 다독

우리나라 고등학교 독서교육의 맹점으로 독서교육 따로 있고 과목교육 따로 있다는 것과 다양한 종류의 책들이 읽혀지지 못하고 있다는 점을 지적한 도정일, 김훈, 박원순, 최재천(2008)은 대학교육의 두 가지 실패를 시민교육 분야와 교양교육 분야로 지적한다. 그리고 이런 문제점들을 위한 해결책이 바로 책읽기라고 다음과 같이 말한다. "장담컨대, 책을 읽지 않으면 우리는 잘 생각할 수 없습니다. 책은 생각하는 데 가장 필요한 도구입니다. 책을, 글을 읽으면 우리는 어떤 생각에 접하고 생각을 자극받고, 자신의 생각을 전개하게 되지요. 그래서 논리 훈련이다 사유 훈련이다 하는 것은 독서교육과 떼어 놓을 수가 없습니다. …… 깨어 있는 시민, 성찰하는 인간, 생각하는 사회 이것이 '책 읽는 사회'의 표어입니다."[1)]

연목구어(緣木求魚, 緣: 인연 · 인할 연, 木: 나무 목, 求: 구할 구, 魚: 고기 어)
나무에 올라 물고기를 구한다는 뜻. 곧, ① 도저히 불가능한(가당찮은) 일을 하려 함의 비유. ② 잘못된 방법으로 목적을 이루려 함의 비유. ③ 수고만 하고 아무것도 얻지 못함의 비유.

우리가 많이 읽기를 권고 받는 책들은 주로 '오래된 혹은 귀중한 책'인 고전(古典)이다. 배병삼은 고전을 읽을 때에 무조건 숭배하는 '공자주의' 태도나 무조건 비판하기 위한 태도인 '멱살잡기'보다 오늘의 의미로 고전이 제대로 해석되어 표현되는 '덜미잡기'를 제안한다. 이렇게 고전을 읽으면 당연히 글쓰기로 이어짐을 '법고창신'의 정신으로 풀이한다. 즉 "연암 박지원 선생에 따르면, 고전이 제대로 해석되어야 한다는 말은 법고창신(法古創新)이다. 법고의 고(古)는 문학적으로 고문(古文)을 말한다. 당시 고문주의, 즉 글쓰기 스타일에 있어서 고문 스타일이 있었다. 그 당시 고문·금문(今文) 논쟁에서 고문을 모델로 삼았다는 것이다. 그 다음 창신(創新)은 새로운 것을 만들어 낸다는 뜻이다. 그러니까 옛 사람의 글쓰기로 법을 삼되, 새로운 것을 만들어 나가겠다는 것이다. 법고란 이해의 글쓰기를 말한다."[2]

공자의 제자인 자공(子貢)이 스승에게 문(文)자의 의미를 묻는데, "민이호학(敏而好學)이노라."라고 답하였다고 한다. 호학은 배움을 열린 마음으로 배워나가기, 젊은 엄마가 애기가 열에 들뜰 때 '이걸 어쩌면 좋을까'라고 온몸으로 아파서 어쩔 줄 몰라 하는 마음, 그런 마음으로 배우기, 이게 호학이고 이 호학이 민감함을 뜻한다. 이런 자세로 고전을 읽고 그 속내에서 터져 나오는 기쁨을 '학이시습지, 불역열호(學而時習知, 不易悅好)'라고 외치는 선현이 있었다.

이런 노력이 어떻게 글쓰기로 이어지는가에 대해 배병삼은 "오늘 이 땅을 살아가는 우리 동료들과 함께하기 위해서는 이런 열렬한 민감함과 열림이 없고서야 글로써 표현해 낼 수가 없다고 생각합니다. 나는 고전의 도구

The secret of success is this. There is no secret to success.
성공의 비밀은 '성공에 이르는 비법은 없다'는 것이다.

—Elbert Hubbard

가 되어, 오늘 나의 동료들에게 그들의 이야기를 소통하려고 노력하는 매개체(샤먼, shaman)가 되는 것이지요. 이것이 고전을 오늘의 글로 풀어내기의 문명사적 의미라고 봐요. …… 다음 세 가지가 고전에 대한 글쓰기가 통과해야 할 길이라고 봅니다. 첫째 '민이호학'하는 민감성. 또 내 주변의 일상을 낯설어 하면서, 혹은 텍스트 자체와도 낯설어 하면서 시비를 거는 용맹, 말하자면 일상과 텍스트 둘 다에다 브레이크를 걸면서 글을 읽고 이 시대와 만나기. 그리고 '지금 여기에'라는 현장성을 잃지 않기. 이 세 가지 조건이 고전 읽기를 넘어서 고전을 글로 쓰는 데서 특별히 유의해야 할 기술적 혹은 방법론적 유의점입니다."[3]

2) 다양한 글을 즐겁게 많이 써 보기: 다습다작

인간 언어는 말하기, 읽기, 듣기 그리고 쓰기 네 가지가 있다. 그런데 말하기와 쓰기는 내가 나를 드러내 보이는 행위라는 점에서 같은 것이다. 듣기와 읽기는 내가 세상을 받아들이는 행위라는 점에서 같은 것이다. 그렇다면 언어에는 말하기와 듣기가 있는 것이다. 앞에서 강조한 논술을 위한 준비로서 다양한 책 많이 읽기가 세상을 받아들이는 행위라면, 여기서 강조하는 다양한 글을 즐겁게 많이 써 보기는 나를 드러내 보이는 행위다.

도정일 등(2008)은 『글쓰기의 최소 원칙』에서 논술을 쓰기 전에 다양한 글들을 즐겁게 많이 써야 한다고 제안하면서 그 방법을 구체적으로 다음과 같이 제시한다.[4]

오리무중(五里霧中, 五: 다섯 오, 里: 마을 · 이수 리, 霧: 안개 무, 中: 가운데 중)
사방(四方) 5리에 안개가 덮여 있는 속이라는 뜻으로, 사물의 행방이나 사태의 추이를 알 길이 없음의 비유.

(1) 자유로운 형식의 글을 선택할 수 있게 한다

논술문은 소설 같은 글과는 달리 어떤 문제를 논리적으로 사고하고 조직하고 자기 주장의 근거를 대고 또 분석 결과를 제시하는 등의 상당히 지적이고 이성적인 작업이다. 그러므로 처음부터 논술 훈련을 시키지 말고 다양한 여러 종류, 여러 장르의 글쓰기를 학생이 좋아하는 대로 쓰게 하는 것이 좋다. 그것이 여행기일 수도 있고 일기일 수도 있으며 신문기사와 비슷한 보도문일 수도 있고 사람과 만나서 나눈 인터뷰나 대담일 수도 있다. 이런 여러 종류의 글과 함께 창작 경험도 아주 중요하다. 단편소설을 써 보거나 시를 써 보는 것은 굉장히 즐거운 경험이다. 자유롭게 글을 쓰라고 하면 학생들은 글을 잘 쓴다. 뛰어나게 편지를 잘 쓰는 학생, 일기를 잘 쓰는 학생, 기행문을 잘 쓰는 학생이 있다. 학생이 가진 능력과 자질이 최대한 발휘될 수 있는 그런 글을 쓰게 하는 활동이다. 그러면 그 학생들이 즐겁게, 기쁘게 글을 쓴다.

〈활동 4-1〉 자유롭게 글감을 선택하여 자신이 편하게 여겨지는 글 형식으로 200자 안팎의 글을 써 보자.

(2) 글감을 자유롭게 선택하게 한다

글쓰기의 가장 효과적인 방법 중 하나는 즐겁게 글 쓰는 경험과 체험, 훈련을 끊임없이 하는 것이다. 그러면 무엇을 놓고 쓸 것인가 하는 글감을 발견하는 것이 결코 어려운 일이 아니게 된다. 학생이 자기 삶의 과정에서, 학교에서, 집에서 또는 친구와의 관계에서 알게 된 것, 경험한 것, 체험한

Sucess is dong what you want to do, when you want, with whomever you want, as much as you want.
성공이란 당신이 원하는 때에, 좋아하는 사람과, 하고 싶은 일을 마음껏 하는 것이다.
—Anthony Robbins

것, 느낀 것, 자신의 삶에 밀접한 경험으로부터 글감을 끌어내게 하면 굉장히 많은 소재가 발굴되어 나온다. 무엇을 쓸 것인가? 절대 교사가 먼저 글 제목이나 주제를 칠판에 써 놓고 이것에 대해서 쓰라고 해서는 안 된다. 쓰고 싶은 글이 무엇이건, 학생이 쓸 수 있도록 자유롭게 풀어 놓고 그가 쓰고 싶어 하는 문제, 쓰고 싶어 하는 화두를 마음껏 쓰도록 하는 일부터 훈련시켜야 한다.

무엇보다 중요한 것은 글감을 학생들이 스스로 발견하게 하는 것, 글감을 자기 삶으로부터, 자신의 독서 경험, 친구 관계 같은 자기 삶과 밀접하게 관계된 체험 영역, 곧 경험 세계로부터 끌어오게 하는 것이다. 그러면 무엇을 쓸까 걱정하지 않아도 된다. 그런데 학생을 모아놓고 '자 봐라. 저기 푸른 하늘이 있다. 오늘은 푸른 하늘에 대해 써라.' 그러면 학생은 졸지에 '푸른 하늘?' 하며 무엇을 써야 할지 몰라 막막해 한다. 그러나 '글을 삶에 연결시키고, 경험에 접속시켜라.' 하면 엄청나게 많은 글감이 나온다. 영화를 봤으면 영화 얘기를 써도 된다. 많은 글감들이 쏟아져 나올 것이다. 그렇게 풍부한 자료가 있는데 '무엇을 쓸 것인가'라는 질문부터 머리에 떠올리면 이를 찾느라 고생하게 된다.

〈활동 4-2〉 자신의 경험에서 글감을 찾아 300자 안팎으로 자유로운 형식의 글을 써 보자.

(3) 수사 기법을 활용하게 도와준다

학생에게 글쓰기를 안내하고 지도할 때 동원할 수 있는 교육적 방법은

호가호위(狐假虎威, 狐: 여우 호, 假: 거짓 가, 虎: 범 호, 威: 위엄 위)
여우가 호랑이의 위세를 빌려 다른 짐승을 놀라게 한다는 뜻으로, 남의 권세를 빌려 위세를 부림에 비유.

대표적으로 수사학적 장치를 활용하는 방법이 있다.

① 비교 기법

사람이나 사물, 장면, 환경 등을 재미있게 그려내는 것이 목적인 묘사문의 경우에는 '비교'와 '대조'라는 수사 장치가 있다. 이 중 어떤 두 사물이나 사람, 제도, 종교 등 무엇이든 어떤 두 가지를 비교할 때 우리가 쓰는 수사 장치가 '비교(comparison)'다. 비교해 보자고 하면 비교할 것이 좀 많은가? 친구 A와 B를 비교해도 되고, 우리 학교 도서관과 옆 학교 도서관을 비교해도 되고, 비교할 것이 수도 없이 많다. 그런데 이 비교라는 것이 훌륭한 기법이고 장치다. 비교라는 수사 장치에서 학생들이 훈련받는 것은 서로 다른 두 사물이나 두 사항이 갖고 있는 유사한 점, 공통성, 서로 닮은 점들을 끌어내는 능력이다. A, B 두 개가 매우 다르다고 우리는 알고 있지만, 비교해 보니 같은 것, 유사한 것, 서로 나누어 갖는 것도 많다. 이렇게 유사성을 끌어내는 기법이 비교의 장치다.

〈활동 4-3〉 내 주변의 어떤 두 사물, 사건, 혹은 사람을 선정하여 비교해 써 보자.

② 대조 기법

비교 기법과 반대되는 것에 '대조 기법'이라는 수사 장치가 있다. 이것은 두 개를 비교하되 초점은 서로 다른 점을 찾아내는 것이다. 비교와 대조는 다른 기법이다. 대조란 A, B가 갖고 있는 다른 점들, 차이점, 상이성을 집중적으로 끌어내서 평소 우리가 비슷하다고 느끼던 것들이 이렇게 서로 다

Continuous effort! Not strength or intelligence, is the key to unlocking your potential.
끊임없이 노력하라! 체력이나 지능이 아니라 노력이야말로 잠재력의 자물쇠를 푸는 열쇠다.
-Winston Churchill

른 점을 갖고 있다는 것을 부각시키는 수사 장치다.

묘사문을 생각해 보자. 묘사는 사람에 대한 묘사일 수도 있고, 사물이나 풍경에 대한 것일 수도 있다. 우리 수학 선생님은 어떻다 묘사할 수도 있고, 어디 가서 뭘 봤는데 그 풍경이 어떻더라고 묘사할 수도 있다. 비교와 대조는 그런 묘사문의 기본 기법이다. 그런데 묘사문의 특징은 무엇인가? 묘사문은 형용사적 특징을 갖는다. '그가 달린다.'는 묘사문이 아니다. 서술문, 곧 동작의 서술이다. 서술문에서는 '동사'가 중요하다. 그러나 '그 사람은 키가 크다.' '그는 지금 배고프다.'와 같은 묘사문에서는 '형용사'가 중요하다. 묘사문이라는 것은 어떤 상태를 꾸미거나 기술해 주는, 그 상태를 그려 보이는 형용사적 기능의 글이다.

서술문으로도 글을 써볼 수 있다. 사건이나 행동의 서술, 무슨 일이 일어났다, 누가 무엇을 했다는 식의 행동, 사건, 일어난 일들을 동사로 서술해 주는 것이 서술문이다. 여기서 지배적 술어는 동사다. 묘사문의 지배적 술어가 형용사라면, 서술문의 술어는 동사다. 그래서 행위자(주어)의 행동을 동사로 서술해 주는 글을 쓰게 해 보는 것이다. 이것이 서술 훈련이다.

〈활동 4-4〉 내 주변의 어떤 두 사물, 사건, 혹은 사람을 대조해 써 보자.

③ 분석 기법

학생에게 사용하도록 제시하는 수사 장치에는 '분석 기법'이란 것도 있다. 분석하라는 말에 학생은 우선 기가 질릴지도 모른다. '분석이 뭐지?' 그러나 분석한다는 것은 무얼 어떻게 하는 것인지 기초 요령 몇 가지만 이야기해 주면 학생은 조만간에 따라오게 된다. 통계 자료 분석이 있을 수도

오합지중(烏合之衆, 烏: 까마귀 오, 合: 합할 합, 之: 갈 지(…의), 衆: 무리 중)
까마귀떼 같이 질서 없는 무리라는 뜻. 곧, ① 규율도 통일성도 없는 군중. ② 갑자기 모인 훈련 없는 군세(軍勢).

있고, 상품을 자세히 뜯어보고 구성이나 모양새를 묘사할 수도 있지만 동시에 그 상품을 구성하는 부분들이 무엇인지, 그것의 기능은 무엇인지, 이런 것을 분석해 내는 것이 분석 훈련이다. 분류해 보는 것은 분석의 기본 기법 가운데 하나다.

〈활동 4-5〉 내 주변의 어떤 사물, 사건, 혹은 사람을 분석해 보자.

④ 요약 훈련

또 다른 수사 장치에는 '요약 훈련'이 있다. 요약 훈련이란 글을 읽고 내용을 간추리는 훈련인데, 책 종류에 따라 요약의 내용도 달라진다. 소설을 예로 든다면, 소설 요약의 요령은 중요 사건들을 추려내어 서술해 주는 일이다. 주인공이 무엇을 했다는 식으로 요약할 수 있다. 소설 요약에는 묘사문이 길게 들어갈 필요가 없다. 사건 요약이기 때문이다. 사건이 없는 소설도 있을 수 있는데 그럴 경우는 어떻게 요약할 것인가? 이건 또 별도의 재미난 과제가 될 것이다. 하지만 대부분의 소설들이 사건을 다루고 사건을 짜 맞추어 배열한다. 그래서 소설 요약도 훈련해야 하는 것이다. 요약문을 만드는 방법이 있는데, 그중 소설의 사건을 요약할 때는 과거동사를 쓰면 안 된다. 홍길동이 무엇을 '했다'가 아니고 홍길동은 무엇을 '한다' 어디로 '간다' 이렇게 현재 동사로 문장을 짧게 끊으면서 사건을, 그것도 중요한 사건들을 서술하는 것이다. '밥 먹었다' '전화 받았다'와 같은 것은 중요한 사건이 아니다. 중요한 사건들이 요약문으로 정리되고 그런 요약된 서술문 여러 개만 모이면 소설 한 편이 요약된다. 요약문만 쭉 읽어도 소설의 플롯이 드러나게 된다. 이런 훈련들이 말하자면 수사적 훈련이다.

It takes the hammer of persistence to drive the nail of success.
성공이라는 못을 박으려면 끈질김이라는 망치가 필요하다.

—John Mason

⑤ 분류 기법

'분류 기법'은 어떤 것을 범주별로 정리하고 분류해 보는 수사 장치다. 여러 종류, 어떤 글이 무엇을 목적으로 하는가에 따라 거기에 필요한 수사적 기술을 쓸 줄 알게 된다. 이것이 글쓰기 기술이다.

⑥ 단락 훈련

단락은 사상의 조직 단위다. 생각은 어떻게 조직하는가? 거기에도 단계가 있고 수사적 기법이 있다. 결론을 단락의 서두에 먼저 제시한 다음 풀어 나가는 방식이 있고, 증거나 예증 같은 것을 조금씩 쌓아 나가다 결론에 도달하는 방법이 있다. 앞에서 자주 설명된 연역과 귀납의 사고 조직법이다.

인간이 지금까지 써 온 모든 논증적인 글, 논술, 논문은 크게 보면 연역과 귀납이라는 사유 유형, 사고방식, 사유 방법에서 벗어나 있지 않다. 단락을 짤 때도 연역적 사고법에 따라서 짜게 되면 그 단락은 독특한 모양을 띠게 된다. 이것은 정삼각형 모양이다. 단락 주제문이 앞에 던져지고, 그 다음 그것을 풀어 주거나 뒷받침해 주는 문장들이 뒤따라 나오고, 그래서 정삼각형 모양의 단락이 되는 것이다. 그러나 귀납적인 방법을 쓸 때에는 역삼각형꼴로 단락이 조직된다. 연역적 단락 구성법을 쓸 때는 단락의 소주제(이것을 주제문이라고 한다.)가 단락의 맨 처음이나 둘째 문장 등 앞부분에 나오게 된다. 그러나 귀납적 사고 패턴을 따르는 글을 쓸 때에는 결론이 단락의 끝으로 간다. 이렇게 조금만 훈련시키면 금방 익히게 된다. 한 편의 글이 처음부터 끝까지 연역적 사고나 귀납적 사고로만 이루어지는 것은 아니다. 어떤 단락은 연역적으로 짜이고, 어떤 단락은 귀납적으로 만들어지고 하는 식으로 섞인 것도 있다.

온고지신(溫故知新, 溫: 따뜻할 · 복습할 온, 故: 연고 · 예 고, 知: 알 · 깨달을 지, 新: 새 신)
옛것을 익히고 그것으로 미루어 새것을 안다는 뜻.

⑦ 비유

비유는 굉장한 수사 장치다. 비유의 장치에는 은유도 있고, 직유도 있으며, 역설, 반어, 상징 같은 것이 있다. 비유 중에 알레고리(allegory)라는 것이 있다. 등장 인물에게 그 성질이나 특성에 따라 이름을 붙여 주고 그 이름이 알레고리가 되게 하는 우화를 통해 이해할 수 있게 도와줄 수 있다. 비유를 통한 언어 활동은 누구나 하는 것이다. 학생이 이미 가진 비유 언어 사용 능력을 글쓰기와 연결시키게 해야 하는데, 이 단계에서 아주 중요한 것은 문학 독서다.

〈활동 4-6〉 다음은 같은 내용의 주제를 달리 표현한 것이다. 다음 주제로 자신의 의견을 피력하는 글을 써 보자.

- 사람을 변화시키는 힘은 어디에서 오는 것인가?
- 사람을 바꾸는 힘은 안에서 나오는가, 밖에서 오는가?
- 사람은 내버려 두어도 스스로 변할 수 있는가, 아니면 어떤 외적 자극이 있을 때 바뀌는 것인가?

〈활동 4-7〉 '인간의 삶에 변화는 필요한가? 왜 필요한가?'에 관해 자신의 견해를 정리한 글을 써 보자.

Flaming enthusiasm, backed up by a horse sense and persistence, is the quality that most frequently makes for success.
상식과 끈기로 보강되면, 타오르는 열정은 가장 빈번하게 성공을 이끌어 내는 자질이 된다.
—Dale Carnegie

2. 논술 모형과 배열

논술(문)의 힘은 논리의 힘이다. 그것은 논술문의 설득력이다. 그 설득력이 강할 수도 있고 약할 수도 있는 것은, 논리의 힘이 강할 수도 있고 약할 수도 있기 때문이다. 그러나 논술문의 논리적 힘은 언어적 추리의 힘을 말한다. 일상 언어를 사용하는 추리의 힘이 설득력을 갖게 되는 것을 말한다. 이것은 수학 언어를 사용하는 과학에서의 논리적 힘과 대비될 수 있는 것이다. 다만 수학적 언어는 수량화할 수 있는 대상 세계에만 적용될 수 있는 것이므로 일상 언어보다는 제한되어 있다. 따라서 수학의 논리도 일상 언어의 논리보다는 제한되어 있다. 수학의 논리는 수학의 언어가 갖는 제한성 때문에 오히려 더 강한 힘을 갖는다. 이는 더 철저할 수 있고, 더 체계적일 수 있다. 반면에 일상 언어의 논리는 일상 언어가 아무런 제한을 두지 않는 것처럼 모든 현상과 모든 체험에 적용될 수 있는 논리가 되어야 하므로 다양한 유형의 논리를 허용하게 되며, 그 논리적 힘에서도 강한 것과 약한 것의 차이가 다양할 수밖에 없다.

논술문은 이러한 일상 언어의 논리를 적용하여 논증하고 설명하고 예측하는 것이기 때문에 논술문의 설득력은 더 강할 수도 있고 더 약할 수도 있다. 그러나 중요한 것은 언어를 사용하여 논리적으로 논증하고 설명하고 예측한다는 사실이다. 논리의 힘을 바탕으로 하여 현상을 언어로 표현하는 것이 논술에서 중요하다. 그렇다면 논술은 준비부터 모형 짜기, 논술 짜기, 주장 표현하기에 이르기까지 의도적인 노력을 기울여 글쓰기의 기술에 바

요령부득(要領不得, 要: 종요로울 · 구할 요, 領: 옷깃 · 요소 령, 不: 아니 불, 得: 얻을 득)
사물의 중요한 부분을 잡을 수 없다는 뜻으로, 말이나 글의 요령을 잡을 수 없음을 이르는 말.

탕을 둔 논리의 힘을 발휘할 수 있도록 해야 한다.

1) 논술의 준비와 계획

글은 생각을 정리하여 쓰기 전에 더 많이 준비하고 계획할수록 더 빨리 쓰고 결과도 좋아진다. 준비에서 점검해 볼 내용은 해결해야 할 문제와 독자다.

- 내가 해결하고자 하는 문제는 무엇인가?
- 누가 읽을 것인가?

내가 중요하다고 생각하는 것을 독자는 전혀 중요하지 않다고 생각할 수 있다. 또한 내가 타당하다고 생각하는 논리와 근거를 독자는 전혀 타당하지 않다고 생각할 수도 있다는 점을 명심해야 한다. 그러므로 우리는 독자를 다음과 같은 관점에서 미리 생각해 보아야 한다.

- 독자가 알고 있다고 가정하는 것은 무엇인가?
- 독자가 알지 못한다고 가정하는 것은 무엇인가?
- 어떤 근거는 설명하고 어떤 근거는 설명하지 않는가?

독자를 파악하는 가장 좋은 방법은 그들과 직접 이야기하는 것이다. 실제로 전문가들은 이런 방법을 사용한다. 하지만 실제로 글을 읽는 사람과 가상 독자가 다른 경우가 많다. 그들이 무엇을 궁금해 하는지 쉽게 예상할 수 있지만, 그렇지 못한 경우에는 그들의 처지를 상상해야 한다. 이런 문제

Without continual growth and progress, such words as improvement, achievement, and success have no meaning.
지속적인 성장과 진보가 없다면 향상과 성취, 성공이라는 말은 아무런 의미도 갖지 못한다.
—Benjamin Franklin

를 해결하기 위해서는 다양한 자료를 활용하여 독자를 간접적으로 체험하는 것이 좋다.[5]

2) 논술 모형 만들기

논술(논증) 모형 만들기란 글 전체의 윤곽을 잡는 것을 말한다. 글을 쓰기 전에는 전체적인 윤곽을 잡아야 한다. 물론 체계적으로 번호를 매겨 가면서 세부적인 윤곽을 세워도 좋지만 완벽하게 만들 필요는 없다. 논증을 어떻게 풀어나갈 것인지 전체적인 윤곽만 대충 잡아도 된다. 자신에게 가장 잘 맞는 방식을 찾아봐야 한다. 윌리엄스와 콜럼은 다음과 같은 단순한 모형부터 복잡하게 전개되는 논술의 모형을 제시한다. 우리는 이러한 논술 모형(논증 모형)에 자신의 이유와 주장을 대입시켜 논증을 전개시켜 나갈 수 있다.[6]

(1) 주장과 이유

논증의 핵심은 주장과 이유다. 주장과 이를 뒷받침하는 이유만 있으면 가장 단순한 논증이 완성된다. 그렇다면 이 둘은 어떻게 다른가?

- **주장**(claim)은 이유로써 뒷받침하는 모든 진술이다. 주장은 주요 주장과 하위 주장, 실용 주장과 개념 주장, 가치 주장 등이 있다.
  - 주요 주장(main claim)은 전체 논증이 다루는 문제에 대한 해법을 진술하는 주장이다. 전체 논증의 주요 핵심이며 논증의 나머지 부분이 이 진술을 뒷받침한다(이를 '논제 (thesis)'라고도 한다).

우공이산(愚公移山, 愚: 어리석을 우, 公: 귀 공, 移: 옮길 이, 山: 메 산)
우공이 산을 옮긴다는 뜻으로, 어떤 큰 일이라도 끊임없이 노력하면 반드시 이루어짐의 비유.

– 하위 주장(subclaim)은 주요 주장이 아닌 모든 주장으로, 주요 주장 또는 다른 하위 주장을 뒷받침한다.
– 실용 주장은 '현 상황을 바꾸려면 무슨 일을 해야 하는가?'와 같은 실용 문제(pragmatic problems)를 다루는 주장으로 독자가 행동까지 해야 하는 영역을 포함한다.
– 개념 주장은 '이 쟁점에서 좀 더 잘 이해하려면 무엇을 알아야 하는가?'라는 개념 문제(conceptual problems)를 다루는 주장으로 독자가 이해하기만 하면 되는 영역을 포함한다.
– 가치 주장(values claims)은 어떤 것이 옳다/그르다, 좋다/나쁘다라고 판단하는 주장이다. 가치 주장은 실용 주장으로 사용될 수도 있고 개념 주장으로 사용될 수도 있다.

• 이유(reason)는 주장을 뒷받침하는 모든 진술이다. 따라서 주요 주장을 뒷받침하는 하위 주장은 물론, 하위 주장을 뒷받침하는 또 다른 하위 주장도 이유가 된다. 따라서 하위 주장과 이유는 같은 의미로 사용된다.

결국 어떤 진술이 주장인지 이유인지 판단하기 위해서는 그 진술이 어떤 목적으로 사용되는지 알아야 한다. 다음 두 논증을 비교해 보자.

• 폭력적인 오락물을 많이 보며 자란 아동은 폭력적인 어른이 될 확률이 높다(주장). 현실과 허구를 구분하는 능력을 서서히 잃기 때문이다(이유).
• TV 프로그램과 비디오 게임의 폭력성을 완화해야 한다(주장). 폭력적

Get a good idea and stay with it. Dog it, and stay with it until it's done right.
멋진 아이디어가 떠올랐다면 그것에 몰두하라. 멋지게 실현할 때까지 그것을 끈질기게 물고 늘어져라.

–Walt Disney

인 오락물을 많이 보며 자라는 아동은 폭력적인 어른이 될 확률이 높기 때문이다(이유).

앞에서는 주장으로 사용된 진술이 다음에서는 이유로 사용되고 있다. 이처럼 똑같은 진술이라도 맥락에 따라 주장이 되기도 하고 이유가 되기도 한다. 복잡한 논증의 경우에는 하나의 진술이 이유가 되기도 하면서 동시에 주장이 되는 경우도 있다. 논증을 펴 나갈 때에 주장은 이유가 뒷받침되어야 한다는 사실을 기억해야 한다.

이유 —— 따라서 → 주장

이 설명과 논술 모형에서 볼 수 있는 것처럼 모든 논증의 심장은 주요 주장이다. 주요 주장은 논증을 통해서 뒷받침하고자 하는 핵심이며 논증을 시작하는 이유가 되는 문제의 해법이므로, 그 주장이 사람의 관심을 가질 만큼의 깊은 생각이어야 한다. 논술에서 그 역할을 잘할 수 있는 주장인가를 판단해 볼 수 있도록 다음과 같은 질문을 해 보아야 한다.

- 개념 주장인지 실용 주장인지가 분명히 드러난 주장인가?
- 논쟁의 여지가 있는 주장인가?
- 잘못으로 판명될 수 있는 주장인가?
- 실행할 수 있고 윤리적(합법적/공정한/적절한)이고 세심한 해법을 가진 현실성 있는 주장인가?
- 개념적 요소가 풍부하게 담겨 있는 주장인가?
- 조건절(~때문에, ~라며, ~에 의해, ~하려고) 혹은 양보절(~하지만, ~

원교근공(遠交近攻, 遠: 멀 원, 交: 사귈 교, 近: 가까울 근, 攻: 칠 공)
먼 나라와 친교를 맺고 가까운 나라를 공략하는 정책.

인 반면에, ~일지라도, ~함에도, ~에 상관없이, ~에도 불구하고) 같은 것을 포함한 논리적 요소가 풍부한 주장인가?

- 범위가 적절하게 한정된 주장인가?[7)]

주장과 이유 두 요소에 특별한 순서가 있는 것은 아니다. 다음과 같이 바꿔 쓸 수도 있다. 다음 모형처럼 주장과 이유는 어떤 것이 먼저 나와도 상관이 없다. 하지만 그 둘 사이를 연결하는 전치사에 주의해야 한다.

주장 —— 왜냐하면 → 이유

이 모든 것을 종합하여 그림으로 표시하면 다음과 같다. 즉 주장과 이를 뒷받침하는 요소 사이의 관계를 [그림 4-1]과 같이 나타낼 수 있다.

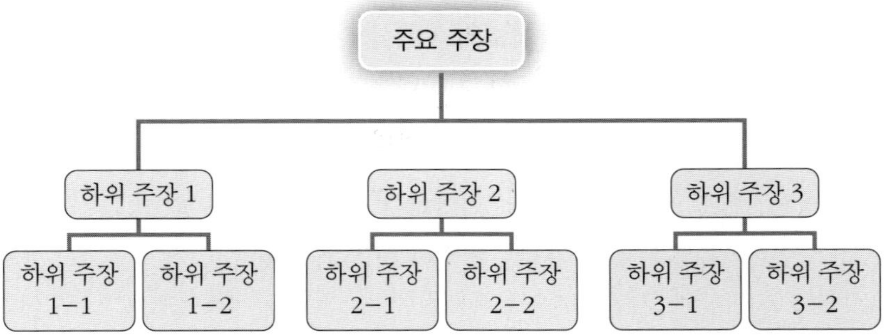

하위 주장 1은 주요 주장을 뒷받침하는 이유이자 하위 주장 1-1과 하위 주장 1-2가 뒷받침하는 주장이다. 하위 주장 1-1은 하위 주장 1을 뒷받침하는 이유이자 하위 주장 1-1-1과 하위 주장 1-1-2 등이 뒷받침하는 주장이다. 이처럼 이유와 하위 주장은 동일한 논증요소다.

[그림 4-1] 종합적인 논증 모형

> Let me tell you the secret that has led me to my goal, my strength lies solely in my tenacity.
> 내가 목표를 이루어 낸 비밀은 이것이다. 내가 가진 능력은 오로지 끈기뿐이다.
> —Louis Pasteur

종합적인 논증 모형에 나타난 주장을 내세울 때에 논증 목적을 달성하기 위해서 그 표현에 주의하는 것이 좋다. 다음과 같은 요소를 주장 표현에 반영하도록 권고한다.[8]

- 명시적이고 구체적인 언어를 사용한다. 이로써 이후 논증에서 전개해 나갈 중심 개념을 미리 알려 줄 수 있다.
- '~ 때문에' '~라면'과 같은 말로 인과 관계나 조건을 분명히 나타내거나, '~에도' '~하더라도'와 같은 말로 주장의 범위를 한정한다. 이로써 주장을 사려깊게 만들 수 있다. 이렇게 한정한 말 때문에 주장이 너무 길고 복잡해진다면 문장을 짧게 쪼개는 것이 좋다.
- 가능성, 빈도, 한정을 표시하는 단어를 지나치게 단정하는 주장을 제한해야 하는 세심한 노력이 필요하다.
  - 가능성

    '분명히, '절대로' '틀림없이'라는 용어보다는 '아마도' '대개' '대부분' '일반적으로' '~할 것이다' '~하는 경우가 많다' '~하는 경향이 있다'라는 표현이 바람직하다.

    '불가능한' '믿을 수 없는'이라는 표현 대신 '가능할 것 같지 않은' '있음 직하지 않은'이라는 표현이 더 효과적이다.
  - 빈도

    '항상' '언제나' '매번' '예외 없이'보다는 '대개' '보통' '대부분' '거의'라고 표현하는 것이 효과적이다.

    '절대' '한번도'보다는 '거의' '드물게'라고 표현한다.

원수불구근화(遠水不救近火, 遠: 멀 원, 水: 물 수, 不: 아니 불, 救: 구원할 구, 近: 가까울 근, 火: 불 화)
'먼 데 있는 물은 가까운 곳에서 난 불을 끄지 못한다'는 뜻으로, 먼 데 있으면 급할 때 아무 소용이 없다는 말.

– 한정

'모든'보다는 '많은' '대부분' '거의' '몇몇' '대다수'를 사용한다.

'아무도' '누구도' 대신에 '별로' '거의'라고 표현한다.

(2) 근거

논증은 대개 두 가지 방식으로 이루어진다.

- 근거를 바탕으로 하는 이유로 주장을 뒷받침한다 → 사실에 중점을 두는 논증이다.
- 전제를 바탕으로 하는 이유에서 주장을 끄집어낸다 → 원칙에 중점을 두는 논증이다.[9]

즉, 논증의 핵심 주장은 논리적으로 정당화하는 수단인 근거와 전제다. 이유와 근거를 혼동할 수도 있으나 그 둘은 전혀 다르다. 근거는 논증을 '사실'에 닻 내리도록 하는 요소다.

- 이유는 우리가 생각해 낸다.
- 근거는 우리가 생각해 내지 않는다. '바깥 세상'에서 끌어온 것이다. 독자가 직접 '눈으로' 볼 수 있는 것이다.

근거는 논증을 '사실'에 닻 내리도록 하는 요소이기 때문에 앞서 살펴본 논증의 핵심 구조에 근거를 넣어 보면 다음과 같다.

주장 — 왜냐하면 → 이유 — 바탕은 → 근거

Success is not final and failure is not fatal. It is the courage to continue that counts.
성공은 최종적인 게 아니며 실패는 치명적인 게 아니다. 중요한 것은 지속하고자 하는 용기다.
–Winston Churchill

근거의 질을 판단하는 원칙에는 다음의 네 가지가 있다.[10]

① 근거보고가 정확한가

가장 중요한 원칙이다. 하나라도 사실에서 어긋나면 논증 자체는 물론 논증을 하는 사람의 진실성도 독자는 의심하기 시작할 것이다.

② 근거보고가 구체적인가

오하이오 인구가 100만 명에서 1억 명 사이라는 말은 100% 정확하다. 하지만 이러한 진술은 어떠한 목적으로도 별로 쓸모가 없다. 구체적이라고 여겨지는 수준은 근거를 사용할 목적과 분야에 따라 달라진다. 물리학자들은 100만 분의 1초 동안 일어나는 입자의 변화를 측정하는 반면, 고생물학자들은 50만 년이라는 시간을 단위로 일어나는 종의 변화 기록도 적절한 것으로 받아들인다.

③ 근거보고에 대표성이 있는가

이 역시 문제의 종류에 따라 달라진다. 새로운 화학물질을 연구한다면 적은 수의 표본만으로도 일반화할 수 있지만, 복지 정책에 대한 사람의 인식을 조사한다면 거대한 표본 집단을 조사해야 한다. 화학물질은 여러 번 조사를 해도 거의, 또는 전혀 달라지지 않지만 사람은 제각각 다양하기 때문이다. 오늘날 일반화할 수 있는 표본 집단의 규모는 통계 방법에 따라 달라지지만, 기본 원칙은 교육을 받은 사람이라면 누구나 이해할 수 있어야 한다는 것이다.

은감불원(殷鑑不遠. 殷: 은나라 은, 鑑: 거울 감, 不: 아니 불, 遠: 멀 원)
은(殷)나라 왕이 거울로 삼아야 할 멸망의 선례는 먼 데 있지 않다는 뜻으로, 남의 실패를 자신의 거울로 삼으라는 말.

④ 근거보고가 신뢰할 수 있는 출처에서 나왔는가

- **현재성**: 가장 최근 자료인가
- **명성**: 독자는 평판이 좋고, 신뢰할 수 있으며, 인지도 있는 사람이 제시하는 근거를 더 쉽게 받아들인다.
- **공정성**: 아무리 전문적인 연구결과라 하더라도 연구자의 이익을 좇아 그 결과를 왜곡하지 않았다고 확신할 수 있는가?
- **자료의 수준**: 일반적인 원칙을 말하자면 근거는 언제나 '근거자'에 최대한 가까워야 한다. 근거 자체에 가장 가까운 것은 1차 출처다. 텍스트를 연구한다면 1차 출처는 원본, 편지, 일기와 같은 것이 될 것이다. 물리적 현상을 연구한다면 1차 출처는 '근거 자체'를 관찰하고 수집한 사람이 직접 기록한 메모나 보고서가 된다. 문헌을 근거로 사용한다면 명망 있는 출판사에서 나온 최신판본이 1차 출처가 되고, 물리학 실험 결과를 근거로 사용한다면 논문 원전이 1차 출처가 된다.[11)]

근거는 다음 중 가장 신뢰할 수 있는 방식으로만 진술해야 한다.[12)]

- 기억은 어떠한 경우에도 믿을 수 없다. 우리 마음은 사건을 이야기 구조로 만들기 때문이다. 우리가 진실이라고 믿거나 진실이기를 바라는 것에 영향을 받기 때문에 기억은 반드시 다른 근거로 뒷받침해야 한다.
- 에피소드는 기억보다 더 믿을 수 없다. 기억을 더 다듬은 이야기 구조이기 때문이다. 에피소드는 상황을 직접 보여 주는 좋은 수단이 될 수 있지만 절대 최선의 근거는 될 수 없다.
- 권위자의 보고는 권위자가 직접 말하는 경우에만 근거가 된다. 권위자

Be courageous! Have Faith! Go forward!
용기를 가져라! 신념을 지녀라! 앞으로 나아가라!

–Thomas Edison

의 말을 이유로 인용하는 것과 근거로 제시하는 것을 구분하라.

- 사진, 영상, 녹음은 절대 객관적이지 않다. 전혀 꾸미지 않았다 하더라도 이들이 재현하는 것은 실제 그 사건의 한 단면을 보여 줄 뿐이다.
- 수량 자료는 다양한 형식으로 보여 줄 수 있다. 각각의 형식마다 수사학적인 효과가 달라진다.

그렇다면, 근거를 가장 쉽게 찾을 수 있는 곳은 어디인가?[13]

- 도서관: 대학도서관을 비롯하여 어느 정도 규모가 되는 도서관이라면 웬만한 정보는 다 찾을 수 있다. 하지만 정보를 찾는 법을 제대로 알아두어야 한다. 사서에게 도움을 요청하면 정성껏 도와줄 것이다. 한두 시간 투자하여 분야마다 자료 찾는 법을 배워 두면 나중에 그만큼 시간을 절약할 수 있다.
- 인터넷: 인터넷이 정보의 중요한 원천이긴 하지만, 아직까지는 '사서 없는 도서관'처럼 검증되지 않은 자료들까지 뒤섞여 있다. 인터넷에는 정보의 질을 걸러내는 문지기가 없다. 물론 믿을 만한 정보도 많지만 그렇지 않은 정보도 많다. 그러므로 인터넷상의 정보는 늘 의심해야 한다. 적어도 그 사이트에 담긴 정보 뒤에 누가 서 있는지는 알아야 한다. 도서관처럼 정보의 질을 통제할 수 있는 장치가 개발되기 전까지는, 인터넷은 다음 목적으로만 조심해서 사용해야 한다.
  - 도서관에 어떤 자료가 있는지 알아내는 데 사용한다. 책이나 자료에 대한 정보는 물론, 짧은 논문이나 논문 요약본 같은 경우에는 전문이 웹사이트에 올라 있기도 하다.

읍참마속(泣斬馬謖, 泣: 울 읍, 斬: 벨 참, 馬: 말 마, 謖: 일어날 속)
울면서 마속을 벤다는 뜻. 곧, ① 법의 공정을 지키기 위해 사사로운 정(情)을 버림의 비유. ② 큰 목적을 위해 자기가 아끼는 사람을 가차 없이 버림의 비유.

- 공적인 자료를 얻는 데 사용한다. 주요 신문과 잡지는 대부분 최근 기사나 칼럼을 인터넷에 요약해서 올리거나 전문을 통째로 올려놓기도 한다. 인쇄하여 볼 수도 있다.
- 아주 최근 정보는 도서관에서 찾기 힘들다. 정부 보고서들은 대부분 인터넷에 먼저 공개하고 난 다음에 인쇄되어 나온다.
- 책이나 잡지 중에, 인쇄본에 싣지 못한 정보나 보완하는 정보를 인터넷으로 제공하는 경우도 있다. 글쓴이와 대화하고 토론할 수 있는 공간을 인터넷에 열어 두기도 한다.
- 도서관에서 찾을 수 없는 정보는 인터넷에서 찾을 수 있다. 예를 들면, 스틸팬(Steelpan) 음악에 관한 책은 아직 많지 않다. 하지만 인터넷에서 스틸팬 밴드 웹사이트를 찾아다니면서 다양한 정보를 얻을 수 있다.

• **사람**: 글로는 해결할 수 없는, 사람의 직접적인 도움이 필요할 때도 있다. 사람을 정보의 원천으로 활용하고자 할 때는 서로 시간을 낭비하지 않게끔 주의 깊게 계획해야 한다.

- 질문을 충분히 준비하고 나서 인터뷰 계획을 잡아라. 질문을 준비해 두면 시간을 절약할 수 있다. 그러나 대본처럼 질문을 읽어서는 안 된다.
- 정보를 제공한 사람의 신상명세를 정확하게 기록하라. 이름 표기가 틀리면 안 된다. 인터뷰한 장소와 시간도 정확하게 기록하라.
- 가능하다면 인터뷰를 녹음하라. 녹음을 하지 못하면, 상대방이 말하는 방식이나 어휘 선택까지 그대로 기록하려고 노력하라.

Courage changes things for the better.
용기는 상황을 나은 쪽으로 변화시킨다.

–Earl Nightingale

– 녹음한 것을 글로 옮길 때는 '음…' '저…'와 같은 것들만 지우고 다른 것은 하나도 바꾸지 마라.

• **직접 관찰**: 질문 중에는 현장 관찰이나 통제 실험을 통해서만 해답을 얻을 수 있는 것들이 많다. 이러한 관찰이나 실험은 오랜 훈련을 거쳐야만 할 수 있다. 물론, 글쓰기 수업에서 이런 관찰 실험 방법까지 가르칠 수는 없다. 하지만 이러한 과정을 거쳐야만 풀 수 있는 문제는 충분히 떠올릴 수 있다. 예를 들어, '학과마다 교수들은 과제물을 어떻게 채점하는가?' '학교 앞 술집 중에 유난히 폭음을 유도하는 곳은 어디인가?'와 같은 문제에 답을 하기 위해서는 직접 관찰해야 한다.

– 관찰을 시작하기 전에 관찰 장소와 날짜, 그 밖의 중요한 상황을 자세하게 기록하라. 관찰자의 위치가 중요하다면 지도도 그린다.

– 숫자를 기록한다면 관찰을 시작하기 전에 기록표나 차트를 미리 만들어 놓고 자료를 기입한다. 정확하게 기록하고, 잊어버리기 전에 곧바로 기록하라.

– 논증을 할 때는 '기록'이 뒷받침하는 데이터만 사용한다. 기록했어야 하는데 하지 못했다고 해서 억지로 기억해 낸 것을 사용하면 안 된다. 또한 독자에게 어떻게 자료를 수집했는지 반드시 말해야 한다. 자료가 주장을 오히려 의심스럽게 만든다면, 그런 것까지 글에서 밝혀야 한다.

• **표본조사**: 근거를 효율적으로 찾기 위해 표본조사를 하라. 아무리 해도 나오지 않을 근거를 찾기 위해 정보 원천을 파고드는 것은 시간낭비일 뿐이다. 근거를 찾기 전에 정보 원천의 가치를 판단하기 위한 표

호연지기(浩然之氣, 浩: 넓을 호, 然: 그럴 연, 之: 갈 지(…의), 氣: 기운 기)
① 하늘과 땅 사이에 가득 찬 넓고도 큰 원기. ② 도의에 뿌리를 박고 공명 정대하여 조금도 부끄러울 바 없는 도덕적 용기. ③ 사물에서 해방되어 자유롭고 즐거운 마음.

본조사를 한다. 사람을 대상으로 조사할 때는 자신의 질문을 미리 테스트해 보거나 소규모 표본 집단을 대상으로 어떤 대답을 하는지 물어본다. 책이나 논문에서 정보를 찾을 경우, 서론과 요약 부분을 훑어보고 자신이 찾는 내용이 나올 만한지 미리 살펴보라. 직접관찰의 경우에는 어떤 정보를 얻을 수 있을지 미리 방문하여 살펴보라.

- **전체**: 평가 근거가 어느 정도 쌓이면 전체적으로 평가하라. 자료가 모이고, 책을 하나 둘 읽고, 계속해서 기록이 쌓이면서, 이런 정보가 자신이 뒷받침하고자 하는 주장과 별로 상관없다는 것을 뒤늦게 깨닫는 경우가 있다. 따라서 주기적으로 자신이 수집한 정보의 가치를 따져보는 시간을 가져야 한다. 그렇지 않으면 기나긴 정보수집 과정을 모두 마치고 나서 아무런 근거도 건지지 못하는 불행한 사태가 벌어질 수도 있다. 결국 논증에서 제시하는 근거가 매우 빈약해질 것이다.

(3) 전제

어떠한 논증이든 타당성을 확보하기 위해서는 튼튼한 '두 개의 닻'이 있어야 한다. 하나는 앞에서 본 타당한 근거이고, 또 하나는 앞으로 살펴볼 타당한 전제다. 이유가 타당한 근거로 뒷받침한다는 것을 인정한다 해도 여전히 그 이유가 주장을 뒷받침한다는 것은 인정하지 않을 수 있다. 이유가 그럴 듯해도 주장과 무슨 연관이 있는지 알지 못하기 때문에 이유로 여겨지지 않는 것이다. 그럴 때는 이유와 주장을 이어 주는 원칙, 즉 '전제'를 진술해야 한다. 다음의 예를 보자.

One can choose to go back toward safety or forward toward growth. Growth must be chosen again and again, fear must be overcome again and again.
안전함으로 후퇴할 것이냐 발전을 향해 전진할 것이냐는 당신의 선택이다. 끊임없이 발전을 선택하고, 끊임없이 두려움을 이겨내라. —Abraham Maslow

> 가장 뛰어난 교수진에게 1학년을 가르치도록 한다면 분명 교육적인 사명을 최우선으로 하는 학교라고 할 수 있을 것이다(전제). 우리는 최고의 연구자들에게 1학년 학부생들을 가르치도록 함으로써(이유) 학부생 교육을 최우선으로 하는 데 모든 노력을 기울여 왔다(주장). 최근 노벨물리학상을 탄 키나한 교수도 지금 물리학 개론을 가르치고 있다(근거).

전제는 주장과 이유를 이어주는 요소로서 도표에 다음과 같이 그려 넣을 수 있다.

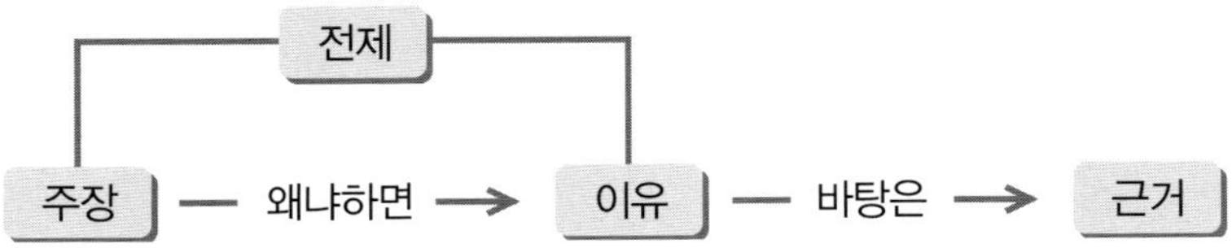

연결 역할을 하는 전제를 활용하려면 다음 네 가지 질문에 적합한 경우여야 한다.[14)]

- 내가 말하고자 하는 전제를 독자도 알고 있는가?
- 전제를 진술했을 때, 독자는 진실이라고 생각할까?
- 전제를 진실이라고 생각한다면, 독자는 그 전제가 이유와 주장에 들어맞는다고 생각할까?
- 전제를 적용할 수 있다고 생각한다면, 독자는 그 전제가 자신의 집단 문화와 어울린다고 생각할까?

인생조로(人生朝露, 人: 사람 인, 生: 날 · 살 생, 朝: 아침 조, 露: 이슬 로)
인생은 아침이슬과 같이 덧없다는 말.

(4) 반론 수용과 반박

논증 모형 만들기에서 마지막으로 고려해야 할 내용은 반론 수용과 반박이다. 독자는 글쓴이와 의견이 다를 확률이 높다. 그렇다면 독자의 다른 반응인 반론을 예측하고 적절하게 대응할 수 있는 모형을 만들어야 한다. 즉, 반론의 수용과 반박은 논증 전체에 대해 이야기하는 요소다.

스스로 떠올린 반대 의견이나 의문을 수용하고 반박할 때 효과적으로 사용할 수 있는 형식이 있다.

- '물론' '그럴 듯해 보이는' '~라고 주장하는 이들이 있다'와 같은 말로 반론을 진술한다.
- '하지만' '그러나' '반대로'와 같은 말 다음에 반박을 제시한다.

이러한 형식을 활용하여 반대의견을 수용하고 이유, 근거, 전제를 동원하여 반박을 뒷받침하는 것은 논증을 탄탄히 하는 기회가 된다. 반론 수용과 반박을 고려한 [그림 4-2]는 최종적인 논증 모형 만들기 단계다.

논증 모형 만들기는 일상적인 대화에서 사용되는 다섯 가지 질문으로 이루어진다.

- 주장은 무엇인가?
- 주장을 믿을 만한 이유는 무엇인가?
- 이유를 뒷받침하는 근거는 무엇인가?
- 이유와 주장을 연결시켜 주는 원칙(전제)은 무엇인가?
- '그러면 ~인 경우(반박)' 에는 어떻게 할 것인가?

Each day we must strive for constant and never ending improvement.
날마다 우리는 지속적이고 끊임없는 향상을 위해 노력해야 한다.
—Anthony Robbins

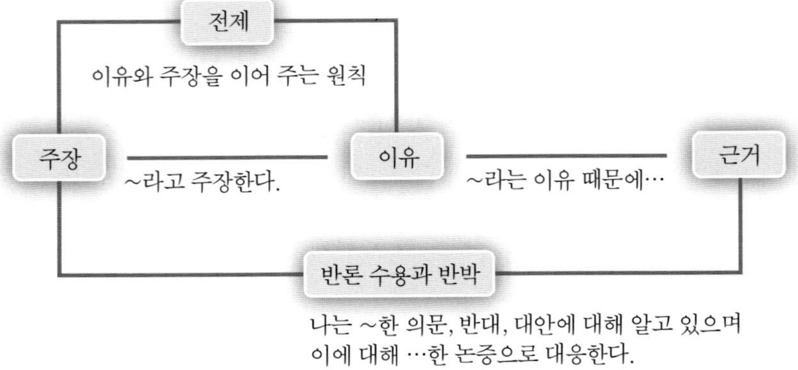

[그림 4-2] 최종적인 논증 모형

논증은 흔들리지 않도록 두 개의 닻을 내려야 한다. 그 닻 중 하나는 바로 근거이며, 필요하다면 전제에도 닻을 내려야 한다. 하지만 독자가 그러한 요소를 받아들이지 않는다면 논증은 성공할 수 없다. 근거는 명확하게 제시해야 한다. 독자와 가정을 공유한다면 전제에 대해 굳이 이야기할 필요는 없다. 하지만 논쟁적인 주제를 다룰 때에는 전제에 대해 진술해야 한다. 우리가 알아야 할 점은 실제 독자의 생각은 우리가 생각하는 것과 상당히 다르다는 것이다. 그래서 생각하는 것보다 훨씬 더 명확하게 이야기하는 것이 현명한 전략이다.[15)]

3) 논술 배열

논증글에서 논증 요소를 배치하는 순서는 여러 가지가 있을 수 있다. 우

호접지몽(胡蝶之夢, 胡: 오랑캐 · 어찌 호, 蝶: 나비 접, 之: 갈 지(…의), 夢: 꿈 몽)
나비가 된 꿈이란 뜻. 곧, ① 물아 일체(物我一體)의 경지. 물아의 구별을 잊음의 비유. ② 만물일체(萬物一體)의 심경. ③ 인생의 덧없음의 비유. ④ 꿈.

선 논술문의 기본 배열법인 [서론]–[본론]–[결론] 구조를 이해한 후에 아리스토텔레스식의 4단 배열법과 퀸틸리아누스의 5단 배열법의 이해로 우리의 이해를 확대해 보자.

(1) 기본 배열법: [서론]–[본론]–[결론]

논술에 배치하는 논증 요소의 순서는 [주장+이유+근거]다. 주장에 무게가 있을 때는 이유가 많이 필요하기 때문에 [이유+근거]를 필요한 만큼 덧붙인다. 문제와 그 해법을 진술하는 서론과 그 주장을 다시 한 번 풀어쓰는 결론 사이에 이들을 끼워 넣는 배치 형식이다. 단순화한 논증 계획의 구조는 [그림 4–3]과 같다.

① 서론

논술 전체에 대한 인상은 처음 읽는 서론 부분에 의해 결정된다. 논설이 훨씬 잘 이해되고 더 관심을 기울일 수 있게 하기 위해서는 서론에서 문제와 그에 대한 해법 진술이 명확해야 한다. 그래서 서론은 도입부, 공감대,

서론	문제해결/주장
본론	전제 이유1+근거1 이유2+근거2 ⋮ 반론과 반박
결론	문제+해결/주장의 재진술

[그림 4–3] 단순화한 논증 계획 구조

Never stop learning. If you learn one new thing everyday, you will overcome 99% of your competition.
배움을 멈추지 말라. 날마다 한 가지씩 새로운 것을 배우면 경쟁자의 99%를 극복하게 된다.
–Joe Carlozo

문제, 해법의 핵심 네 요소로 구성된다.

도입부 재미있는 에피소드, 놀라운 사실, 인용으로 글의 첫머리를 시작하여 독자의 주목을 끄는 전략 부분이다. 해법이 필요한 문제만 제시해도 충분히 관심을 끌 수 있지만, 글의 첫머리에서 문제와 관련한 핵심 개념을 더 분명하게 드러낸다면 크게 도움이 된다. 자연과학, 사회과학 분야의 글쓰기에서는 잘 쓰지 않지만 인문학에서는 많이 쓴다. 반면에 일반 대중을 위한 글쓰기에서는 거의 모두 도입부가 나온다. 논증이 추구하는 핵심 주제를 소개할 때, 특히 명백하고 구체적인 사례를 통해 문제를 재현해서 보여 주고자 할 때 도입부는 매우 큰 효과를 발휘한다.

공감대 독자가 문제를 심각하게 받아들이도록 만드는 글의 맨 처음을 장식하는 장치다. 이것은 곧바로 뒤집기 위해 진술하는 것이다. 실용 문제에서는 독자가 동의할 수 있는 공감대를 제시하고 나서 우리는 '무언가 변했다'고 진술함으로써 이를 뒤집는다. 진술을 뒤집을 때는 '하지만' '그러나'와 같이 앞에서 말한 것을 뒤집거나 한정하는 말을 이용하여 현 상태를 불안하게 만든다. 실용 문제에서는 '독자가 쉽게 받아들일 수 있으면서 글쓴이가 바로 뒤집을 수 있는 것'이면 무엇이든 공감대로 쓸 수 있다. 개념 문제에서는 대개의 사람이 옳다고 믿는 지식이 완전하지 못하거나 잘못되었다고 진술함으로써 공감대를 만들어 낸다.

문제 모든 서론의 핵심인 문제를 진술하는 부분이다. 문제를 정확하게 진술하려면 문제의 불안정한 조건과 이에 따른 실질적인 손실이나 지적인 결과를 정확하게 진술해야 한다. 따라서 문제는 불안정한 조건과 그 조건

일망타진(一網打盡, 一: 한 일, 網: 그물 망, 打: 칠 타, 盡: 다할 진)
한 번 그물을 쳐서 물고기를 다 잡는다는 뜻. 곧, 범인들이나 어떤 무리를 한꺼번에 모조리 잡는다는 말.

에서 기인한 손실이나 결과 두 부분으로 구성된다. 이러한 같은 구조지만 문제의 종류에 따라서 그 구조에 들어가는 내용은 다르다.

실용 문제의 경우에는 불안정한 조건은 손실이 나타나는 모든 상황, 조건, 사건이 될 수 있다. 손실은 '~그래서 어쨌다고?'라는 질문에 대답하는 내용이다. 이 대답은 언제나 불행, 고통, 우울, 손해와 같은 형태로 나타난다. 글쓴이는 물론 독자들도 피하고 싶어하는 것이다.

개념 문제의 경우에는 불안정 조건은 언제나 지식의 어떤 틈새나 이해의 부족이다. 그 틈새의 결과가 '그래서 어쨌다고?'라는 질문의 해답이다. 그 해답은 언제나 또 다른 지식의 틈새나 이해의 부족으로 나타난다. 하지만 이는 처음 질문에서 자연스럽게 이어지는 결과이며 처음 질문보다 훨씬 중요한 내용이다.

해법 핵심 문제가 나오면 독자들은 대개 그에 대한 해법이 무엇인지 간단하게나마 알고 싶어 한다. 따라서 서론 끝부분에는 반드시 해법의 요점이 나와야 한다. 실용 문제의 해법은 어떤 행동을 하도록 호소하거나 암시하는 것이고 개념 문제의 해법은 어떤 질문에 대한 대답이다. 즉, 나머지 논증에서 해법에 도달하는 데 사용할 몇몇 핵심 개념을 소개하는 최소한의 문장이다.[16)]

서론의 구조를 간단하게 세 구조로 설명하는 경우도 있다.[17)] 서론은 대개 탐구해야 할 물음이나 문제를 제기하고 그 문제가 야기되는 배경을 소개하며 해결책을 제시하는 글의 시작 부분이다. 그래서 서론은 배경 → 문제 → 해결책의 구조로 이루어진다. 이 중 배경과 관련해서는 독자의 주의

He who conquers others is strong. He who conquers himself is mighty.
다른 사람들을 정복하는 사람은 강한 자다. 자기 자신을 정복하는 사람은 위대한 자다.
-Lao Tzu

〈표 4-1〉 문제 유형에 따른 서론 구조

논증 유형	서 론
개념 문제/문제 제기 논증 (problem-posing argument) 문제가 존재한다는 것을 보여주기 위한 논증	도입부+공감대+문제(불안정 조건+주장)
실용 문제/문제해결 논증 (problem-solving argument) 문제를 해결하기 위한 논증	도입부+공감대+문제(불안정 조건+손실)+해법 주장

를 끌 만한 요소들을 제시하는 것이 좋다. 그런 요소들로는 개인이나 집단의 일화, 적절한 인용, 놀랄 만한 통계나 기술, 일반적으로 알려지거나 승인되는 진술이 아닌 대담한 진술 등이 제시된다. 그 다음에 핵심 문제가 제시되고, 이 핵심 문제에 대한 답이나 해결책을 표현하는데 이것을 논제(thesis statement)라고 한다.

② 본론

논술의 본론은 논제의 주장을 뒷받침함으로써 서론에서 제기한 핵심 물음에 구체적으로 답하는 중간 부분이다. 논제가 어떤 주장에 대한 범주들을 제공한다면 본론은 개별 문단을 통해 각각의 범주에 대해 논의를 하는 영역이다. 각 문단에서 각 범주의 신호임을 나타내면서 그 문단의 핵심 관심사를 가리키는 문장을 제시하면 유용하다. 그 문장을 주제문(topic sentence)이라고 한다. 주제문은 무엇보다도 독자에게 글의 조직이나 구성을 명료하게 이해하게 해준다. 그리고 필자의 입장에서도 그 문단의 주제, 즉

화룡점정(畵龍點睛, 畵: 그림 화, 龍: 용 룡, 點: 점 찍을 점, 睛: 눈동자 정)
용을 그리는데 눈동자도 그려 넣는다는 뜻. 곧, ① 사물의 가장 중요한 부분을 완성시킴. 끝손질을 함. ② 사소한 것으로 전체가 돋보이고 활기를 띠며 살아남의 비유.

하위 범주에 머무르게 하는 데 도움이 된다. 주제문이 없으면 필자는 주제를 잃어버리고 헤매기 쉬우며 그래서 독자를 혼란스럽게 한다. 혼란에 빠진 독자는 필자가 말하는 것을 이해하지도 못하고 납득도 못할 것이다.

각 문단에서 주제문 외의 문장들은 대체로 주제문을 뒷받침하는 문장들이다. 즉 주제문의 내용을 설명하거나 주제문의 근거 내지 이유로 작용하는 문장이다. 이런 문장들을 뒷받침문장(supporting sentence)이라 한다. 따라서 각 문단들은 주제문과 뒷받침문장들로 이루어진다. 이런 주제문과 뒷받침문장들은 서로 결합해 논증을 이룬다. 논증이란 전제와 결론으로 이루어진 진술들의 집단이다. 그래서 주제문이 결론이라면 뒷받침문장들은 그 결론에 대한 근거나 이유 역할을 하는 전제들이다. 즉, 논설문에서 본론의 각 문단들은 전제와 결론으로 이루어진 논증이라는 것이다.

③ 결론

결론은 논술의 전체 내용을 정리하는 부분이다. 그러므로 서론을 활용하여 논제를 재진술하고 쟁점이나 함의나 귀결을 진술하면서 행동 방침을 요구하는 내용을 적은 논술의 마지막 부분이다. 논제의 재진술은 가능한 한 가장 간단한 형태로 하면 된다. 서론을 활용하여 결론을 다음과 같이 정리할 수 있다.

- 주요 주장의 핵심을 진술(또는 재진술)함으로써 결론을 시작한다(서론에서 주요 주장을 쓰지 않았을 때는 여기서 처음 진술한다).
- '그래서 어쨌다고?'라는 질문에 가능한 한 새로운 방식으로 대답함으로써 이 문제가 왜 중요한지 설명한다.

> There is nothing training cannot do. Nothing is above its reach.
> 훈련으로 이룰 수 없는 것은 없다. 훈련이 도달할 수 있는 범위를 넘어서 존재하는 것도 없다.
> −Mark Twain

- 앞으로 풀어야 할 또 다른 질문이나 문제들, 아직 밝혀지지 않은 문제를 진술하라. 어떤 점을 덧붙여야 하는지 자신의 논증이 어떤 부분에서 불완전한지 덧붙인다.
- 도입부에서 던졌던 에피소드, 사실, 인용을 다시 언급하며 글을 마친다. 이것을 종결부라고 한다.[18)]

(2) 아리스토텔레스식의 4단 배열법: [머리말] – [진술부] – [논증부] – [맺음말]

논술문의 기본 배열법은 [서론]–[본론]–[결론]이다. 그러나 이런 배치가 분량이 많은 논술문을 써야 할 때 큰 도움이 되지 않는 경우도 있다. 그럴 때는 좀 더 구체적이고 세분된 배열법이 필요하다. 아리스토텔레스는 『수사학』에서 [머리말]–[진술부]–[논증부]–[맺음말]의 4단으로 구성된 배열법을 권했다.[19)]

아리스토텔레스가 고안한 배열법의 기본 원칙은 [머리말]과 [맺음말]에서는 '감동시키기(animos impellere)'에 주력하고, [진술부]와 [논증부]에서는 '설득하기(rem docere)'에 중점을 두라는 것이다. 여기에 수사학과 논리학에 양다리를 걸친 수사학적 논증의 특징이 잘 나타난다. 주목할 것은 단락마다 오늘날 전문가들이 내세우는 논술문을 쓰는 요령이 모두 들어 있다는 것이다.

① 머리말

아리스토텔레스는 머리말(exorde)에서 '유혹하기(capatio benevolentiae)'를 다른 무엇보다 강조한다. 이것은 오늘날 논술 전문가들의 격언인

전전긍긍(戰戰兢兢, 戰: 무서워 떨 · 싸움할 전, 兢: 조심할 긍)
두려워서 벌벌 떨며 조심하는 모양.

'서두에서 관심을 촉발해라.'나 '논술문의 성패는 서두 부분의 세 문장에 있다.'와 일치한다. 그런데 아리스토텔레스는 유혹이 짧아야 한다는 것도 함께 강조했다. 유혹은 짧을수록 강렬하다. 질질 끄는 유혹에는 폭발력이 없다. 미국의 소설가 헤밍웨이(Hemingway)가 '첫 문장을 짧고 힘 있게!'라고 충고한 것도 함께 기억하자. 짧으면서도 매혹적인 머리말(서론)을 시작하는 몇 가지 요령이 있다.

격언, 속담, 고사성어 또는 예화로 시작하는 방법 "'열 길 물 속은 알아도 한 길 사람 속은 모른다.'라는 속담이 있다. 그런데 요즈음 정국을 살펴보면 이 말이 실감이 난다." 또는 "『삼국지』에 보면 '계륵(鷄肋)'이라는 말이 나온다. 먹을 수도, 버릴 수도 없을 때 하는 말이다. 요즈음 자유무역협정(FTA)이 바로 이 말을 떠올리게 한다."는 각각 속담과 고사성어로 시작한 예다. "루이스 캐럴의 동화 『이상한 나라 앨리스』의 속편인 『거울나라의 앨리스』에는 붉은 여왕이라는 체스 말이 나온다. 붉은 여왕은 앨리스에게 '제자리에 있고 싶으면 죽어라 하고 뛰어야 한다.'라고 말한다. 여기에서 생물학의 '붉은 여왕 효과(red queen effect)'라는 용어가 나왔다. 생물뿐이 아니다. 요즈음은 기업이나 국가도 마찬가지다."라는 사설은 예화[20]로 시작한 예다.

관심화제로 시작하는 방법 '북한의 식량난이 극에 달했다고 한다. 하지만 그것이 어디 북한만의 문제던가.' 이것은 세계 식량 위기에 대한 사설의 머리말이다. '최근 프랑스 파리 외곽 도시에서 발생하여 200개 도시로 번진 인종소요 사태는 다민족 국가가 해결해야 할 문제가 무엇인지를 보여

> The world makes way for a man who knows where he is going.
> 세상은 자기가 어디로 가고 있는지 아는 사람에게 길을 만들어 준다.
> –Ralph Waldo Emerson

준다.' 이 문장은 점차 다민족 국가가 되어 가는 우리나라의 문제점을 다룬 논술문의 머리말이다. 모두 최근 관심을 모으는 화제로 시작하고 있다.

개념 정의로 시작하는 방법 난해하거나 새로운 논제에 대해서는 '배아줄기세포란…'이나 '문화전쟁이란…' 또는 'UCC(user-created-contents)란…'같이 단도직입적으로 관련된 주요 개념을 정의하면서 시작하는 방법이다. 특히 짧은 분량의 논술문에 유용하다.

질문으로 시작하는 방법 '분단된 땅에선 자유도 없다던가?'라는 국가보안법 피해에 관한 사설처럼, 논제에 연관된 질문으로 시작할 수도 있다. 사람은 보통 대화체의 글에서 친근감을 느끼는데, 질문은 대화와 같은 효과를 낳는다.

② 진술부

다음은 '진술부(narratio)'다. 진술은 논제(propositio)나 논제와 관련된 사실에 대한 이야기다. 따라서 진술부는 논증을 준비하는 단계라 할 수 있다. 예를 들어, '소크라테스는 젊은이들을 타락시키고 새로운 미신을 주입한다고 고발되었다.'와 같이 논란이 되는 문제를 언급하는 것이다. 여기서 아리스토텔레스가 강조한 것은, 미사여구를 빼고 사실적으로 언급해야 하며 다음에 오는 논증부와 연결성이 강해야 한다는 것이다. 오늘날 논술에서는 이러한 논제 제시를 보통 서론에 포함하는데, 이 부분과 본론의 연관성이 강조되기는 마찬가지다.

전화위복(轉禍爲福, 轉: 구를 전, 禍: 재화 화, 爲: 할 · 위할 위, 福: 복 복)
① 화(禍)를 바꾸어 오히려 복(福)이 되게 함. ② 화가 바뀌어 오히려 복이 됨.

③ 논증부

'논증부(confirmatio)'에서는 논제에 대한 자신의 견해, 곧 주제를 내세우는 일과 적절한 논거를 제시함으로써 그것을 증명하는 일을 한다. 예를 들어 이것을 설명하자면, 소크라테스가 당한 고발이 부당(또는 합당)하다는 자기의 주장을 내세우고 그 근거들을 제시하는 것이다. 여기서 중요한 것은 논증이 설득력을 높이는 것이다.

설득력이 높은 논거는 다음과 같은 자료들이다.

역사적 사실, 객관적 사실 자유무역협정(FTA)을 찬성하는 글에는 19세기 중엽 일본보다 불과 20년 늦게 문호를 개방하여 결국에는 그들의 식민지가 되었던 역사적 사실을 예로 들면 논거가 된다. 또 '일본 대중문화가 밀려 오고 있다.'라는 주장에는 일본 소설, 만화, 가요, 드라마 등이 우리 문화 시장을 점령해 가는 객관적 사실 제시가 논거가 된다.

정설로 인정된 학설 동물에게도 언어 능력이 있다는 이론은 인정된 학설이다. 따라서 필요에 따라 논거로 사용할 수 있다. 그러나 같은 학설이라도 조심해야 할 것이 있다. 예를 들면, 인간은 유전자의 '꼴사나운 로봇'에 불과하다는 유전자 결정론은 논란의 여지가 남아 있는 학설이다. 따라서 이런 학설을 근거로 들어 어떤 주장을 하면 설득력이 오히려 떨어질 수 있다.

통계 자료 각종 통계 자료는 숫자로 표시되어 이해가 쉽고 객관적이며 구체적이어서 좋은 논거가 된다. '한국인의 평균 수명이 길어졌다. 1920년엔 불과 34세였는데 2005년에는 78세를 넘어섰다.' 또는 '한국은 이미 다민족 국가다. 통계청은 〈2006년 혼인 통계〉에서 농림 · 어업 종사 남성

All leaders are readers.
모든 지도자는 독서광이다.

-Jim Rohn

8596명의 41%(3525명)가 외국 여성과 결혼했다고 밝혔다.'라는 식으로 통계 자료가 뒷받침하는 주장은 설득력이 크다.

④ 맺음말

'맺음말(peroratio)'에서는 재론하기와 요약하기를 강조한다. 이것 역시 오늘날 권장되는 것과 크게 다르지 않다. 그러나 여기서 주의해야 할 것은 앞에서 이미 언급한 내용을 그대로 반복해서는 안 된다는 것이다. 재론과 요약은 반복이 아니다. 예를 들면, 주제를 대변하는 속담이나 격언을 인용하는 것처럼 다른 표현 방법으로 다시 한 번 강조하고 마무리하는 것이 방법이다.

(3) 퀸틸리아누스의 배열법: [머리말]–[진술부]–[반론부]–[논증부]–[맺음말]

아리스토텔레스의 『수사학』에 소개된 4단 배열법은 세월이 흐르면서 다양한 형식으로 발전했다. 그중 눈에 띄는 것은 논증부 안에 '반론부(refutatio)'를 두는 것이다. 예를 들어, 퀸틸리아누스의 배열법이 그런 유형이다. 그러니까 [머리말]–[진술부]–[반론부]–[논증부]–[맺음말]의 5단 배열이다. 물론 [반론부]와 [논증부]의 위치는 서로 바뀔 수 있다.

반론부란 글의 주제인 자기의 주장과는 대립되는 주장을 소개하는 단락이다. 그렇기 때문에 얼핏 생각하면 반론부가 논증을 약화해 논지가 흔들릴 위험이 있다고 우려된다. 그러나 그렇지 않다. 반론부를 두는 배열법은 자기의 주장에 대립하는 타인의 주장을 감안하고라도 자기의 주장이 더 타당하다는 것을 내세우기 위해 개발되었다. 대표적인 것이 '물론 B라는 주

절차탁마(切磋琢磨, 切: 끊을 · 자를 절, 磋: 탄식할 · 찬탄할 차, 琢: 쫄 탁, 磨: 갈 마)
뼈 · 상아 · 옥 · 돌 따위를 갈고 깎고 닦아서 빛을 낸다는 뜻. 곧, ① 수양에 수양을 쌓음의 비유. ② 학문 · 기예 따위를 힘써 갈고 닦음의 비유.

장이 있다. 그럼에도 A다.'와 같은 형식이다. 이때 주장 A와 주장 B는 서로 대립하며, 주장 A가 자기가 내세우려는 내용이 곧 글의 주제다. 도식화하면 다음과 같다.

[반론부] 주제(자신의 주장)에 대립하는 다른 주장을 제기
예) 물론 ……라는 견해가 있다(있을 수 있다).
흔히(일부에서는, 어떤 사람들은) ……라고 주장한다.
[논증부] 주제의 제시와 강조
예) 그러나 ……이다(……임이 분명하다).
그렇지만(그럼에도) ……해야 한다.

김용규는 이런 반론부의 논증을 'yes-but 논법'이라고 부른다. 이 논법은 반론이나 일반적 견해가 가진 긍정적인 면을 일단 가볍게 인정하되, 곧바로 그것이 가진 부정적인 면이나 결정적인 단점을 지적하면서 자신의 주장을 내세우는 논법이다. 토론에서도 이 'yes-but 화법'은 유용하게 쓰인다. 토론을 할 때 상대의 주장을 먼저 부정한 다음 그 이유를 조목조목 밝히는 'no-because 화법'은 설득력이 강하지 않다. 우선 상대방의 감정을 상하게 하는데다 다른 사람의 의견을 전혀 고려하지 않고 자기의 주장만을 내세우는 독선적이고 비합리적인 사람이라는 인상을 주기 때문이다. 이와 달리 'yes-but 화법'은 상대의 주장을 충분히 이해하고 어느 정도 동조하지만, 그래도 자기의 주장이 옳다는 것을 보여 주는 것이기 때문에 민주적이고 합리적인 사람이라는 인상을 준다.

[서론]–[본론]–[결론] 같은 3단 형식이나 [머리말]–[진술부]–[논증부]–

There is failure only feedback.
실패란 없다. 피드백만 있을 뿐이다.

–Robert Allen

[맺음말] 같은 아리스토텔레스식의 4단 배열법은 모두 자기의 주장만을 일방적으로 내세우는 공통점을 갖고 있다. 따라서 그것이 아무리 뛰어난 논증 형식과 논거들로 구성된다 하더라도 '자신의 견해만을 고려한 주관적 주장'이라는 한계에서 벗어날 수 없다.

그러나 반론부를 두면 '반대 의견까지 고려한 객관적 주장'이라는 인상을 주어 글의 공정성이 보장되면서도 자신의 주장이 더욱 강하게 나타난다. 따라서 그만큼 더 설득력 있는 글이 된다. 실제로 신문 사설이나 논술문을 자세히 살펴보면 이 같은 구조를 따르는 글이 의외로 많다.

3. 논술 글쓰기

중요한 것은 글이 아니라 생각이라고 말하는 이들이 있다. 문체를 단순히 겉모습을 꾸미는 화장품으로 생각하는 것이다. 이는 아무리 난해하고 모호한 글이라도 독자가 기꺼이 수고를 아끼지 않고 자신의 생각을 찾아 줄 것이라고 가정하는 것이다. 하지만 실제로 그러한 글을 읽고 이해해 줄 만큼 시간이나 인내심을 지닌 사람은 많지 않다. 더 나아가 어떤 사람은 글의 수준이 생각의 수준을 보여 준다고 믿는다. 자신의 생각을 불명확하게 표현하는 사람에 대해서 다른 사람들은 그의 생각도 불명확할 것이라고 의심한다. 그러므로 자신의 생각을 글로 표현하여 설득을 하는 논술에서 명확한 글쓰기는 필수라 할 수 있다. 여기서는 일반적인 글쓰기 원칙을 바탕으로 명확하고, 간결하고, 생생한 글을 씀으로써 논증에서 논리적인 힘이

정중지와(井中之蛙, 井: 우물 정, 中: 가운데 중, 之: 갈 지(…의), 蛙: 개구리 와)
우물 안 개구리라는 뜻으로, 식견이 좁음의 비유.

생겨날 수 있는 글쓰기 원칙을 제시해 보려 한다.[21]

1) 명확한 글쓰기의 6원칙

- **원칙 1**: 주요 행위자를 문장의 주어와 일치시킨다.

  이야기의 주요 행위자(이야기를 이끌어 가는 주체, 사람, 사물, 추상적 개념)가 단순 주어로 오는 문장을 독자는 가장 쉽게 이해한다. 추상적 개념보다 한두 어절로 된, 사람이나 사물이 주요 행위자로 나오는 문장을 가장 명확하게 인식한다.
- **원칙 2**: 주요 행위자의 동작을 서술어 자리에 놓는다.

  짧고 간결한 명사를 주어 자리에 두었으면, 구체적인 행동을 표현하는 동사를 서술어 자리에 두어야 한다. 주어와 서술어가 멀어질수록, 문장의 의미가 무엇인기 명확하게 판단하기 어려워지기 때문에 최대한 가까이에 두어야 한다.
- **원칙 3**: 밀접한 관계가 있는 문장 요소는 최대한 가까이 놓는다. 이 원칙에는 세 가지 하위 원칙이 있다.

  –원칙3.1 주어와 서술어를 최대한 가까이 놓는다.

  –원칙3.2 목적어와 서술어를 최대한 가까이 놓는다.

  –원칙3.3 수식어를 피수식어와 가까이 놓는다.
- **원칙 4**: 독자에게 친숙한 정보로 문장을 시작한다.
- **원칙 5**: 낯설고 복잡한 정보는 문장의 뒷부분에 놓는다.
- **원칙 6**: 전체 글의 주어들을 일관되게 유지한다.

I believe that the road to preeminent success in any line of work is to make yourself master of that line of work.
어떤 계통의 일에 종사하든 탁월한 성공에 이르는 길은 그 계통의 달인이 되는 것이라고 나는 믿는다.
–Andrew Canegie

2) 간결한 글을 쓰는 법

(1) 반복과 혼란

똑같은 말을 두세 번씩 반복하거나 별다른 의미도 없는 '빈말'을 쓰면 글이 장황해진다.

다음은 글을 어수선하게 만드는 대표적인 어휘들이다. 빼버려도 의미가 달라지지 않는 경우가 많다.

그(지칭)　　어떤　　정말　　특정한
사실상　　실제로　　기본적으로　　전반적으로

다음은 같은 의미를 반복해서 사용하는 전형적인 어휘들이다. 이런 어휘는 아예 쓰지 않는 것이 좋다.

완전무결한　　믿고 신뢰할 수 있는　　거의 대부분
빈틈없이 신중한　　언제나 항상　　지나친 과소평가

(2) 의미 분해

단일한 의미를 여러 의미 기준으로 나누어 긴 문장으로 만들면 여러 어휘를 거쳐 읽어나가는 과정에서 뚜렷했던 의미가 흐릿해지고 만다. 반대로 문장을 짧게 쓰면 언제나 생생한 단어를 사용할 수 있다. 다음 예를 비교해 보자.

예) －우리 형 만나 볼래?

조강지처(糟糠之妻, 糟: 술재강 조, 糠: 겨 강, 之: 갈 지(…의), 妻: 아내 처)
술재강과 겨로 끼니를 이을 만큼 구차할 때 함께 고생하던 아내.

－우리 부모님의 자녀 중에 나보다 나이 많은 남자를 만나 볼래?

(3) 의미 함축

다른 어휘 속에 들어 있는 의미를 또다시 진술하여 글을 장황하게 만드는 경우도 있다. 하지만 중요한 정보를 빠뜨리면서까지 짧은 문장으로 만드는 것은 의미 함축이 아니다. 다음 문장을 비교해 보자.

예) －누군가 체스 게임을 두기 위한 규칙과 전략을 배운다고 상상해 보라.
　　－체스 두는 법을 배운다고 상상해 보자.

3) 생생한 글을 쓰는 법

(1) 적절한 감정을 선택하라

말을 구분하는 기준은 다양하지만 다음의 범주를 살펴보자.

- 속어 vs. 일상어 vs. 격식어 (뒈지다 vs. 죽다 vs. 사망하다)
- 중립적 vs. 감정적 (임신중절 vs. 낙태 vs. 태아살해)
- 토착어 vs. 외래어 (시험 vs. 테스트)
- 일반적 vs. 학문적 (배 vs. 복부)
- 보편적 vs. 구체적 (가축 vs. 돼지)

이러한 말의 범주에서 어휘의 선택은 글이 주는 인상뿐만 아니라 글쓴이

Do not let the future be held hostage by the past.
미래가 과거의 인질이 되게 하지 말라.

－Neal A. Maxwell

의 인상에도 크게 영향을 준다. 생생한 글을 쓰려면 될 수 있는 대로 중간 정도 수준의 문체를 선택하는 것이 좋다. 이렇게 글을 쓰다가 의도적으로 가끔씩 '격식 있는 표현'이나 '친밀한 표현'을 사용하면 그 효과가 크게 나타난다.

(2) 추상적인 표현 vs. 구체적인 표현

생생한 글쓰기의 가장 중요한 비결은 우리 마음속에 '이미지'를 불러일으키는 어휘나 표현을 선택하라는 것이다. 지시 대상을 쉽게 불러올수록 글의 생명력은 더 커진다. 보편적인 글쓰기와 구체적인 글쓰기를 적절히 배합하여 쓰는 것도 좋다.

(3) 이미지 연상 어휘

모든 인간의 언어에는 구체적이면서도 특별히 이미지를 더 쉽게 떠올릴 수 있는 어휘들이 체계적으로 존재한다. 예를 들면, '물건-무기-권총'에서 우리는 '권총'이라고 하는 단어에서 가장 뚜렷한 이미지를 떠올린다. 다양한 언어 중에서 우리가 아는 것일 때에만 좀 더 구체적인 이미지를 불러일으킨다.

(4) 의도적인 보편적 진술

좋은 글을 쓰기 위해서는 이리저리 맞춰 보며 적당한 수준을 찾는 수밖에 없다. 너무 보편적이지도 않고, 너무 구체적이지도 않은 적당한 표현을 찾아라. '적당한 수준'이 막연하게 느껴지더라도 다음 두 가지 원칙만 명심

조삼모사(朝三暮四, 朝: 아침 조, 三: 석 삼, 暮: 저물 모, 四: 넉 사)
아침에 세 개, 저녁에 네 개라는 뜻. 곧, ① 당장 눈앞의 차별만을 알고 그 결과가 같음을 모름의 비유. ② 간사한 잔꾀로 남을 속여 희롱함을 이르는 말.

한다면 쉽게 찾을 수 있을 것이다.

- 예, 근거, 설명은 구체적이고 뚜렷하고 생생한 언어로 진술해야 설득력이 높아진다.
- 보편적인 원칙, 가치, 가정은 보편적인 언어로 진술해야 설득력이 높아진다.

주

1) 도정일, 김 훈, 박원순, 최재천, **글쓰기의 최소 원칙**(서울: 룩스문디, 2008), pp. 33-44.
2) 위의 책, p. 143.
3) 위의 책, pp. 151-152.
4) 위의 책, pp. 18-34.
5) 윤영삼 역, **논증의 탄생**(서울: 홍문관, 2008), pp. 50-54.
6) 위의 책, pp. 55-79.
7) 위의 책, pp. 165-181.
8) 위의 책, pp. 190-193.
9) 위의 책, p. 274.
10) 위의 책, pp. 229-232.
11) 자료 출처에 따라 신뢰성이 달라진다. 1차 출처: 원전. 2차 출처: 1차 출처를 인용하여 보고하는 논문, 학술지, 전문서적. 3차 출처: 2차 출처를 인용하여 보고하는 교과서, 백과사전, 일반 잡지, 대중서다.
12) 윤영삼 역, **논증의 탄생**(서울: 홍문관, 2008), pp. 243-244.
13) 위의 책, pp. 185-188.
14) 위의 책, p. 270.
15) 위의 책, p. 84.
16) 위의 책, pp. 116-144.
17) 한상기, **비판적 사고와 논리**(파주: 서광사, 2007), pp. 131-136.
18) 윤영삼 역, **논증의 탄생**(서울: 홍문관, 2008), p. 140.

You must learn from your past mistakes, but not learn on your past successes.
과거의 실수에서 배우고 과거의 성공에 기대지 말라.

–Denis Waitley

19) 김용규, **설득의 논리학**(서울: 웅진지식하우스, 2007), pp. 93-99.

20) 적절한 예를 선정하는 세 방법은 다음과 같다.

- 수용(acceptability)기능이 있어야 한다. 이것이 광고에서 아름다운 여성이 화장품을 선전하고, 날씬한 여성이 저칼로리 식품을, 멋진 남성이 양복을 선전하는 이유다.
- 예와 주장 사이에 면밀한 연관성(relevance)이 있어야 한다. 독일의 통일을 예로 들어 우리나라의 통일 방법을 제시하는 것은 둘 사이에 면밀한 연관성이 있기 때문이다.
- 반론(refutation) 가능성이 작아야 한다. '페일리의 논증' 은 당시로는 반론 가능성이 매우 작았기 때문에 유명해졌다.

21) 윤영삼 역, **논증의 탄생**(서울: 홍문관, 2008), pp. 426-451.

천고마비(天高馬肥, 天: 하늘 천, 高: 높을 고, 馬: 말 마, 肥: 살찔 비)
하늘이 높고 말이 살찐다는 뜻. 곧 ① 하늘이 맑고 오곡 백과(五穀百果)가 무르익는 가을을 형용하는 말. ② (흉노에게 있어, 전하여 오늘날에는 누구에게나) 활약(동)하기 좋은 계절을 이르는 말.

제 2 부

사력(思力)에 의한 사력(師力)

제 5 장

교사와 논리 · 논술

1. 논리 · 논술의 이해

1) 논리의 이해

논리를 이해하는 데는 논리에 대한 개념을 문자적 접근보다는 보다 광범위한 영역을 형성하고 있는 논리학의 정의에서 시작하는 것이 유리하다.

일반적으로 논리학의 관심사는 증거와 결론 사이의 객관적인 관계, 즉 증거와 결론 사이의 서로의 입증 관계 유무에 있다. 결론을 도출하기 위해서는 그에 대한 증거를 드러낼 수 있는 진술이 필요한데, 이 진술을 논리학에서는 전제 또는 명제라 한다. 그러므로 논리학의 관심사인 논증이라는 것은 이러한 전제가 한 개 이상 반드시 담고 있는 진술 집단이 있을 때 성립될 수 있다.

논리학의 주요 목적 가운데 하나는 논리적으로 올바른 논증과 그렇지 못한 논증을 구별하는 방법을 마련하는 것이다. 논리학의 측면에서 어떤 진술 집단에 대하여 그것들이 올바른 논증 관계를 지니고 있다는 판단이 섰다면, 그것은 '만일 전제가 옳다면 그 결론을 옳다고 인정할 수 있는 훌륭한 근거가 되는 관계를 유지한다.'라는 판단을 내린 것을 의미한다. 이와 반대로 어떤 진술 집단이 잘못된 논증 관계라는 판단이 내려지면, '그 진술의 집합이 비록 전제는 옳은 것이었다 하더라도 이를 인정할 훌륭한 근거를 제시하지 못해서 그 진술 집합이 제시한 결론이 정당성을 갖지 못한다.'라는 것을 의미한다.

논리학의 전반적인 의미가 논리적으로 올바른 논증과 그렇지 못한 논증을 구별하는 데 관심을 두면서 모순이 없는 논증의 체계 형성을 목적으로 하는 것이라면 '학'으로 성립하기 이전의 '논리'는 이러한 논증 관계를 판단하게 하는 기준을 의미한다고 볼 수 있다. 이렇게 되면 논리는 기본적으로 사회 전반에 걸쳐 형성된 보편적으로 받아들여지는 논증의 체계나 사유 체계와 무관하지 않게 된다. 개인의 성장 과정에서 각종 경험을 통해 형성된 개인의 지식, 가치 체계 등과도 무관하지 않음은 물론이다. 이러한 의미에서 보면, 논리란 어떤 개인이 자기 자신이나 사회적 통념에 대한 비판적 사고(critical thinking)를 의미한다고 해도 지나친 말은 아닐 것이다.

'비판적'이라는 말은 그리스어의 두 낱말, 곧 '분별 있는 판단(*kriticos*)'과 '표준 또는 기준(*kriterion*)'을 어원으로 하고 있다. '*kriticos*'는 '분별 있는 판단'을 기본으로 해서 '판단할 수 있는' 또는 '판단에 능한'의 의미로 파생되었다. 반면에 '*kriterion*'은 기본적으로는 표준이나 기준을 의미하면서 '구분하다, 선택하다, 결정하다, 판결하다'라는 의미로 확장되었다. 이러한 사실에 근거하면, 비판적 사고란 '어떤 표준이나 기준에 근거하여 내리는 분별 있는 판단, 또는 그러한 능력'을 의미한다고 볼 수 있다.[1)]

비판적 사고를 이러한 식으로 받아들이는 데 동의한다면, 우리가 누군가를 논리적이게 한다는 것은 그 사람으로 하여금 지금까지 통용되고 있는 표준이나 기준 등을 충분히 숙지하게 하고 개인의 독특한 경험과 지적 체계 또는 동시대인의 다른 독특성을 받아들이게 하는 사고력을 향상시키게 한다는 것을 의미하게 된다.

폴(Paul)에 따르면, '비판적 사고'는 '생각을 더 잘하기 위해서 생각하는 동안 (지금까지 그렇게 생각해 온 그) 생각에 관해 생각하는 사고'를 말한다. 이 비판적 사고에는 세 국면이 서로 얽혀 있는데, 그것은 생각을 분석하는 국면, 그것을 평가하는 국면, 그리고 그것을 개선시키는 국면이 포함되어 있다.[2)]

비판적 사고란 일차적으로 생각하는 인간에게서 형성될 수 있다. 사람이 태어나는 순간부터 이루어져 온 생각하기를 바탕으로 이제 비판적 사고를 위해 스스로 생각하는 사람이 되어야 한다. 그리고 이런 생각을 다시 비판적으로, 즉 논증적으로 해야 한다. 이러한 과정에서 비판적 사고가 형성되고 발달된다. 기본적으로 생각한다는 것은 '세계와 우리의 삶을 이해하기 위해 사용하는 비상한 인지 과정'을 의미한다. 따라서 생각하는 주체는 의식적이든 무의식적이든 한 인간으로서 자신의 세계와 주변의 세계에 대하여 끊임없는 사유적 논증을 하는 것이다. 이러한 사유의 과정은 한 인간이 살아 있는 한 단순히 반복되는 것이 아니라, 비판적 사유 자체에 대한 제2의 비판적 사유를 필요로 하며 이러한 사유의 과정에서 보다 나은 비판적 사유의 판단력이나 논증력이 개선되어 가는 것이다.

논리의 제2의 특성은 말하기(토론)로 나타난다. 어떤 주제에 대하여 비판적으로 사고하고 난 다음에 또는 그 과정에서 이 주제에 대하여 개인적으로나 집단적으로 토론을 하는 것은 언제나 가능하며 필요한 것이다. 비판적 사고가 비판적 사고로만 머물러서는 안 된다. 그것은 질문과 대답, 서로 다른 견해로 표출되면서 반드시 토론의 과정을 거칠 때 더욱 비판적인 사고가 될 수 있기 때문이다.

지금까지 살펴본 것처럼, 인간의 논리란 어떤 개인이 '자기 자신이나 사회적 통념에 대하여 비판적으로 사고하기'이자, '어떤 표준이나 기준에 근거하여 내리는 분별 있는 판단, 또는 그러한 능력'을 의미하는 것으로 이해된다. 한 걸음 더 나아가서 논리는 비판적 사고를 통해 나타난 증명 관계들에 대하여 질문이나 대답 등의 형태로 토론되는 단계까지를 포함할 수 있다. 그러나 비판적 사고를 근거로 토론을 하는 순간까지는 아직 논술의 형태를 갖춘 것이 아니다. 논술은 논리가 글로써 서술된 것이기 때문이다. 그러므로 논리란 '론의 이치', 즉 '어떤 사태나 주제에 대하여 비판적으로 사고하고 논의하는 이치' 정도로 정의할 수 있다. 좀 더 포괄적인 의미에서라면 논리는 논술이 성립하기 전까지의 일체의 비판적 사고와 토론을 의미하는 것으로 이해될 수 있을 것이다.

2) 논술의 이해

공자는 '술이부작(述而不作, 『논어(論語)』, 「술이(述而)」)'이라는 용어를 사용했다. 즉, 자신은 기존에 있던 이론들을 단순히 '기술하기만 했을 뿐 새로운 이론을 정립한 것은 아니다.'라는 것이다. 그러나 공자가 이렇게 편찬한 '6경(詩 · 書 · 禮 · 樂 · 春秋 · [周]易)'의 경전은 과거의 이론과는 다른 것이었고, 중국 사회 전체를 인과 예의 질서로 재편하는 결과를 가져왔다. 공자의 '술이부작'을 논리 논술의 이론으로 이해한다면 공자는 분명히 '술' 이전에 논리가 확립되어 있었다고 판단할 수 있다. 만약에 '술' 없이 논리로만 끝났다면 당연히 '6경'은 존재하지 않았을 것이고, 오늘날의 유학도 결코 성립되지 못했을 것이다. 논술의 위대성을 말해 주는 대표적인 예라 볼 수 있다.

논술은 그것이 논문의 형태를 띠든지, 소설의 형태를 띠든지 어떠한 주제를 소재로 하여 그것과 관련된 전제를 진술해 나가되, 그 전제들 사이의 정당한 명증성을 확보하면서 기술해 가는 인간의 대표적인 표현 방식 중의 하나다.

아리스토텔레스에게서 '변증술'은 곧 오늘날의 논술을 의미한다고 하더라도 지나친 말은 아닐 것이다. 그는 변증술을 "우리에게 제기되는 온갖 문제에 대하여 통념으로부터 추론할 수 있는 방법과 우리 자신이 하나의 논의를 유지하려는 경우에 모순되는 어떤 것도 말하지 않는 방법을 발견하는 것이다."라고 정의했다.[3] 결국 변증술, 곧 논술은 통념으로부터 추론하여 우리 자신의 하나의 논의(주제)를 모순 없이 말하거나 글을 쓰는 방법이라 정의할 수 있다.

논술은 그 나름의 구성을 가지고 있다. 무엇보다도 어떤 주제를 중심으로 다양한 전제들을 기술하여 한 편의 논술로 정립한다는 것은 기본적으로 아무렇게나 기술한다는 생각을 배제한다. 그래서 논술자는 반드시 자신의 논술에 대한 전체적인 구성을 고려해야 한다.

논술자가 제일 먼저 생각해야 할 것은, 주제를 중심으로 하는 전제들과 전제들의 상호 관계 등에서 논술의 통일성(unity)이 이루어져야 한다는 것이다. 한 편의 논술은 지면과 시간에 제한을 받는다. 따라서 너무 많은 주제를 다룰 수도 없고, 또 많은 주제를 다루었다고 해서 모든 사람이 논술자의 의도를 정확하게 이해하기란 어려울 수 있다. 반대로 한 가지 주제를 다룬다 해도 그 주제를 이루는 내용 가운데 어느 한쪽에만 집중해서 논술자의 입장을 제시해도 안 된다. 언제나 논술자는 자신이 가지고 있는 글의 소재와 자료 등 여러 여건을 고려하여 전체적인 논술의 방향이 하나의 흐름으로 통일되도록 할 필요가 있다.

논술자가 기억해야 할 두 번째 사항은, 논술의 '조형성(architecture)', 곧 '무드(mood)'라고 할 수 있다. 예를 들어, 논술자가 어떤 주제를 논설문의 형식으로 기술하고자 한다면 그 글의 분위기는 논설의 형태로 이루어져야 한다. 음악이나 미술 작품에 대한 글쓰기를 하는 경우라면 그 분위기는 비교적 감성적인 것이 나을 수 있다.

논술자가 기억해야 할 세 번째 사항은, 논술의 '정합성(coherency)'이다. 논술자는 어떤 주제에 대한 글을 쓸 때 어느 정도의 범위에서 자신의 경험이나 직관에 의해 "이것이다!"라는 느낌이 들 때 글을 쓰는 것을 요구받는 것이다. 사실 논술자가 관심을 갖는 주제에 대하여 이렇다 할 상식이나 자료가 전혀 갖추어져 있지 않은 상황에서 글쓰기를 한다는 것은 있을 수 없다. 최소한 자신의 생각 속에서 논리적으로 지금 논술자가 생각하고 있는 논술의 주제가 "이러이러하게 정리해 가면 한 편의 글이 되겠구나."라는 확신이 서야 하는 것이다. 그리하여 논술자가 한 편의 논술을 처음부터 끝까지 다루는 주제를 중심으로 일관성 있게 의미를 담고 가게 해야 한다. 이렇게 될 때 그 논술은 어느 정도 글의 앞뒤가 서로 어울릴 수 있다.

논술자가 기억해야 할 또 다른 사항은, 논술을 이루는 전제나 자료가 '균형(balance)'을 이루어야 한다는 사실이다. 논술을 할 때 보통 하나의 주제라 하더라도 그 주제를 입증하거나 밝히는 과정에서는 그 입증 자료의 항목은 얼마든지 여러 가지 요소로 구성될 수 있다. 만약에 어떤 논술이 두 가지 이상의 주제를 다루는 경우라면 증거 자료의 항목이 더 다양해짐은 말할 필요가 없다. 논술의 과정에서 논술자가 어느 항목에 대해서는 많은 자료를 가지고 있으나, 다른 항목에 대해서는 비교적 적은 자료를 가지고 있을 수 있다. 이 경우에 자료가 많은 부분은 확대해서 그 자료들을 다 기술하고 부족한 부분에 대해서는 눈에 띄게 적게 기술했을 때 이 논술은 자료의 균형성을 상실했다고 볼 수 있다. 그러므로 논술자는 항상 논술의 주제와 관련된 자료를 많이 확보하고 동시에 그 자료를 균등하게 분배하는 것을 요구받게 된다.

이 외에도 논술자는 자신이 서술하고자 하는 주제의 전체 내용을 간단하게 요약할 줄 알아야 한다. 이 요약은 보통 서론, 본론, 결론의 세 양식으로 이루어진다. 서론은 그 논술 주제의 본론과 결론의 부분을 소개하는 형식으로 간략하면서도 전체를 설명하는 내용으로 구성되어야 한다. 서론이 너무 자세하면 본론의 중요성이 상실될 수도 있다. 물론 결론 부분도 서론에 영향을 받아 그 가치가 줄어들 수 있다. 그래서 서론은, 영화를 예로 들면 그 영화의 주제를 가장 잘 대변하는 한 장면을 포스터로 만드는 것처럼, 그 논술의 중요한 부분들을 전반적으로 소개하는 형태로 이루어지는 것이 바람직하다.

서론의 글은 논술자의 전체적인 입장을 소개하는 것이기 때문에 대부분 글의 논리는 연역논리를 사용하는 것이 좋다. 연역논리는 일반적인 전제나 추론에서 상세한 결과를 도출하는 것이기 때문에 말 그대로 논술자의 논리의 힘을 그대로 드러나게 해 준다. 삼단논법을 예로 들면, 가장 보편적인 연역인 '인간은 죽는다.'라는 논리를 전개할 때 이 다음의 인간 개개인의 죽음과 관련된 하위 개념의 논의들은 연역의 위력에 따라 그 정당성을 확보할 수 있다. 물론 필요하다면 서론에서 유비논리를 동원하는 것도 바람직하다. 유비논리는 논술의 주제를 보다 명확하게 드러내기 위해 다른 비유를 들어가면서 보다 부드럽고 자연스럽게 논술자의 논술을 전개할 수 있으므로 논술자는 자연스럽게 독자의 관심을 유도할 수 있다.

본론은 논술자가 지금 자신이 서술하는 글의 핵심에 자신의 주장이 담겨 있어야 한다. 주의할 것은 자신의 주장이 담겨야 한다는 생각에 집착해서 자신만의 주장이 되어서는 안 된다는 것이다. 논술자의 주장은 반드시 객관성이 있어야 하고, 다른 사람을 설득할 수 있는 전제로 이루어져야 한다. 간단하면서도 깊이 있는 전제로 이루어지는 것이 필요하다.

본론에서의 논리 방식은 귀납적인 방법이 필요하다. 본론에서는 하나하나의 검증된 전제들을 사용하여 주제를 드러내면서 될 수 있는 대로 모순 없는 결론에 이를 수 있는 설명 방식이 요구되기 때문이다. 물론 변증의 논리도 사용될 수 있다. 변증의 논리는 어떤 주제에 대해 긍정의 전제와 대립 · 갈등하는 전제들이 있을 때 이를 모순 관계로 표현하고, 다른 한편에서 어떻게 그 전제들이 종합될 수 있는지를 서술함으로써 주제의 발전적 변화 또는 비약적인 변화가 일어났는지를 보여 주는 데 유리하다.

결론은 논술자가 이미 서론과 본론에서 밝힌 전제를 중심으로 거기서 얻어진 결과만으로 서술되어야 한다. 논술자가 이미 본론에서 자신의 주장을 밝혀 입증했는데 결론에서 또 다른 내용이 담겨진다면, 그 논술자는 본론에서 자신의 주장을 제대로 펴지 못했거나 미흡했다는 것을 보여 줄 뿐이다. 결론에는 반드시 그 이전에 서술되었던 모든 전제와 거기에서 증명된 명제만을 내용으로 하여 기술되어야 한다.

결론의 논리 방식으로는 실천논리 방식이 적당하다. 실천성을 강조하는 논리 자체가 인간의 행위를 설명하고 예측하고 정당화하는 특성을 지니고 있기 때문이다. 결론에서는 당연히 구체적인 서술이 이루어져야 한다. 이 외에도 결론에서는 가설을 검증하는 내용의 기술뿐만 아니라 새로운 가설을 발견하는 데 필요한 논리를 서술하는 것도 중요하다. 과학적 논리가 검증된 전제를 중심으로 밑에서부터 증명해 가는 논리라면, 그래서 결론이 도출될 수 있었다면, 바로 그 결론에서부터 다시 새로운 전제를 도출할 수 있어야 하기 때문이다. 실제로 학위논문에서는 연구자가 '제안'하는 형식으로 새로운 전제에 대한 암시를 서술한다. 동시에 이 제안이 당연히 과학적인 가설들의 지원이 뒷받침되어야 함은 말할 필요가 없을 것이다.

논술은 논리를 바탕으로 이루어진다. 모든 논술자가 한 인간으로서 성장의 과정에서 정당하고 올바른 사고를 해 나가고, 그의 경험을 바르게 정리하며, 어떤 주제에 대해서든지 깊이 생각하고 자료를 수집하면서, 개인으로서 인류에 대한 양심과 책임을 지닌 상태로 토론하고 질문하고 답하고자 해야 한다. 그러한 사람에게서 장차 인간의 냄새가 나는 논술이 전개될 수 있다.

논술은 타고난 재능과는 거리가 멀다. 누구나 개인의 노력 여하에 따라 얼마든지 개선될 수 있고 개발될 수 있다. 그런데 논술은 공자의 예에서 보았듯이, 인간이 할 수 있는 위대한 작업 중에 하나다. 그렇기에 논술자는 위대한 인간으로서의 자부심을 가지고 논술의 주제를 통일성 있게, 분위기 있게, 일관적으로, 그리고 자료의 균형을 갖추어서 서술해야만 한다. 이 외에도 논술자는 한 인간으로의 양심과 책임감, 그리고 정직성 등의 인간성을 바탕으로 논술에 임해야 한다.

2. 논리 · 논술의 필요성

1) 민족 전통의 계승이자 세계화의 방편

고려 광종 9년(958년)에 중국의 과거제도가 도입된 이후부터 1894년 갑오경장으로 폐지되기까지 1,000여 년 동안 우리 사회는 주로 이 과거제도를 통해 관리를 선발하였다. 이 과거시험이 논술의 형식이었음은 물론이다. 특히 최종 대과에 합격한 33인을 상대로 임금이 직접 당락에 상관없이 실시하는 책문(策問)은 오늘날의 논술과 매우 흡사한 것이었다. 임금이 정확한 문제를 출제하고 이에 대해 급제자들은 자유롭고 솔직하게 자신들의 생각을 펼치는 서술 시험이었다.

예를 들면, 광해군 1년 증광문과 시험에는 "지금 이 나라가 처한 위기를 구제하려면 어떻게 해야 할 것인가?"라는 문제가 출제되었고, 중종 10년 알성시에는 "그대가 공자라면 어떻게 정치를 하겠는가?"라는 책문이 나왔으며, 중종 11년 별시문과시에는 "술의 폐해를 논하라."라는 현실적인 문제가 책문으로 나왔다. 그리고 급제자들은 대부분 "삼가 죽음을 무릅쓰고 대답하겠습니다."라고 시작하여 자신의 견해를 당당하게 서술하는 것이 보통이었다.

그러나 이러한 과거제도의 이면에 조선의 정치 분위기는 보다 넓은 의미에서 글쓰기의 분위기를 주도하고 있었던 것으로 보인다. 1391년 태조 이성계를 중심으로 정도전 등에 의하여 조선이 성립된 후 사회가 점차 안정을 찾아가면서 세력을 잡을 수 있었던 자들은 관학파 학자들이었다. 조선

초기 15세기를 주도했던 이들은 대부분 사장(辭章)에 능했다. 그 대표적인 인물로 김일손(1464[세조 10년]~1498[연산군 4년])과 남효온(1454[단종 2년]~1492[성종 23년])을 들 수 있는데, 이들은 문장과 시부를 중심으로 하는 한문학이 더 의의가 있다고 주장했다. 그래서 15세기 조선 초기 논술의 흐름은 대체로 화려하고 수식어구가 많았으며, 감상적이고 감미로운 분위기가 주를 이룰 수 있었다.

그러다가 16세기에 이르러 사림파가 대두하기 시작하였는데, 사림파의 대부는 김종직이었다. 물론 원류는 대체로 정몽주에게서 찾아지는 것이 보통이다. 그러나 조선의 정치 무대에서 실질적으로 활약하면서 관학파의 학풍에 맞섰던 자는 김종직(1431[세종 13년]~1492[성종 23년])이 최초다. 그리고 그의 제자 김굉필(1454[단종 2년]~1504[연산군 10년])이 사림파를 형성한다. 이들이 주장하는 바는 모든 글에는 도가 담겨야 한다는 것이었다. 겉만 번드르르하고 화려하게 수식하는 학풍과 시나 읊고 자신의 산문 문체를 즐기는 류의 글쓰기를 그들은 철저히 배격했다. 이때부터 논술의 주류는 도학을 중시하는 분위기로 바뀌게 되었다. 그 결정체는 퇴계와 율곡에게서 나타난다. 그들에게서 도학이 담겨 있지 않은 글은 단 한 편도 찾아볼 수 없다는 것이 그 증거다.

우리나라에서 논술의 문제는 사실 논어의 한 구절, "문(꾸밈)과 바탕이 갖추어진 후에야 군자가 될 수 있다(文質彬彬然後君子)."라는 말에서 비롯되었다 해도 지나친 말은 아닐 것이다. 문(문식)은 비교적 관학파가 중시한 것이고, 질은 사림파에서 중시했다. 우리나라의 학풍이 도학을 중심으로 절의를 강조하는 학풍이 형성될 수 있었고, 이것이 주류를 이루게 된 데는 사림파의 역할이 컸다.

그러나 조선 말기에 이르면서부터 문과 질을 중심으로 하는 논술의 흐름은 일제의 강점으로 어쩔 수 없이 바뀌게 되었다. 무엇보다도 도와 절의를 중시하는 논술의 흐름이 막히게 되고, 일본제국주의를 찬양하는 문식 위주의 논술이 대세를 이루었다. 광복이 되고 나서는 좌우익의 대결로 우리만의 논술이 확보될 수 없었다. 민족의 비극인 한국전쟁이 발발하고 나서는 우리 민족의 고유한 논술 방식은 그나마 찾아보기 힘들게 되었다.

1960년대 이후부터 1970년대에 이르러서는 독재정치가 출현하고 개발우선주의가 우리 사회의 주도적인 담론이 되면서 논술의 흐름은 독선적이고 권위적인 분위기를 띠게 되었다. 1980년대와 1990년대에 이르러서는 좌파 우파의 이념 대결이 주류를 이루었다. 진보와 보수의 이념이 서로에 대한 관용이 없이 적대적으로 이루어지고 있었기에 논술에서 말하는 변증의 논리나 기타 우리 사회를 부드럽게 할 수 있는 논리가 허용될 수 있는 여지가 없었다. 논술의 시대가 우리에게서 멀어져만 갔고, 대신에 좌우의 흑백 주장들만이 살아남게 되었다.

그러다가 1990년대 이후 2000년대에 들어서면서 논술에 대한 인식의 전환이 이루어졌다. 제법 민주주의에 대한 토론이 이루어지게 되었고, 자신의 사상을 표현할 수 있는 분위기가 형성되었다. 적어도 논술의 부분에서는 국민의 정부와 참여정부가 일정한 역할을 했던 것이다. 그러나 대학입학을 좌우하는 수능시험은 객관적인 사실만을 강요하는 오지선다형의 수험제도 방식으로서, 응시생이나 이를 준비하는 학생들에게 조금도 논리와 논술의 인간이 되게 하지 못한다. 지금의 수능시험 양식은 우스갯소리로 이 수능시험을 치른 학생들 중에는 그 또는 그녀가 결혼을 하려 할 때 반드시 다섯 명의 배우자가 있어야만 그 가운데서 한 사람을 고를 수 있다는 농담이 있을 지경이다.

한편 전 세계적으로는 포스트모더니즘이 주류를 이루면서 논술의 방향이 과거 절대적 진리를 용인하던 분위기에서, 그때그때의 진리 체계나 부분의 진리 체계 구성과 발견으로 바뀌게 되었다. 따라서 사고하는 주체가 시대적 흐름을 여실히 파악하고 그 흐름에 맞추지 않으면 안 되는 시대가 되었다. 신자유주의 경제 체제는 모든 산업 분야에 새롭게 경쟁을 부추기면서 생산의 분위기도 다품종 소량 생산, 즉 포스트포디즘의 생산 체계를 마련하게 했다. 이러한 세계화의 분위기와 새로운 경쟁 체제는 동시에 전 세계의 개인 개인에게 커다란 변화를 불러일으켰다.

이러한 변화에 대응하는 방법은 여러 가지가 있다. 국가적인 산업구조조정이나 무역망의 확보 등에서 변화가 있을 수 있고 새로운 경제와 산업과 관련된 국제협약들이 생길 수 있다. 그러나 개인에 대해서는 어쨌든 이러한 흐름을 정확하게 읽고 비판하고 토론할 수 있는 비판적 논리를 확보하는 것이 시급하다. 그리고 이를 논술하여 개개인의 준비물로 마련해 두지 않으면 안 된다.

논술에 관한 한 우리나라는 과거에도 국제적인 수준을 지니고 있었다. 예컨대, 율곡이 쓴 『격몽요결(擊蒙要訣)』은 그 글의 구성이나 문체에서 빈틈이 없다고 할 수 있다. 화려한 미사여구를 사용하지 않으면서도 아름답고, 그 내용에 힘이 있다. 율곡의 글에서는 그의 인품이 그대로 드러나고 있다.

이제 우리는 이런 글쓰기의 전통을 이어받아 글쓰기를 확보할 때이다. 교육의 현장에서 교사와 학생이 우리의 전통적 가치관에 대한 토론을 진지하게 하면서 그 가운데 오늘날에도 필요하다고 생각되는 문화와 가치들을 현재의 우리 삶 속에서 실천해 가는 것이 중요하다. 그리고 잘못된 전통이 있다면 교사와 학생, 선배와 후배, 상사와 부하직원이 서로 비판적으로 사고하고 논의하면서 우리의 삶 속에서 고쳐 나가야 한다. 이것이 전통의 논리를 확보하는 방식이다. 철저하게 개인이면서 또한 전통의 민족성과 지금 우리만의 민족성이 모두 함께 될 때 우리의 논술이 힘을 얻게 될 것이다.

이러한 논술을 마련하는 것이 곧 세계화다. 세계화란 일방적으로 우리가 우리 것을 버리고 무조건 세계의 가치기준을 따라 가는 것이 아니라 자기 자신을 세우고 세계와 조정하면서 남의 것을 취사선택할 줄 아는 사람이 되는 것을 의미한다. 교육 현장에서 교사와 학생이 이제는 미국을 중심으로 하는 세계문화에 대한 우리만의 비판적 사고와 그에 대한 토론이 이루어져야 한다. 미국 문물이나 세계문화의 장단점에 대한 확실한 논리를 마련해야 하며, 이를 바탕으로 논술이 이루어져야 한다. 많은 논술이 쌓일수록 우리의 국력이, 개인의 힘이 그만큼 확보되는 것이다.

우리의 글쓰기가 세계의 것만 있고 우리 것이 없다면 그 논리와 논술은 더 이상 우리 것이 아니다. 그렇다고 우리의 논리와 논술만 있고 세계화된 논리와 논술이 없다면 그것도 더 이상 우리의 논술은 아닌 것이다. 이제 논술을 확립할 때다. 세계의 분위기는 나름대로 자신들의 논리와 논술을 가지고 우리에게 다가오고 있다는 사실을 직시해야 한다. 우리나라 주가나 증시의 상황은 반드시 미국을 중심으로 하는 자본이익의 논리와 논술을 바탕으로 하고 있다. 즉 세계화에 대응하는 우리만의 논리와 논술을 확보해야 한다.

2) 시대적 요청

서구의 근대사회 사상은 기계적 세계관을 바탕으로 한다. 즉, 자연은 하나의 거대한 기계와 같아서 그 기계를 구성하는 각 부분이 연결되어 있고, 부여된 기능을 수행하기만 하면 조직적으로 작동되는 그러한 곳으로 이해된다. 그렇기 때문에 자연이나 물질은 그것을 구성하는 작은 부분들의 움직임과 그 부분들의 인과적인 연결을 정확하게 분석하면 그에 대한 이해가 완벽하게 파악되는 것으로 여겨지게 되었다. 정신과는 달리 인간의 몸도 각 부분으로 쪼개지는 기계와 같은 존재로 이해된다.[4)]

이러한 기계론적 세계관이 인간에게 대부분의 자연현상에 대하여 정확하게 분석하고 설명할 수 있는 지식을 제공한 것은 사실이다. 천문, 지리, 농산물 수확량이나 상품 생산량의 정확한 계산, 이익이나 소득의 정확한 예측 능력, 인간의 신체에 대한 분석 등이 우리의 삶을 편리하게 만들었다. 당연히 근대인은 자신의 지식과 주변 상황, 또는 자연현상에 대한 설명 등을 고려하여 자신이 해야 할 일이 무엇인지를 합리적으로 판단할 수 있게 되었다. 근대인은 이러한 지식이나 분석 등을 바탕으로 자연을 보다 합리적으로 지배하고 통제할 수 있는 기술들을 개발했다. 이렇게 해서 과학과 학문이 진보하게 되었고, 그것은 다시 근대인에게 더더욱 자연을 지배할 수 있는 다양한 수단을 제공하였다.

오늘날 컴퓨터의 출현은 그 대표적인 예라 할 수 있다. 컴퓨터는 헤아릴 수 없을 만큼 많은 정보를 생산하고, 그것을 소통시킨다. 인간은 이러한 정보의 홍수 속에서 하나의 '정보소통회로'의 결절점(nodal points)과 같은 존재가 되었다.[5] 이제 그가 하는 일은 하나의 정보처리자로서 어떤 정보를 잠시 간수했다가 새로운 정보가 오면 그것을 버리거나 새롭게 처리하는 존재가 되었다. 어떤 정보도 하나의 진리 체계로서 오랫동안 간직될 수 없다. 정보의 소통이 빠르고 그에 따라 가치관이 빠른 속도로 변하면서 인간의 존재가치가 중심을 잡기 어렵게 되었다. 또한 사회의 가치 체계가 흔들리면서 인간의 사회는 더 이상 주체적 인간의 집합이라기보다는 많이 통용되고 언급되는 정보, 달리 말하면 정보와 정보를 다루는 일종의 언어게임의 장이 되고 말았다. 이 속에서 인간은 될 수 있는 한 많은 정보를 수집해서 승리할 수 있는 '수'를 생각해 내야만 하는 존재로 변했다.[6]

이제 현대인은 급변하는 정보의 세계 속에서 어떤 사건이나 문화현상의 근원도 모른 채, 단순히 그것을 답습하거나 본뜨기만 하는 생활을 하게 되었다. 현대사회에서 문화가 폭발적으로 팽창한다는 사실은 냉정하게 판단하면 현대인이 비판적 사고나 토론 없이 맹목적으로 문화적 본뜨기를 하고 있다고 볼 수 있다. 정보에 치어 살고 스스로 비판적으로 사고하지 못하게 될 때 당연히 나타나는 현상은 인간이 자신의 정서나 열정을 상실하게 된다는 사실이다. 또한 정보 자체가 사회변화를 주도하기 때문에 현대인이 자신의 과거사나 고전에 대해 접근할 겨를이 없고, 자신도 그러한 능력이 없기 때문에 역사의식을 상실하게 된다. 그 대신에 TV나 컴퓨터, MP3, 핸

드폰 등과 같은 전자매체에 매달릴 뿐 이것들이 인간에 대하여 지니는 의의에 대한 사고가 없기 때문에 현대인은 시간이 갈수록 자기 안으로의 충동만을 일삼게 될 뿐이다.[7)]

결과적으로 현대인은 이제 우리 주변에서 일어나는 사건 하나하나를 연결하여 전체적으로 조망하거나 생각하지 않고, 그 대신에 모든 사건을 단편화하고 단절적으로 보는 존재가 되었다. 이런 식이라면 아마 그는 머지않아 과거, 현재, 미래를 모르는 존재가 될는지도 모른다. 오늘날 우리 사회에서 청소년을 중심으로 자신의 행동이 다른 사람에 대해서나, 또는 역사적으로 어떤 의미가 있는지를 생각하지 못하는 데서 나오는 많은 행동들, 예를 들면 현란한 색깔로 머리 물들이기나 헤비메탈 음악에 맞추어 정신없이 몸을 흔드는 행위, 모든 사건을 자기 중심으로만 이해하고 주장하는 반면에 그 외의 관계들에 대하여 전혀 고려하지 않는 태도는 우리에게 새로운 반성을 요구하고 있다. 컴퓨터나 TV 같은 전자매체는 현대인, 특히 청소년에게 자기 혼자만의 공간과 시간에 몰입하게 하고, 겉껍데기의 이미지만을 전달하여 그로 하여금 남을 생각하거나 인간성을 소중하게 생각할 여유를 주지 않는다. 더욱이 살인이나 지나친 폭력성을 조장하는 전자게임 프로그램은 인간경시를 조작하며 파괴하는 데 여념이 없다.

그러나 오늘도 해는 떠오르고, 인간은 땅 위에서 살아간다. 인간이 인간인 한 그는 정보와 기계 속에서 살아가기만 할 수는 없는 것이다. 우리나라의 교육은 이러한 현실을 정확히 직시하고 그 대책을 마련해야 한다. 우리는 지금 이 순간도 하늘과 땅이라는 자연 속에서 태어나서, 부모와 형제를 중심으로 다른 인간과 더불어 살아가고 있다. 동시에 우리는 근대사회와 현대사회의 속성 안에서 살아가고 있음을 부인할 수 없다. 그러므로 이러한 시대에 맞추어 우리의 비판적 사고와 토론 양식을 확보하고 후대에게 교육하는 것이 필요하다. 지금 우리 교육에서 논리와 논술이 필요한 이유도 바로 여기에 있다.

3) 교사는 논리 · 논술의 실천자다

광복 후에 우리나라는 중앙집권적이고 관료적인 권력 체제를 지향하면서 정부 주도의 근대화를 시작하였는데, 그것이 재건주의 교육이론이나 인간자본론과 결합되면서 사람은 무엇보다도 교육을 통하여 경제적인 가치를 창출하는 것을 가치 있는 일로 여기게 되었다. 이러한 경향은 우리 민족의 잘 살고자 하는 욕망과 그 욕망을 충족시킬 수 있는 가장 유력한 수단을 교육으로 여기게 만들었다. 우리나라의 교육은 사회적 지위 획득이나 경제적 부의 보장으로 인식되고 있다.

그 결과, 첫째, 교육을 통한 지식의 추구가 그 사람의 비판적 사고나 토론의 능력을 향상시키려는 방향에서 이루어지기보다는, 그 지식이 어느 정도의 부를 창출할 수 있느냐의 효율성에 따라 이루어지는 경향이 두드러지게 되었다. 심지어 예술이나 문화와 같은 분야에서조차도 점차 경제성을 최고의 우선순위로 여기면서 지식이 기술화, 자본주의화되고 있다. 둘째, 지식의 생산과 소비 양식이 바뀌면서 지식의 성격 자체가 바뀌었다. 즉, 우리의 지식이 한 주체가 자연이나 주변의 상황, 또는 다른 사람에 대한 주관적 판단을 통하여 형성되는 것이 아니라 과학적 가치기준에 의존해서 거의 기계적으로 그 대상을 분석하고, 해부하고, 통제하는 하나의 수단으로 변한 것이다. 더 나아가 이런 식의 지식 추구와 성격이 우리 교육에 팽배해지면서 우리나라 학생들은 거의 전국적으로 비슷한 가치관을 지닌 인간으로 되어 가고 있다. 예를 들면, 선다형 문제를 통한 일률적인 가치관의 형성, 예술이나 체육교육에서 거의 비슷한 기법으로 그리거나 움직이는 획일적이고 집단적인 표현의 요구 등이 그것이다.

이러한 현상은 일차적으로 대학 진학에 영향을 미쳤다. 대학 진학이 한 인간으로서의 이상과 꿈을 실현하려는 논리를 바탕으로 하기보다는 타인과의 경쟁에서 이기고자 하는 심리에서 발동되고 있는 것이다. 대학 진학시 학과의 선택 또한 경제적인 부의 창출 여부에 영향을 받고 있다. 대학에서 이루어지는 분과학문의 지식추구조차도 그 학문과 관련된 것만을 바라보게 할 뿐, 그것을 활용하여 학문 전체나 인류와 관련된 학문의 의의를 추구하게 하는 것과는 상관 없는 수준에 머무는 것이 우리의 현실이다.

교육에 대한 이러한 인식은 결국 고등학교 이하의 교육에 심대한 영향을 미치게 되었다. 특히 고등학교에서의 교육은 단지 대학을 가기 위한 중간 단계로 여겨지면서 학교는 경쟁의 장소로 바뀌어 버렸다. 단적인 예로 고려대학교에서 2009학년도 고려대학교 응시생들을 대상으로 버젓이 고교 등급제를 실시한 것은 학교를 교육의 전쟁으로 몰아넣고 있는 것이나 마찬가지다. 당연히 중 · 고등학교에서 실시 중인 전인교육을 위한 교과과정의 실천은 한 명이라도 더 우수한 대학에 넣기 위해 파행적으로 운영될 수밖에 없다. 입시 과목 중심의 수업 운영으로 인간의 삶에 본질적으로 필요한 다른 과목 수업이 희생되고 있다. 또한 급한 마음에 논리적 사고를 뒷받침해 주지 못하고 빠른 시간에 암기만을 강요하게 되니 우리 교육은 사고력이나 창의력, 상상력을 향상시키는 수업을 생각조차 할 수 없게 되었다. 개개인의 비판적 사고를 희생시키고 현재의 사태에 대한 질문과 대답이라는 토론을 모두 생략한 채 객관식 일변도의 평가, 획일적인 교육체제와 운영, 학습부진아의 소외현상 심화 등이 학교교육의 현장에서 빈번하게 일어나고 있는 것이다. 이 외에도 대학입시를 위해 벌어지는 과열과외 현상과 입시산업의 성행은 경제 논리에서는 가능할지 모르나 이것이 학교교육의 본질적인 기능을 위축시키고 있음은 부인할 수 없다. 사교육은 심지어 학생, 학부모, 그리고 교사를 넘어서서 국민집단 간의 위화감마저 배태하고 있는 실정이다.[8)]

지금 이러한 우리나라 교육의 현실 속에서 이 흐름을 바꿀 수 있는 가장 쉬우면서도 접근 가능한 방법과 장소는 어디겠는가. 필자는 단호하게 주장하고 싶다. 먼저 유치원 교육 현장에서 함께 생각하여 이야기를 나누는 교육활동이 더 많이 이루어져야 한다. 이러한 교육활동 실시할 경우 당장의 효과는 기대하기 어려울지 모른다. 그러나 이런 노력으로 아동들이 비판적 사고를 형성하고 토론을 하는 분위기가 형성된다면 그때는 초등학교의 교육도 바뀌지 않을 수가 없게 된다. 자연히 중등교육도 바뀌게 될 것이고, 더 나아가 바람직한 대학교육도 형성될 것이다.

현재 우리나라 교육 상황에서 배운 청소년은 자기중심적이며 흑백논리에 가까운 단순한 사고방식을 지니고 있다. 그들은 타인에 대한 배려를 생각하기 어렵고, 즉각적으로 자신의 감정을 표출하는 감각주의적인 행동 양식을 가지고 있다. 또한 어떤 유행이 나타나면 그것에 대한 비판적 사고나 토론 없이 그냥 따라서 행동하는 단순한 모방주의를 보여 주며, 그러다가도 자신이 타인에게 인정되지 않으면 그 즉시 좌절하고 절망하며 곧바로 반항하는 자세를 보이기도 하는 것이다.

학교교육의 사회적 환경도 우리나라의 교육에 대하여 심각할 정도로 좋지 않은 영향을 주고 있다. 정치적으로는 막무가내식 이념대결 구도가 교육에 전혀 유익하지 않다. 고위직에 있는 사람의 각종 사회적 비리행각도 교육에는 치명적일 수밖에 없다. 살인행각과 야비한 이익추구가 용인되는 우리 사회의 분위기도 교육의 앞날을 어둡게 한다. 당선만을 목적으로 정치가들이 지킬 수 없는 선거공약을 내놓거나, 상대 후보를 인격적, 도덕적으로 헐뜯을 뿐 칭찬 한마디 없는 흑색선전 등도 우리의 교육을 해롭게 하기는 마찬가지다. 국민 간의 지나친 소득격차, 노사 간의 비합리적인 대결, 이익만을 향한 기업의 속임수 또한 우리의 교육 현실을 어둡게 한다. 일부 어른들이 초 · 중 · 고등학생을 상대로 그들의 인간적 존엄함이나 가치관은 전혀 고려하지 않은 채, 자신의 이익을 위해서 유괴하거나, 성적으로 상품화하거나, 음란물 등을 판매하는 사태들도 우리 교육의 가치관을 혼란스럽게 한다. 교통질서를 함부로 어기는 우리 국민은 자신이 교육의 앞날을 어둡게 하고 있다는 사실을 기억해야 할 것이다.

어른들의 폭력과 욕설, 비도덕성은 그대로 교육의 현장에서 폭력과 욕설, 비도덕성으로 재생산된다. 거리에서의 비인간적 행위와 폭압적 욕설은 학교 현장에서도 똑같이 이루어진다. 교사나 학교에 대한 학부모의 비논리적 주장이 그대로 우리 학생에게 옮겨지는 것은 말할 필요가 없다.

오늘날 우리나라의 교육 현장을 살펴보자. 어른의 잘못으로 성추행이 이루어지고 있고, 초등교육 현장에서도 학생의 욕설은 상상을 넘어서고 있다. 그들은 이것도 모자라서 교사의 나무람에 폭력적으로 대응하며, 자신의 정당성을 논리적 근거 없이 주장하고 있다.

이제 우리 교육은 논리와 논술의 실력을 갖춘 교사가 학생에게 독서와 토론을 통한 합리적 사고력을 키워 주지 않는 한 바람직한 교육의 현장을 기대하기 어렵게 되었다. 논리와 논술의 교육은 오늘날 교육의 현장을 지키는 교사의 사명이 된 것이다. 우리 후손에게 물려줄 수 있는 바람직한 사회상으로 학교교육에서의 논리 논술을 통한 제대로 된 교육의 상을 확립하는 것이 이러한 사회를 형성하는 데 일조할 것이다. 그리고 이러한 논리 논술을 갖춘 학생은 우리나라의 세계화를 반드시 이끌 것이며, 이들로 말미암아 우리나라가 세계화되어 있을 것은 틀림없는 사실이다.

주

1) 한상기, **비판적 사고와 논리**(파주: 서광사, 2007), p. 46.
2) R. Paul & L. Elder, *Critical thinking: Tools for taking charge of your learning and your life* (Upper Saddle River, NJ: Pearson/Prentice Hall, 2006), p. 27.
3) 김재홍 역, **변증론**(서울: 길, 2008), p. 35.
4) 이현복 역, **성찰**(서울: 문예출판사, 1997), pp. 102-122.
5) 유정완, 이삼출 역, **포스트모던의 조건**(서울: 민음사, 1994), p. 64.
6) 위의 책, 제3절 방법-언어게임 참조.
7) G. Rither, *Modern sociological theory* (New York: McGraw-Hill, 2000), pp. 475-479.
8) 한국교육개발원, **한국교육문제의 재조명**(1994), pp. 57-99.

제 6 장

교사를 위한 논증의 통합적 접근 : 진리 추구 과정

1. 통합적(읽기-말하기-쓰기)으로 접근하기

교사의 본질적인 삶의 구현은 진리(참)를 찾아 헤매는 일이다. 플라톤은 동굴의 비유를 통하여 교육의 의미를 설명하고 있다. 동굴 안에 묶여 있는 죄수는 환상(illusion)의 상태에서 사는 자들을 말한다. 동굴 안의 자유로운 죄수는 신념(belief)을 가지고 환상의 상태를 벗어난 자다. 동굴 밖에서 그림자를 보는 것은 사유(thinking)를 하는 현실에 처한 자를 의미한다. 동굴 밖에서 실재를 보는 것은 지식(knowledge)을 얻은 자를 의미하며, 태양을 보는 것은 선의 형상(form)을 보는 것으로 이데아의 세계를 바라보는 자다. 이런 과정을 통해 바른 지식에 이르는 것을 교육이라 한다. 교육은 소수의 깨달은 자가 거짓, 편견, 무지, 오류로부터 사람을 구제하는 것이며, 어린이가 올바른 이성을 향하도록 지도하는 것이라고 플라톤은 말하고 있다.

진리 또는 지식의 근거와 그 특징을 밝히려는 철학적 노력을 인식론(epistimology)이라 하는데, 진리와 비진리는 어떻게 구별되며, 안다는 것과 모른다는 것은 어떻게 구별되는가라는 질문은 인식론의 큰 과제다. 도

대체 '안다'는 말의 의미는 무엇인가? 과연 우리는 참다운 '앎'에 도달할 수 있는가?

참다운 앎에 도달할 수 있다고 보는 입장을 독단론(dogmatism)이라고 한다. 독단론자들은 자명하고 확실한 지식이야말로 의심할 수 없는 지식이며, 이러한 지식을 근거로 하여 연역되거나 발견된 지식도 의심할 수 없다고 주장한다. 따라서 그들은 모든 지식이 그 기초로 삼을 수 있는 자명하고 확실한 지식이 무엇인가를 찾으려고 노력하게 된다. 그러한 종류의 지식들로는 'a=a다.' '전체는 부분보다 크다.' 또는 '나는 생각한다. 그러므로 나는 존재한다.' 등을 예로 들 수 있다.

참다운 앎에 결코 도달할 수 없다는 입장을 회의론(skepticism)이라고 한다. 회의론자들은 지식은 단순히 의견에 불과한 것이며 자명하고 확실한 지식은 없고, 단지 우리가 그렇게 생각하고 있을 뿐이라고 주장한다. 그들은 '사람들은 자신들이 모르고 있다는 것을 모르고 있다.'라고 말하는데, 만약 회의론을 받아들이려면 회의론만은 틀림없다는 것을 인정해야 하기 때문에 진정한 의미의 회의론은 성립되기 어렵다.

'알 수 있다. 그러나 그 앎이란 불변하고 절대적이며 확실한 것이 아니라, 개선 가능하고 상대적이며 확률적인 것'이라고 하는 입장을 오류 가능성론(fallibilism)이라 한다. 오류 가능성론자들에 따르면 인간의 지식이란 광석을 발굴해 내듯이 어디엔가 숨어 있는 것을 찾아내는 것이 아니라 이 세계 안에서 이루어지는 현상을 설명하기 위해 인간이 만들어 낸 인식의 도구 또는 설명의 도구에 불과하다고 한다. 따라서 그것은 인간의 이해와 경험의 범위 또는 설명하고자 하는 현상의 복잡성 여하에 따라 상당한 제한을 받게 되며 인간의 이해와 경험의 폭이 확대됨에 따라 얼마든지 개선될 가능성을 가지고 있는 것이다.

그러면 우리는 어떻게 알게 되는가? 이에 대한 독단론의 대답에는 세 가지 입장이 있는데 직관론(intuitionism)과 합리론(rationalism), 그리고 경험론(empiricism)이 그것이다. 절대불변의 확실한 지식은 직관에 의해서 파악되는 것이라는 입장이 직관론이고, 인간이 가지고 있는 이성의 추리에 의해 발견된다는 것이 합리론이며, 인간의 감각기관을 통해 확인될 수 있는 것만이 절대로 확실한 지식이라는 입장이 경험론이다. 이에 반하여 오류 가능성론은 인간의 이성도 인간의 감각도 모두 다 불확실한 것이며 잘못될 가능성이 있는 것으로 본다. 따라서 각각의 지식은 실제로 해 보아 그 결과가 그렇다는 것이 증명되는 만큼 확실한 것이라고 보며, 이러한 입장을 실용주의자들이 취하는데 일명 실험주의라고 하기도 한다. 그러나 과연 유용성의 기준을 어디에 또 얼마만큼 두어야 하느냐 하는 것이 이 입장의 큰 문제점이다. 이러한 독단론에서부터 회의론의 주장과 인식 방법론의 다양함은 교사인 우리가 더욱 올바른 방법으로 진리를 찾으려는 진지한 노력이 필요함을 입증하고 있다.

우리가 어떤 철학적인 결론에 도달했을 때 그 결론에 도달하기까지의 사고 과정이 과연 타당한 것이었는가를 검토하는 여러 가지 규칙과 기준을 밝히려는 철학적 노력을 논리학(logic)이라 한다. 논리학에는 크게 연역법(deductive method)과 귀납법(inductive method)이 있는데, 연역법은 보편적인 원리로부터 구체적인 사실에 대한 지식을 이끌어 내려는 추리의 과정이고, 귀납법은 개개의 구체적인 사실들에 대한 관찰을 통해 어떤 보편적인 법칙이나 원리를 이끌어 내려는 추리의 과정이다.

그러나 현대에 이르러서는 어떤 주장의 타당성을 논리학에만 의존하는 철학적 탐구 방식에 회의를 갖게 되었다. 왜냐하면 어떤 결론에 도달하기까지의 추리 과정이 아무리 논리적이라 하더라도 그 결론이 근거로 삼고 있는 전제(前提)가 진(眞, truth), 위(僞, false)를 검증할 수 없는 종류의 것이라면, 그 결론도 진위를 밝혀낼 수가 없으며, 따라서 그 결론은 무의미한 주장이라는 것이다. 이러한 입장을 취하는 것이 논리적 실증주의(logical positivism)인데, 이 입장의 문제점은 어떠한 진술이 단지 진위를 검증하기가 어렵다는 사실만으로 과연 무의미한 것이라고 볼 수 있겠는가 하는 점이다.

따라서, 오늘날에는 단순히 어떤 문장에 대해 진위를 검증하기가 어렵다고 해서 무의미한 것으로 단정하기보다는 하나의 진술이나 개념이 그 인간과 사회, 문화 등 맥락 안에서 어떠한 의미를 갖는 것인가를 밝히려는 방향으로 가고 있다. 이러한 입장에 있는 것을 분석철학(analytical philosophy)이라고 하는데, 이것은 철학의 이론 체계라기보다는 철학적 방법론으로 여겨지고 있다.[1)]

이러한 인식론적인 주장과 논리학적인 방법론을 종합한다면 학생과의 동반자적인 생활 가운데 교사가 학문을 연구하고 삶 속에서 진리를 추구하려는 노력이 지금까지 전해 오는 현존하는 지식에 대한 점검으로서의 읽기와 다른 생각을 가진 자들과의 대화와 토론을 통한 주관적 태도를 검증하는 과정과 그런 과정을 통해 정선된 내용을 논리적으로 정리해 글을 쓰는 태도로 이어져야 하는 통합적 접근이 요청된다는 것이다.

즉, 선현들의 저서(text)를 직접 읽으며 우리의 지평을 넓혀야 함을 말한다. 우리 앞에 텍스트가 놓여 있다. 그 안에 담긴 것은 삶이다. '교사의 논리적 사고 배양하기'는 텍스트를 읽는 일로 시작된다. 하지만 읽는 일로 그치면 곤란하다. 텍스트를 제대로 읽고 이해했는지 따져야 한다. 따지려면 서로 대화하고 토론해야 한다. 생각들이 마주치면서 또 다른 새로운 생각이 나타난다. 그러나 여기서 그치면 안 되고 토론한 결과를 바탕으로 자기 생각을 글로 쓸 수 있어야 한다. 글로 쓰지 않으면 생각은 자기 것이 되지 않는다. 이러한 흐름이 텍스트 해석을 통한 '교사의 논리적 사고 배양하기'의 좋은 방법이다. '교사의 논리적 사고 배양하기'란 결국 읽기, 말하기, 쓰기가 하나로 통하여 한 묶음이 될 때 비로소 가능하다. 그래서 우리는 이를 '통합적으로 교사의 논리적 사고 배양하기'라고 부른다.

이 과정은 첫째로, 읽고 생각할 거리로서 텍스트가 맨 앞에 제시된다. 텍스트는 주제에 적합한 내용을 선별하여 뽑는다. 그 다음으로 둘째, 텍스트를 읽을 방법이 중요하다. 텍스트는 마음 내키는 대로 읽을 수 없다. 텍스트는 우리의 교육 현장과 관련시켜 비판적인 시각에서 핵심 사항을 포착하도록 해야 한다. 이를 위해 우리는 읽기의 길잡이로서 활동에 토론의 주제와 논술의 핵심 어느 부분에 주목해야 하는지를 밝히고, 텍스트를 향해 어떻게 접근해야 할지를 제시해야 한다. 셋째, 텍스트를 해석하여 말하는 단계다. 서로 의견을 교환하는 대화와 토론이다. 학우들과 텍스트를 중심에 두고 그 해석의 옳고 그름에 대해 자유롭게 의견을 나눈다. 말하기 과정에는 상대방의 말에 귀 기울이기, 상대방 논리의 맹점을 지적하기, 자신의 말에 허점을 인정하기가 포함된다. 대화와 토론을 통하여 그들은 잠정적이지만 최종적인 해석 결과, 즉 '텍스트에 감추어진 의미 구조'를 내놓는다. 텍스트 읽기에서는 텍스트에 표현된 내용에 충실하게 해석하는 자세가 요구된다. 텍스트 속에서 질문하고 토론하는 것은 그 자체가 훌륭한 진리 탐구 활동이다. 여기서는 특히 텍스트에서 제기된 문제 상황에 알맞게 묻고 답하는 태도가 중요하다. 모든 말이 다 말은 아니다. 말은 맥락에 맞을 때에만 말로서의 가치를 지닌다. 마지막 단계는 글쓰기다. 글쓰기는 텍스트의 내용 이해에 따라 결과를 교육의 현실적인 주제로 확대 적용한다. 주로 대화 내용과 텍스트 해석의 결과에서 교육적 의미를 발견하고, 이 의미에 부합하는 사실을 기록하여 자신의 글로 만들어 가는 방법으로 '교사의 논리적 사고 배양하기'를 연습해 보자. 이렇게 연습해서 남겨진 자신의 글은 교육적 주제 접근에 발전적인 참고 자료가 될 뿐만 아니라 자신의 각 전공 영역인 유아, 초등, 중등, 특수교육의 일반적인 현상을 이해하는 데 바탕이 될 수 있다. 쓰기는 읽기나 말하기에 비해 훨씬 적극적이고 명확한 사고를 요구한다. 생각이나 말이 곧 글이 되지는 않는다. 정확한 텍스트 이해와 명확한 사고 이외에 사태를 객관적이고 전체적으로 조망하는 철학적 사유가 요구된다. 그런 의미에서 글쓰기는 '통합적으로 교사의 논리적 사고 배양하기'의 마지막 단계다.[2)]

이러한 노력은 우리 스스로의 노력이 알찬 결실을 맺게 하는 접근 방법이다. 『논어』「위정(爲政)」에 나오는 학이불사즉망(學而不思則罔), 사이불학즉태(思而不學則殆)라는 구절은 배우기만 하고 생각하지 않으면 얻는 것 없이 헛수고하는 것이고, 생각만 할 뿐 배우지 않으면 잘못된 길(위태, 危殆)로 접어들 수 있다 뜻이다. 스스로 검증하지 않으면 거짓을 취할 수 있다는 경고와 같다. 학(學)에 사(思)가 필요하고, 사(思)에 학(學)이 필요한 이유를 받아들여 이제부터 읽고 말하고 쓰기의 통합적 방법으로 '교사의 논리적 사고 배양하기'를 연습해 보자.

2. 고전을 통한 논증의 학습 실제

사람이 생각하는 일은 아무런 생각할 거리가 없다 해도 생물학적인 뇌의 작용에 의하여 멈춰질 수는 없다. 생각하기는 사람이 살아 있는 한 잠시도 멈춰서는 안 되는 일이다. 그러나 교육 현장에서 우리가 생각하기라 하면 반드시 이러한 생물학적 수준의 생각하기를 의미하지는 않는다. 적어도 자신의 생활 속에서 이루어지는 지금의 일들에 대한 처리 방식이나 앞으로 일어날 일들에 대하여 준비하는 것을 생각하기라 할 수 있다. 교육은 과거의 일들을 거울 삼아 현재에 필요한 가르침과 배움을 실천하면서 동시에 다른 한편으로는 미래를 준비하게 하는 지식과 실천을 가르치는 행위다. 따라서 교육의 수준에서 생각하기란 다른 여타의 생각하기보다 고차원적이고 도덕이 수반되는 그러한 것이어야 한다.

이러한 수준에서의 생각하기라면 교양과 학문적 수준을 갖추고 있는 책들을 읽는 것이 좋은 방법이 될 것이다. 무엇보다도 철학서들을 정리해 가는 것이 필수적이다. 모든 삶의 과정에서 사람이 어떤 철학을 갖고 있느냐 하는 것은 그의 삶에 커다란 영향을 미칠 수 있기 때문이다. 물론 개인이 가진 어떤 철학이나 사상이 상황에 따라 변할 수 있다는 것도 역시 사실이다. 그럼에도 개인의 철학은 그가 교사가 되어 교육 현장에서 자기 역할을 수행할 때 그의 교육에 미치는 영향이 말할 수 없이 크다.

이러한 의미에서 여기서는 교양의 수준이면서도 철학을 담고 있는 저서를 중심으로, 읽고 정리하는 과정에서 생각하기는 물론 비판적 사고까지 함께 할 수 있는 방법을 제시하고자 한다.

생각하기의 기본은 어떤 책이든 그 책을 정독하는 것이다. 책을 읽을 때는 마음을 정리하고 그 책에 온 신경을 집중해야 한다. 그리고 이러한 자세를 오래도록 유지할 수 있어야 한다. 이렇게 정독하면서 무언가 내용이 정리될 때 그 정리된 내용을 스크랩 형식으로 간략하게 정리해 두는 것은 책을 다 읽고 난 후 그 내용을 전체적으로 생각하고 정리하는 데 유익하다. 또한 정리하는 과정 중에 다른 사람들과 그 정리된 내용을 가지고 서로 토론하는 것은 생각하기를 넘어서서 자신의 비판적 사고를 키울 수 있는 훌륭한 방법이 된다. 대화할 사람이 없을 때는 자기 혼자서 설명하고 그에 대한 대답을 해 보는 것도 바람직한 생각하기의 방법이 될 수 있다.

정리하는 과정에서는 그 저서가 구성하고 있는 목차를 따라 이해하고자 하는 것이 바람직한 방법 가운데 하나다. 책을 읽는 도중에도 가끔씩 목차를 보면서 그 책의 전체 내용을 압축하여 생각하고 이해하는 것이 필요하다.

마지막으로 독자로서 잊지 말아야 할 것은, 자신이 정리한 내용이 아무리 훌륭해 보인다 할지라도 그것은 이전에 이루어진 것과 이후에 이루어질 수많은 정리들 가운데 하나일 뿐이라는 사실이다.

이 장에서는 네 권의 저서를 중심으로 읽고 정리하는 방법을 소개하며, 그에 따라서 토론과 논술의 주제들을 제시하고자 한다.

첫 번째 읽을 거리는 에리히 프롬(Erich From)의 『사랑의 기술(The art of loving)』이며, 두 번째 읽을 거리는 박세무의 『동몽선습(童蒙先習)』이다.

각각의 저서를 읽고 내용을 정리하여 그 정리된 것을 토대로 토론을 해 본다. 이런 과정을 거친 후 마지막으로 두 권의 저서를 사랑의 관점 아래 비교하면서 자신이 생각하는 사랑에 대한 논술을 실천해 본다. 같은 맥락에서 세 번째 읽을 거리는 막스 베버(Max Weber)의 『직업으로서의 학문(Wissenschaft als Beruf)』이며, 네 번째 읽을 거리는 율곡의 『격몽요결(擊蒙要訣)』이다. 이는 학문의 관점에서 서양과 우리나라 또는 동양의 관점을 연결지어 정리하고 토론 및 논술해 보기 위한 것이다.

1) 『사랑의 기술』 탐구

(1) 읽기-(생각하기)

저자인 에리히 프롬은 이 책에서 다음 세 가지 주제를 전개하고 있다. 첫 번째 주제는 서론으로서 사랑의 특성을 정의한다. 저자는 '사랑은 기술인가'라는 문제의 제기로 글을 시작하고 있다. 두 번째 주제는 '사랑의 이론' 즉 사랑에 대한 이론적 탐색을 시도한다. 저자는 사랑은 인간의 실존에 대한 대답이라 주장하고, 무엇보다도 그것은 다른 사람과 융합하게 하는 것이어야 한다고 평가한다. 세 번째 주제로는 이 사랑이 붕괴되었음을 고발한다. 프롬은 자본주의 사회가 도래하면서 인간이 소외되는 현상이 발생하였다고 보았다. 그 결과로 인간은 자신의 생명력을 현재의 시장 조건하에서 최대의 이익을 가져오는 투자로서 경험하는 존재가 되고 말았다. 마지막 네 번째 주제는 '사랑의 실천'이다. 저자는 바람직한 사랑을 실천할 수 있는 사람이 되기 위해서는 훈련, 정신집중, 인내, 최고의 관심 및 실행이라는 다섯 과정이 필요하다고 주장한다.

(2) 정리하기

다음은 『사랑의 기술』(황문수 역, 1977)을 읽고 그 내용을 정리해 본 것이다.

1. 사랑은 기술인가

사랑은 기술이다. 여타의 기술을 익혀야 하는 것처럼 사랑도 일정한 과정을 거치면서 익혀야 하는 기술이다.

그런데 현대인은 왜 사랑을 배우려 하지 않는가. 그들은 사랑을 하는 것이 아니라 받는 것으로 생각하기 때문이다. 사랑을 받기 위해서 그들은 매력을 키우려 한다. 남자는 좋은 직장과 돈, 권세를 얻으려 하고, 여자는 옷치장이나 몸매를 유지하려 한다. 그들에게 사랑은 (사랑할 수 있는) 능력이 아니라 대상이다. 사랑을 대상의 선택의 문제로 오해하고 있는 것이다. 그래서 사랑은 선택에서 나타나는 것으로 생각하고 있다.

오늘날의 사랑의 특성은 무엇인가. 사랑 그 자체 대신에 매력이 최고의 관심사로 나타나고 있다. 남자의 경우, 1920년대에는 술 마시고 담배 피우는 것이 매력이었으나 20세기의 남자는 공격적이고 야심적이어야 매력이 있는 것으로 생각되었다. 21세기인 지금은 사교적이고 관대하면서 돈이 많아야 매력이 있다. 그리하여 사랑은 남녀 사이에 최고의 교환가치를 발견할 때 성립될 수 있게 되었다. 그들은 사랑보다 더 쉬운 일이 없다는 태도로 사랑을 시작한다. 당연히 사랑은 쉽게 불타고 쉽게 깨진다. 대부분의 사람들은 사업의 경우에 실패하면 그 원인을 충분히 분석하지만 사랑의 실패에 관해서는 분석하지 않는다.

요약하면 사랑은 기술이기에 사람이 반드시 익힐 필요가 있다. 사랑의 기술을 익히는 방법으로는 이론을 습득하고 이를 바탕으로 실천해 가는 것이다. 이 과정에서 잊지 말아야 할 것은 사랑하는 기술만을 터득하는 것을 목표로 해야 한다는 사실이다.

2. 사랑의 이론

이론의 측면에서 사랑은 인간 실존의 문제에 대한 대답이라 할 수 있다. 인간의 실존은 누구나 동물계, 즉 자연의 일부로 태어난다. 하지만 일단 자연과 결별하게 되면 그곳에서 쫓겨나서 다시 자연과의 원래의 합일상태로 돌아가지 못한다. 인간은 자연대로만 사는 존재가 아니고 그 특성상 자신의 죽음, 분리, 고독, 자연과 사회의 힘 앞에서 자신의 무력함을 아는 존재다. 그는 견딜 수 없는 실존을 경험하는 존재이자 이 때문에 불안을 느끼는 존재다.

아담과 하와는 선악과를 따먹고 원래의 자연과의 동물적 조화로부터 벗어나 인간 존재가 되고 나서 발가벗고 있다는 사실에 부끄러움을 알게 되었다. 이는 남자와 여자가 자기 자신과 서로를 알게 된 다음 자신들이 분리되어 있고, 서로 다른 성에 속해 있어서 서로의 차이에 따라 분리되어 있음을 안다는 것을 의미한다. 분리를 알았다는 것은 아직 서로 분리되어 있을 뿐 사랑에 의하여 결합되지 못한 것으로 이해될 수 있다.

인간은 분리, 수치심, 고독을 벗어나려는 욕구를 지닌 존재다. 인간은 이 목적에 실패할 때 미쳐 버릴 수 있으며, 다양한 행동이 전개될 수도 있다. 이 고독과 수치, 분리 등을 넘어서서 그에 대한 해답을 찾으려는 것이 사실은 인간의 역사를 이루는 것이다.

지금까지 인간은 이 해답의 방식을 토템 숭배나 인간의 희생, 탐닉, 금욕, 성애, 집단과의 합일, 종교 등으로 다양하게 시도해 왔다. 그러나 프롬은 이에 대한 진정한 해결책은 대인적 결합, 즉 다른 사람과의 융합을 달성하게 하는 사랑이라고 주장한다. 좀 더 구체적으로 말하면, 사랑은 일차적으로 인간의 실존의 문제에 대한 신중한 해답의 형식이어야 하며 동시에 자신의 통합성 곧 개성을 유지하는 상태에 있으면서 합일이라는 의미의 인간과 타인을 결합시킬 수 있는 그러한 해답이어야 한다.

이러한 의미에서 보면, 사랑은 인간 활동의 한 유형으로 이해될 수 있다. 인간이 외부적인 변화의 발생 여부와 상관없이 능동적으로 자신의 감정을 드러낼 때 자유롭게 되고 그 감정의 주인이 될 수 있다. 인간이 자신과 세계의 일체성을 경험하는 것은 그의 최고의 활동이자 내면적 자유와 독립의 상태를 확보하는 것이라 할 수 있는데, 이러한 의미에서 본다면 사랑은 활동이자 동시에 인간의 힘의 행사가 된다. 이 활동 중에 최고의 영역은 '자기 자신 속에 살아 있는 것을 주는 것'이라 할 수 있다. 그 이유는 내가 다른 사람의 생명에 무엇인가를 일으켜서 그것이 나에게 돌아올 때 나와 그는 생명을 탄생시키는 기쁨에 참여하는 것이 되기 때문이다.

주는 행위로서의 사랑이 지니는 능력은 다른 사람을 생산적인 방향으로 발달하게 만드는 것으로 나타난다. 이를 위해서 사랑의 활동은 사랑하고 있는 자의 생명과 성장에 대하여 적극적으로 보호하고 관심을 가진다. 이외에도 사랑의 활동은 다른 인간 존재에 대한 나의 자발적인 책임을 뒤따르게 하며, 그의 독특한 개성을 알아서 존경하게 하고, 그에 대하여 핵심으로 파고드는 지식을 형성하게 한다. 이러한 능력을 지닌 자의 사랑은 자신의 힘을 생산적으로 발휘하고, 스스로 일한 결과만을 차지하려고 하며, 전지전능이라는 자아도취적 꿈을 포기하고, 오직 순수한 생산적 활동에 의해서만 획득할 수 있는 내적 힘에 바탕을 둔다. 이들은 겸손을 터득한 사람에게서 찾아볼 수 있다.

사랑의 한 유형으로서 어버이와 자식의 사랑은 어머니 중심의 애착에서 아버지 중심의 애착으로 발달해 가면서 궁극적으로 그 사랑을 종합하는 것이 필요하다. 그렇게 될 때 자녀가 정신적으로 건강하고 성숙할 수 있게 된다. "내가 당신을 사랑한다."는 말은 기본적으로 "나는 당신을 통해 모든 사람을 사랑하고 당신을 통해 세계를 사랑하고, 당신을 통해 나 자신도 사랑한다."는 말이어야 하기 때문이다.

형제애는 동등한 자들에 대한 사랑의 유형이다. 모성애는 무력한 자에 대한 사랑을 실천하게 한다. 이성 간의 사랑인 성애는 남녀 사이에 부드러움이 요구되는 사랑의 활동이다. 육체적으로 결합하려는 욕망이 사랑에 의해 자극되지 않는다면, 동시에 성애가 형제애가 아니라면, 이러한 욕망은 도취적이며 일시적인 합일에 불과하다. 그러한 합일은 언제나 (서로) 낯선 사람처럼 이전과 마찬가지로 널리 떨어져 있게 한다. 성애의 사랑은 본질적으로 의지의 행위, 곧 나의 생명을 다른 한 사람의 생명에 완전히 위임하는 결단의 행위이어야 한다.

3. 사랑의 붕괴

자본주의 사회는 증대되는 자본의 집중화와 강력한 관리조직의 등장에 따라 주도권을 개인에서 조직으로 옮겨 놓았다. 그에 비례하여 사람은 독립성을 잃고 거대한 경제적 제국의 관리자들에게 의존화되고 있다. 특히 근대 자본주의는 원활하게 집단적으로 협력하는 사람, 더욱 많이 소비하는 사람, 그 취미가 표준화되고 쉽게 영향받고 예측될 수 있는 사람을 필요로 한다. 권위, 원죄 또는 양심에 종속되지 않으면서 동시에 자유롭고 독립되어 있다고 느끼면서도 기꺼이 명령에 따르고 그들에게 기대되는 일을 하고 마찰 없이 사회 기구에 순응하여 따라주는 사람, 폭력 없이 관리되고 지도자 없이 인도되고, 목적 없이(정해진 목적 이외의) 움직일 수 있는 사람을 요구한다.

그 결과는 인간의 소외다. 소외는 인간으로 하여금 자신의 생명력을 현재의 시장 조건하에서 최대의 이익을 가져오는 투자로서 경험하게 한다. 이에 따라 인간관계는 자동기계의 관계와 유사하게 된다. 기계적 작업의 규격화는 인간의 초월과 합일에 대한 갈망을 깨닫지 못하게 한다. 대신에 그는 오락의 규격화, 즉 오락산업에 의해 제공되는 음향이나 구경거리를 수동적으로 소비함으로써, 또는 새로운 것이 출현할 때마다 그것을 찾아 소비함으로써 자신의 의식되지 않는 절망을 극복하도록 만들어지고 있다.

이러한 자본주의 구조하에서의 소외는 결혼한 부부 사이에서도 나타난다. 기계적 만남이 주를 이루고 있어서 형식적으로 행복한 결혼인 양 가장하기 쉽다. 또한 서로의 인격을 침해하지 않는다는 미명하에 겉도는 남남으로만 남게 되었으며, 그들만의 인간적이고 진정한 '핵심의 관계'에는 들어가지 못하고 있다.

프로이트의 잘못된 성에 대한 이해 역시 현대인을 혼란으로 몰아넣었다. 그는 인간이 지닌 리비도의 본능적 욕구를 충족시키면 행복할 것으로 생각했다. 그러나 오늘날 임상적으로 (리비도의) 본능적 욕구에 따라 무제한 성적 만족에 빠진 남자들이 행복을 획득했다는 사실은 찾아보기 힘들다. 프롬에 따르면, 인간의 모든 본능적 욕구의 완전한 만족은 행복을 위한 기초가 아닐 뿐 아니라 정상적 정신조차도 보장하지 못한다고 한다.

오히려 현대의 부부간에는 자기 자신의 문제는 회피하고 그 대신에 사랑하는 사람의 결함이나 결점에 관여하는 기계적 투사가 나타났다. 그의 사랑은 다른 사람의 사소한 결점을 낱낱이 비판하고 자기 자신의 결점을 모두 무시하는 방식을 취한다. 그는 자기 자신의 발달에 도움이 되는 조처는 전혀 취하지 못한다. 자신의 실존의 문제를 의식하지 못하기 때문이다. 그것은 스스로의 힘으로만 해결될 수 있을 뿐인데, 그가 자신의 실존에 대하여 문제의식을 갖지 않는 한 다른 사람이 그를 대신할 수는 없기 때문이다.

현대인의 바람직한 사랑은 그가 자신의 실존의 핵심으로부터 사귀고 여기로부터 자기 자신을 경험할 것을 요구한다. 핵심적 경험에만 인간의 현실이 있으며 오직 여기에만 생기가 있고 오직 여기에만 사랑의 기반이 있다. 사랑의 현존은 관계의 깊이, 관련된 각자의 생기와 힘에서 증명되는 것이다. 이외에도 현대인은 사랑과 정의와 진리에서 신과 일체가 되려는 모습을 통해 그들의 신앙을 드러내야 할 것이다.

4. 사랑의 실천

사랑의 실천을 위한 첫 번째 단계는 훈련이다. 무엇보다도 자기 자신의 의지를 표현하는 훈련과 홀로 있을 수 있는 능력을 훈련하는 것이다. 두 번째 단계는 정신집중이다. 정신집중의 방법은 독서, 음악감상, 숙고 등 다양할 수 있으나 근본적으로 나의 힘의 중심으로서, 나의 세계의 창조자로서 '나 자신을 느끼는 것'을 통해 사랑을 능력 있게 실천하게 한다. 세 번째 단계는 인내다. 현대사회는 신속성을 요구한다. 그러나 신속성에 인내가 수반되지 않으면 안 된다. 네 번째 단계는 사랑에 최고의 관심을 보여야 하며, 사랑의 견습공이 되어서는 안 된다. 마지막으로 언제나 실천해야 한다. 일정한 시간에 일어나고, 명상, 독서, 음악감상, 산책 등 다양하게 나를 활용해야 한다. 이렇게 될 때 사람은 홀로 있을 수 있는 능력을 함양함과 동시에 나 자신을 느낄 수 있다.

이러한 능력 있는 사랑에서는 자아도취가 극복된다. 그러한 사랑은 항상 외부세계에 대해 객관적인 견해를 갖게 하기 때문이다. 동시에 겸손과 객관성과 이성이 발달하게 된다. 또한 믿음이 수반되어야 하는데, 다만 이때의 믿음은 나의 사고와 감정의 경험에 의한 것이어야 한다. 교육의 현장에서 학생이 스스로 훌륭한 존재가 될 수 있다는 신념이 있어야만 그가 학생 자신의 가능성을 실현하는 것을 도와줄 수 있기 때문이다. 이 믿음이 없으면 교사는 학생을 불신해서 그를 조작하려 든다. 로봇에게는 생명 자체가 없기에 아예 신앙이 필요치 않다는 사실을 기억하자. 사랑에는 용기가 필요하다. 이는 위험을 무릅쓰는 능력, 고통과 실망조차도 받아들이려는 용기 등을 의미하며, 어떤 가치를 궁극적 관심으로 판단하는 것을 의미한다. 진정한 공포는 사랑하는 것에 대한 공포다. 이는 신앙과 용기로 극복해야 하며, 이렇게 하지 못한 자는 사랑할 수 없다. 사랑은 활동이지 휴면이 아니다.

어떻게 이러한 사랑을 자본주의하에서 실천할 수 있을 것인가. 자본주의하에서 인간이 사랑하기 위해서는 인간이 최고의 위치에 놓여 있어야 한다. 구체적으로 말하면, 인간이 경제적 기구에 이바지하는 형태가 아니라 경제적 기구가 인간에게 이바지하는 형태가 되어야 하는 것이다. 그리고 인간이 이익만을 나누어 갖는 것에서 그치지 않고 경험도 나누어 가질 수 있어야 한다. 현대인이여! 자본주의하에서도 개인의 사랑뿐 아니라 사회적 현상으로서의 사랑이 가능하다는 믿음을 갖자.

(3) 말(토론)하기

① 사랑은 "기술인가? 아니면 감정인가?" 에 대하여 토론해 보자.

② 오늘날 사랑은 오랜 시간과 노력에 의해 습득할 수 있는가에 대하여 토론해 보자.

③ 흔히들 '사랑은 주는 것'이라고 한다. '받는 행위'는 어떠한가에 대해 토론해 보자.

④ '주는 능력을 지닌' 사랑은 상대에 대하여 어떠한 역할을 할 수 있을지를 토론해 보자.

⑤ '사랑의 붕괴'는 왜 일어났으며 그 실상은 무엇인가에 대해 토론해 보자.

⑥ 자본주의하에서 인간은 '사랑'을 중시해야 하는가, 아니면 경제를 중시해야 하는가?

⑦ 자본주의하에서 우리(나)는 " '사랑'을 선택할 것인가? '자본'을 선택할 것인가?"를 토론해 보자.

(4) 쓰기(논술하기)

① 『사랑의 기술』은 교육의 현장과, 교사와 학생과의 관계에서 어떻게 적용될 수 있는가를 논술해 보자.

② 교사는 자본주의 사회의 교육에서 '사랑'과 '경제'를 어떻게 조화시켜 교육해야 하는가에 대해 논술해 보자.

③ 프롬은 '사랑의 기술'이 가족, 형제애, 이성, 신앙 등의 관계를 통해서 향상되는 것으로 보고 있다. 우리나라의 경우 사랑의 기술은 어떻게 이해되고 적용될 수 있는지 논술해 보자.

2) 『동몽선습』 탐구

(1) 읽기-(생각하기)

『동몽선습(童蒙先習)』은 조선시대 동몽을 위한 학습교재로서, 『천자문(千字文)』, 『훈몽자회(訓蒙字會)』, 『유합(類合)』, 『신증유합(新增類合)』, 『아학편(兒學編)』과 같은 문자교육 교재나 『소학(小學)』, 『명심보감(明心寶鑑)』, 『격몽요결(擊蒙要訣)』, 『계몽편(啓蒙編)』, 『사자소학(四字小學)』, 『추구(推句)』와 같은 문장교육 교재와 더불어 중요시되던 학습서 가운데 하나다.

『동몽선습』은 조선 중기 때 박세무(朴世茂)가 편찬한 것으로 보인다. 송시열은 발문(跋文: 뒷글 또는 후기[後記])을 통해 『동몽선습』을 편찬한 사람이 박세무라는 사실을 간접적으로 밝히고 있고, 1544년 중종 39년의 『조선왕조실록(朝鮮王朝實錄)』에는 박세무가 『동몽선습』을 편찬한 것으로 기록되어 있다. 이러한 사실로 볼 때 『동몽선습』의 최초 편찬 연대를 확실하게 알 수는 없으나, 적어도 서기 1544년 중종 39년 이전에 박세무의 사가본(私家本)이 존재하고 있었다고 추론할 수 있다. 그 후 서기 1568년 선조 1년에 편찬된 『고사촬요(巧事撮要)』에는 『동몽선습』 광주간본(光州刊本)이 기재되어 있고, 1585년 선조 18년 이전에는 봉산 · 고산 · 남해 · 거제 · 평양 등지에서도 간본이 있었으며, 현재에도 19종 이상의 전래본(傳來本)이 있다. 영조는 예문관에 명하여 『동몽선습』을 널리 인쇄하여 보급할 것을 명하기도 했다. 중요한 것은 이러한 간본들 가운데 관각본(官刻本, 관제작본)이 사가본에 비하여 압도적으로 다수를 차지하고 있다는 사실인데, 이러한 사태로부터 『동몽선습』의 간행과 보급은 국가시책으로 장려되고 있었고, 그만큼 『동몽선습』이 조선사회에서 광범위하게 사용된 학습서였다는 것을 알 수 있다.

『동몽선습』의 내용은 서론과 총론 두 부분으로 구성된다. 서론에서는 인간이 만물 중의 최고 존재라고 주장한다. 그 이유는 인간에게만 오륜이 있기 때문이다. 총론에서는 다시 한 번 오륜의 성립 과정과 그 실천 방법을 밝히고, 이를 알 수 있기 위해서는 학문이 필요함을 역설한다. 그리고는 태극에서 시작해서 우주와 자연현상의 성립, 인생의 성립을 설명한다. 또한 이러한 인간의 역사가 중국을 중심으로 우리나라에까지 이어져 왔음을 역설한다. 특히 우리나라는 예약과 법도, 의관, 문물을 모두 중국의 제도에 따르고 있어서 중국과 대등한 나라라는 말로 결론을 맺는다.

(2) 정리하기

다음은 『동몽선습』을 읽고 정리한 내용이다.

1. 서(序, 서론)

오늘날의 가치관과는 다르게 『동몽선습』에서는 인간을 최고의 존재로 이해한다. "하늘과 땅 사이 만물 가운데서 오직 사람이 가장 귀한(존재인)데, 사람에게 있어 귀한 것(까닭)은 (사람이) 오륜을 지니고 있기 때문이다. 그렇기 때문에 맹자는 '부모와 자식 사이에는 친함이 있어야 하며, 임금과 신하 사이에는 의로움이 있어야 하며, 남편과 아내 사이에는 구별이 있어야 하며, 어른과 어린 사람 사이에는 차례가 있어야 하며, 친구 사이에는 서로 간에 미더움이 있어야 한다.'라고 했다. 사람이면서 이러한 오륜이 있음을 알지 못한다면 그는 짐승과 다를 바 없는 존재가 된다(天地之間萬物之中 惟人最貴, 所貴乎人者 以其有五倫也. 是故 孟子曰 "父子有親 君臣有義 夫婦有別 長幼有序 朋友有信. 人而不知有五常 則其謂禽獸 不遠矣")."

2. 총론(總論, 본론)

부모와 자식은 천성적으로 친하다. 이러한 친함은 부모의 편에서는 자식을 낳아 기르고, 사랑하고 가르치면서 저절로 형성되고, 자식의 편에서는 부모의 뜻을 따르고 이어가며 효도하고 봉양하는 과정에서 자연스럽게 형성된다(父子 天性之

親. 生而育之 愛而敎之 奉而承之 孝而養之). 임금과 신하는 사람 사이에는 서로 다른 존재로 규정되는 데서 어떤 일정한 관계가 요구된다. 임금은 특출하게 잘난 사람이라기보다 근본을 실천하면서 무리들 가운데서 어떤 새롭게 나아가야 할 방향이나 명령을 내리는 사람이며, 신하는 근본을 도우면서 선한 일을 베풀고 사악함을 막는 사람을 가리킨다. 그들은 각각 자신의 역할에 충실하면서 상대에 대하여 의로움을 지켜가야 한다. 이럴 때 가족이나 소규모 모임, 학교, 사회 등이 원활하게 유지될 수 있는 것이다. 남편과 아내는 두 성(가문)이 합하여 이루어지고 생명을 낳는 시작이 된다. 생명의 낳음에는 남편과 아내의 다름이 서로 보장될 때 이루어지며, 이러한 역할은 생을 마칠 때까지 서로 섞일 수 없다. 또한 남편은 자신을 경건하게 하여 아내를 바르게 이끌어야 하고, 아내 역시 자신을 경건하게 하여 남편을 따르면서 서로가 화순하게 하되 서로는 손님처럼 존중하게 대해야 한다(相待如賓). 어른과 아이됨은 하늘의 질서다(長幼 天倫之序). 형이 형 되고 아우가 아우 되는 까닭은 태어난 순서에 의해서다. 따라서 사람이 다른 사람을 대할 때 연배의 차이에 따라 어떤 이에게는 아버지처럼 대하고 어떤 이에게는 형님처럼 대하는 것은 일상생활을 인간적이고 부드럽게 하는 데 유익하다. 친구는 같은 부류의 사람이다. "친구를 사귄다는 것은 그 사람의 덕을 사귀는 것(友也者 友其德也)"이기 때문에 정직한 사람, 너그러운 사람, 견문이 많은 사람을 친구로 사귀는 것이 유익하다(友直 友諒 友多聞 益矣). 친구 사이에는 당연히 선으로써 권면하여 미더움을 더하고, 서로 간절한 마음으로 좋아해야 한다.

그러나 태어나면서부터 즉시 오륜을 실천할 수 있는 사람은 거의 없다. 따라서 사람에게는 반드시 배움이 필요하다. 『동몽선습』은 학문의 의미를 "학문의 길이란 다른 것이 아니고 장차 고금에 통달하며 일마다 그 이치에 통달하여 그것을 마음에 간직하고 몸으로 실천하고자 하는 것(學問之道 無他 將欲通古今 達事理 存之於心 體之於身)"이라고 설명한다.

『동몽선습』은 그 배움을 위해서 중국을 중심으로 역대에 걸친 중요한 대의를 정리하고 있다. 그 출발은 태극론을 기점으로 하는 철학적 지식에서 시작한다.

"대개 태극이 처음으로 판이 나뉨으로부터 음양이 비로소 구분되고, 오행이 생겼으며, 먼저 이기가 있게 되었다. 사람과 만물의 태어남이 가득하더니 여기에서 성인이 우뚝 뛰어나서 하늘을 잇고 표준을 세웠다(蓋自太極肇判 陰陽始分 五行相生 先有理氣 人物之生 林林總總 於是 聖人首出 繼天立極)." 바로 성인은 우주 발생의 원리에 따라 자연과 인간을 잇는 존재다. 그리고 중국의 역대 통치자들 가운데 이러한 역할을 충실히 한 자는 그 왕조가 오래가고 사회가 안정될 수 있었음을 증명한다.

한편 우리나라의 역사에 대하여는 고조선부터 시작한 것으로 전개된다. "동방에는 처음에는 다스리는 자가 없었지만, 신인이 태백산의 박달나무 아래로 내려와, 나라 사람들이 그를 세워 임금으로 삼으니 (그가) 요임금과 대등하게 나라를 세우고 국호를 조선이라고 하였으니 이 사람이 단군이다(東方 初無君長 有神人 降于太白山檀木下 竝立 國號朝鮮 是爲檀君)." 그리고는 기자조선에서 고구려, 백제, 신라, 고려왕조를 거쳐 조선왕조로 이어져 온 것으로 설명하고 있다. 마지막으로 『동몽선습』의 내용은 조선왕조가 예악과 법도, 의관과 문물을 두루 갖추고 인륜을 높이 드러내고 있으며, 어린 사람들에게도 교화가 이루어지고 있으니, 어린이들(小子)은 나라에 대한 긍지를 갖고 분연히 일어서야 하는 것으로 결론을 맺고 있다.

(3) 말(토론)하기

① '부자유친'은 천성적인 인간 관계다. 이것이 지니는 의미를 우리의 실생활에서 찾아 토론해 보자.

② '군신유의'의 의의를 생각해 보고 '그것과 민주주의와의 차이점'에 대하여 토론해 보자.

③ '부부유별'의 의미와 '페미니즘'의 공통점과 차이점을 토론해 보자.

④ '장유유서'와 오늘날의 '형제자매'의 의미에 대하여 공통점과 차이점

을 들어 토론해 보자. 또한 '선배'와 '후배'의 관계에 대하여 토론해 보자.

⑤ '붕우유신'과 오늘날의 '친구'의 의미를 분석해 보고, 그 공통점과 차이점을 토론해 보자.

⑥ 우리나라의 역사를 어떻게 이해하는 것이 바람직한가? 중국과의 관계를 비롯하여 오늘날 세계화의 관점과 비교하여 토론해 보자.

⑦ '전통사회에서 말하는 배움의 의미'와 오늘날 '현대사회에서의 배움의 의미'를 비교하고 토론해 보자.

(4) 쓰기(논술하기)

① 전통교육의 인간존중 사상은 오늘의 교육에서 어떻게 실천될 수 있는지 논술해 보자.

② 전통교육에서 배움의 목적이 오늘의 교육에서는 어떻게 적용되는 것이 바람직한지 논술해 보자.

3) 『직업으로서의 학문』 탐구

(1) 읽기-(생각하기)

막스 베버는 대학을 졸업한 학생이 대학에 남아서 직업적으로 학문에 헌신하려고 결심할 경우 그가 놓이게 되는 상황부터 시작해서 학문의 의미를 파헤쳐 간다. 이는 경제적 상황과 관련된 학문의 외적 조건이다. 베버는 독일과 미국의 상황을 예로 들어 그것을 고찰한다.

그러나 학문을 직업으로 선택하는 자에게 더 중요한 것은 내적 조건이다. 그는 내적 조건으로 소명의식을 들고 있다. 그리고 주지주의 내지 합리주의가 팽배한 오늘날의 사회에서 학문의 의의를 밝히고, 학자는 마땅히 내적 소명에 따라 시대가 요구하는 일에 종사하는 자라고 하여 학문을 직업으로 선택한 자의 삶의 자세를 설파하고 있다.

(2) 정리하기

다음은 『직업으로서의 학문』(이상률 역, 1994)을 읽고 정리한 내용이다.

1. 학문의 외적 조건

학자라는 직업의 외적 조건은 무엇보다도 금권주의 전제에 기초하고 있다. 학자는 대학교수가 되기까지 수입이 없이 자신을 내맡겨야 할 정도로 경제적 비용이 들어간다. 독일의 상황에서는 이렇게 경제적 소비를 감당하며 공부를 했다 하더라도 교수가 되기에는 요행이 따르고 있는 현실이다. 물론 선한 의미에서의 교수가 되는 객관적 기준이 있는 것도 사실이지만 그럼에도 요행이 따르고 있는 것이다. 또한 학자는 교사로서의 자질도 갖추어야 한다. 이것이 당시 독일에서 학문을 직업으로 선택할 수 있는 외적 조건들이었다.

2. 학문의 내적 조건

학문의 외적 조건이 충족되었다고 해서 학문을 직업으로 선택할 수 있는 것은 아니라는 것이 베버의 입장이다. 내적 조건이 더욱 중요하다는 말이다.

학문의 내적 조건은 학자로서의 소명의식이다. 그 첫째가 기이한 도취, 곧 정열과 오랜 세월이 걸려도 반드시 어떤 사태에 대해 이해하고야 말겠다는 확신이다. 둘째는 끝없는 작업과 영감이다. 셋째는 일(연구)에 완전히 헌신하는 인격이다.

3. 학문의 진보의 의미

학문의 특성은 진보라는 흘러감 속에 얽매여 있다. 학문상의 모든 성취는 새로운 질문을 뜻하며, 그것은 언제나 다른 성취에 의해 능가되어 시대에 뒤떨어지기를 원할 뿐이다. 그러나 이 진보가, 예를 들어 주지주의의 합리화 시대인 지금 이 사실이 의미하는 것은 분명히 과거와 다르다는 것은 틀림없으나 그렇다고 그 진보가 현대인인 우리를 두고 인디언보다 잘 살게 되었다는 것을 의미하지는 않는다. 그것은 오직 세계의 탈주술화를 의미한다. 즉, 우리는 과거의 사람과는 달리 자신이 원하기만 하면 무엇이든 언제라도 축적된 지식을 통해 배워서 알 수 있는 세계 속에 살고 있다는 것을 의미할 뿐이다.

과거 근대 직전의 사람에게서 학문의 의미란 진정한 예술, 진정한 자연에 도달하는 길을 뜻했다. 이 의미는 고대 그리스인에게 어떤 학문의 연구를 통해서 진, 선, 미 가운데 어느 하나를 찾고자 했던 것과 동일한 맥락이다. 중세의 자연과학 역시 어떠한 자연현상에서도 신의 존재를 찾고자 했다. 그러나 세계의 탈주술화는 학문의 진보라는 것이 '진정한 존재로의 길' '진정한 예술로의 길' '진정한 자연으로의 길' 등을 향해 가는 것이 아님을 드러내었다. 그것은 알 가치가 있는 사태에 대한 이해를 끝없이 해나갈 수 있다는 것을 뜻한다. 학자가 지도자의 위치에서가 아니라 연구자로서 어떤 현실이나 사실에 대해 스스로 '알 가치가 있다.'라는 전제하에 해석해 나가게 되었음을 의미하는 것이다. 동시에 학자는 그 현실이나 사실에 대하여 자신의 가치판단을 가지고 들어가서는 안 된다. 그는 지적인 공정성, 다시 말하면 연구 대상의 사실 확인, 수학적 및 논리적인 사실의 확정, 또는 그것의 내적인 구조의 확인과 그 가치를 밝혀 청중이 자신의 궁극적인 이상에서 그 현실이나 사실에 대한 입장을 취할 수 있는 점을 발견할 수 있도록 해야 한다.

4. 학문의 사명

학문은 실천적이고 인격적인 삶에 대해 어떠한 기여를 할 수 있는가. 첫째, 학문은 생활, 다시 말하면 외적인 사물뿐만 아니라 인간의 행동을 계산을 통해 지배할 수 있게 해 주는 기술에 대한 지식을 제공한다. 둘째, 사고의 방법, 도구 및 이를 위한 훈련을 제공한다. 셋째, 명확함을 제공한다. 학문은 개인 모두에게 그 자신의 행위의 궁극적인 의미에 대해 해명하도록 강요한다. 이 요구에 따라서 명확함과 책임감으로 자신의 행위를 설명하고자 하는 자가 도덕적인 힘에 헌신하는 것이다.

이 과정에서 인간은 자신의 삶에 대해 일반적으로 있을 수 있는 궁극적인 입장의 불일치가 존재함을 알고 있다. 그리고 이 입장의 불일치가 중재 불가능하다는 것도 알고 있다. 그러기에 이 사이에서 학자는 결단을 내리지 않으면 안 된다. 이것이 주지주의가 갖고 있는 장점이자 단점이다. "악마, 그는 늙었다. 그러므로 그를 이해하려면 너도 늙어야 한다는 것을 염두에 두어라." 주지주의 아래에서 살아가는 사람은 누구나 이 악마인 주지주의의 힘과 한계를 알지 않으면 안 된다는 사실을 잊지 말아야 한다.

요약하면, 학문이란 우리 자신에 대한 자각과 사실 관계의 인식에 이바지하기 위해 전문적으로 행해지는 직업이지, 예언자로부터 오는 은총의 선물이 아니다. 주지주의 시대에서 예언자는 존재하지 않는다.

5. 학문의 실천

합리화와 주지주의화, 특히 세계의 탈주술화를 특징으로 하는 우리 시대의 운명은 바로 궁극적이며 숭고한 가치들이 공공의 무대에서 물러나 신비적인 생활의 초월적 왕국 속으로 들어갔다는 데 있다. 아니면 그것은 개인들 간의 직접적인 관계의 형제애 속으로 들어갔다는 것이다. 즉, 과거 중세의 신 개념이나 순수한 진리 체계 등이 역사의 무대로 사라졌거나 개개인의 의식 속에만 머물러 있을 뿐 실제 생활에서는 더 이상 우리 삶의 태도에 영향을 주지 못하게 되었다.

이때 학문을 실천하려는 학자에게 필요한 것은 지적 공정성의 의무를 회피하지 않는 것이다. 특히 우리의 사태를 설명해 줄 예언자를 갈망하는 태도를 보여서는 안 된다. 오히려 학자는 우리(인간)의 일에 착수하여 '시대의 요구'를 인간적으로나 직업적으로 따라가는 자가 되어야 하는 것이다. 이 일을 각자가 자신의 재능을 따라 지적 공정성을 유지하면서 실천해 가면 되는 것이다.

(3) 말(토론)하기

① 우리나라에서 직업으로서 학문을 선택할 수 있는 외적 조건은 어떠한가에 대하여 토론해 보자.
② 베버가 말하는 '학문의 내적 조건, 곧 기이한 도취와 정열, 끝없는 작업과 영감, 그리고 일에 헌신하는 인격'에 대해 검토해 보고, 우리에게는 이러한 자세가 어느 정도나 갖추어져 있는지 토론해 보자.
③ 탈주술화와 주지주의 시대에 학문의 진보는 무엇을 의미하는지 토론해 보자.
④ 학문의 의미와 예술의 의미는 어떤 점에서 서로 다른지 토론해 보자.
⑤ 베버가 말하는 학문의 의미는 학자와 학문의 관계가 분리되어 이해되고 있다. 그러나 율곡의 『격몽요결』에서는 학자와 학문의 방법과 실천, 목적 등이 분리되지 않고 설명되어 있다. 이 둘 사이의 학문의 의의와 장단점을 비교하여 토론해 보자.
⑥ 우리 각자에게는 학문의 의미와 사명이 어떻게 이해되고 있는지 토론해 보자.
⑦ 학문의 실천이 어떻게 이루어지는 것이 가장 바람직할지에 대해 토론해 보자.

(4) 쓰기(논술하기)

① 서양의 학문관과 우리나라의 전통적 학문관을 비교하여 논술해 보자.
② 전통의 학문관이 오늘날 우리나라의 교육현실에서 어떻게 적용될 수 있는지 논술해 보자.

4)『격몽요결』 탐구

(1) 읽기-(생각하기)

조선시대 유학은 대체로 대학의 격물(格物, Investigating things) · 치지(致知, Extending knowldege) · 성의(誠意, Making the will sincere) · 정심(正心, Rectifying the mind) · 수신(修身, Cultivating one's person) · 제가(齊家, Regulating the family) · 치국(治國, Odering the state) · 평천하(平天下, Making the world tranquil)의 8조목과 명명덕(明明德, Making illustrious virtue manifest) · 친(신)민(親(新)民, Renewing the people) · 지어지선(至於至善, Abiding the highest good)이라는 3대 학문의 강령을 기초로 하여 내학과 외학의 조화, 또는 개인의 인간적 완성과 타인을 위한 헌신이라는 학문의 체계를 구축하고 있다.

『격몽요결(童蒙先習)』은 율곡(栗谷) 이이(李珥, 1536~1584년)가 선조 10년(1577년) 12월에 완성한 초학용 저술서다. 율곡은 여기에서 주자학의 학문론을 수용하면서도 학문의 목적을 일단 사람됨에 두고서 이러한 사람됨을 향한 배움의 출발이 입지에 있다고 밝힘으로써 '격물 · 치지'로 시작하는 객관적 지성주의보다는 개인의 심학(心學, 마음공부)을 더 강조한다. 또한 학문의 목적, 방법, 실용성의 일치를 추구하기에 학문하는 사람은 개인의 인격과 사회적 참여가 일치하는 존재가 되어야 한다고 주장한다.

(2) 정리하기

다음은『격몽요결』을 읽고 정리한 내용이다.

1. 학문의 목적과 의미

'서론(序)'에서 주장하는 것은 첫째로 평범한 사람과 성인이 그 본성은 하나라는 사실이다(蓋衆人與聖人 其本性則一也). 비록 기질은 맑고 탁함, 순수함과 섞임의 다름이 없을 수는 없으나 앎을 진실히 하고 실천하여 옛날의 오염된 습관을 버리고 그 본성의 처음을 회복하면 (본성에) 조금도 더함이 없어도 모든 선함이 (나의 본성에) 충분하게 갖추어져 있기 때문에 평범한 사람이라도 스스로 성인이 되겠다는 기약을 해야 한다는 것이다.

다른 하나는 학문이라는 것이 또한 이상하고 별다른 일이 아니라, 부모가 되어서는 마땅히 자애하고, 자식이 되어서는 마땅히 효도하고, 신하가 되어서는 마땅히 충성하고, 부부가 되어서는 마땅히 구별되고, 형제가 되어서는 마땅히 우애하고, 연소자가 되어서는 마땅히 어른을 공경하고, 친구가 되어서는 마땅히 미더움이 있어야 한다는 것이다. 또한 이 모든 일들은 그 사정에 따라 각각 당연히 해야 할 바를 하는 것이라고 주장한다(所謂學問者 亦非異常別件物事也. 只是爲父當慈, 爲子當孝, 爲臣當忠, 爲夫婦當別, 爲兄弟當友, 爲少者當敬長, 爲朋友當有信, 皆於日用動靜之間 隨事各得其當而已).

2. 학문의 방법

1) 뜻을 세움(立志)

학문의 방법이자 시작은 '뜻을 세우는 것(立志)'이다. 마음과 뜻은 어리석은 것을 지혜롭게 할 수 있고, 불초한 것을 어질(현명하)게 할 수 있다(惟有心志 則可以變愚爲智 變不肖爲賢). 왜냐하면 마음은 비어 있으면서도 비어 있고 영물(虛靈)해서 타고난 분수에 구속되지 않기 때문이다. 특히 뜻을 세움이 귀중한 것은 즉시 공부에 착수하여 오히려 미치지 못할까를 두려워하여 생각하고 생각해서 물러서지 않게 해서이다(所貴乎立志者 卽下工夫 猶恐不及 念念不退故也). 학문을 하는 평소의 태도로는 매일 자주 스스로 점검하여 마음을 보존하지는 않았는지, 학문이 진전되지는 않았는지, 행실에 힘쓰지는 않았는지 살펴보아서, 있으면 고치고 없으면 더욱 부지런히 하여 힘쓰고 힘써 게을리 하지 않는 것이 필요하다.

2) 몸가짐을 삼감(飭躬)

다음으로 공부에 필요한 자세를 형성하는 것이다. 먼저 학문을 하는 사람은 과거에 공부를 방해하던 모든 잘못된 습관들을 고쳐나가면서(革舊習) 공부의 자세를 터득하는 것이 바람직하다. 동시에 몸과 마음을 삼가고 배움에 나아가 지혜를 더하는 자세를 지녀야 하는데, 전자는 구용(九容, 9가지 바른 용모)을 통해서 이룰 수 있고, 후자는 구사(九思, 9가지의 바른 생각)를 통해서 이룰 수 있다.

이러한 공부를 통해서 극기가 이루어져야 한다. 극기는 자기가 좋아하는 것이 여색(色), 이익(利), 명예, 벼슬, 안일함, 진귀한 보배 등을 좋아하는지를 감찰하여 언제나 자신의 사사로운 뜻을 천리와 일치하게 하는 것을 이른다. 극기가 이루어질 때 학자는 당연히 잡다한 말이나 염려들이 없어지게 되고 사람을 대할 때도 말이 간략해지고 신중해서 사람의 도리를 행할 수 있게 된다.

그리고 공부하는 사람은 혁구습, 구용, 구사, 극기 등에서 그러한 일들이 제대로 이루어지고 있는지를 자주 점검하는 태도를 가져야 한다. 점검 항목으로는 다음 세 가지를 제시하고 있다.

"매일 자주 스스로 점검하여 마음을 보존하지는 않았는지, 학문이 진전되지나 않았는지, 행실에 힘쓰지는 않았는지 살펴보아서, 있으면 고치고 없으면 더욱 부지런히 하여 힘쓰고 힘써 게을리 하지 않으니 (이런 일들은) 죽은 뒤에나 그만두어야 한다(每日 頻自點檢 心不存乎 學不進乎 行不力乎 有則改之 無則加勉 孜孜無怠 斃而後已)."

3) 독서

독서의 의의는 " …… 성인과 현인의 마음 씀씀이의 자취와 선과 악의 본받고 경계해야 할 것들이 모두 책 속에 있다(…… 以聖賢用心之迹 及善惡之可效可改者 皆在於書故也)."라는 데 있다. 독서의 단계로는 먼저 『소학』을 읽고, 다음으로 『대학』과 『혹문』, 『논어』, 『맹자』, 『중용』, 『시경』, 『예경』, 『서경』, 『역경』, 『춘추』의 순으로 읽는다. 이 외에 송나라 선현들이 지은 책들과 『근사록』, 『가례』, 『심경』, 『이정전서』, 『주자대전』, 『어류』 및 기타의 성리서들을 읽도록 권장한다.

『소학』을 통해서는 사친(事親, 어버이를 섬김), 경형(敬兄, 형을 공경함), 충군(忠君, 임금에게 충성), 제장(弟長, 어른을 모심), 융사(隆師, 스승을 존경함), 친우(親友, 벗과 친함)의 도를 익혀 힘써 행하는 것을 배우고 실천할 수 있다. 『대학』을 통해서는 궁리정심, 수기치인의 방법을 익히며, 『논어』를 통해서는 인을 찾고(求仁), 위기(爲己)를 배운다. 『맹자』에서는 명변의리(明辯義理, 의리를 밝히 논함), 알인욕(遏人慾, 인간의 사욕을 억제함) · 존천리(存天理, 하늘의 이치를 간직함)의 이치를 배우고, 『중용』에서는 특히 성정(性情, 사단과 칠정)의 덕에 대해 공부한다. 『시경』에서는 인간의 성경의 사악함과 바름을 배우고, 『예경』에서는 천리의 예절을 익힌다. 『서경』에서는 과거 선왕들의 치리하던 법을 배우고, 『역경』에서는 길흉, 존망, 진퇴, 소장의 기미에 대하여 연구한다. 『춘추』를 통해서는 성인이 어떻게 선에 대하여 상을 주고, 악에 대하여는 벌을 주었는지를 배운다.

독서는 "…… 의리로 하여금 항상 나의 마음에 침투하여 젖어들게 하고, 잠시도 끊어짐이 없게 하며, 그리고서 남은 힘이 있어서 역사서를 읽어 고금에 통하고, 변화하는 일에 통달하게 되어, (자연히) 식견이 나아지게(…… 使義理常常浸灌五心 無時間斷 而餘力 亦讀史書 通古今 達事變 以長識見)" 한다. 다시 말하면, 독서는 하나는 내 마음에서 의리를 떠나지 않게 해 주고, 다른 하나는 성현이나 경전의 의리를 바탕으로 옛날과 오늘의 모든 사태에 관통하고 현재 변화의 일들에 통달하게 해 주는 학문의 방편이다.

3. 학문의 실용성

1) 효행의 터득

학문의 결과는 무엇보다도 부모에 대한 효행으로 나타난다. 효행은 부모가 살아계실 때와 돌아가셨을 때, 그리고 돌아가시고 난 후로 구분되어 이루어지는 것이 보통이다. 효행의 근거는 "인간의 자식이 생명을 부여받음에 성명과 혈육이 모두 부모님이 남겨 주신 것이다. 숨 쉬고 호흡하는 데 기맥이 서로 통하게 되었으니 이 몸은 나의 사유물이 아니라 곧 부모가 남겨 주신 기운(人子之受生 性命血肉 皆親所遺. 喘息呼吸 氣脈相通 此身 非我私物 乃父母之遺氣也)"이라는 사실에 있다. 배움을 통해서 인간은 부모의 일에 관심을 두고, 무슨 일을 하든지 먼저 부모와 상의하는 등의 효행을 실천할 수 있게 된다. 의견이 맞지 않을 때는 자세히 아뢰어 다시 허락을 받는다거나, 그것이 여의치 않을 때는 좀 더 시간을 두어 자신이 하고자 하는 일을 서서히 해 나가는 것을 배운다. 부모의 명이 의리에 해로운 것이 아니면 순종하는 것이 마땅하고, 의리에 해로운 것일 때면 얼굴빛을 온화하게 하고 음성을 부드럽게 하여 간하거나 반복하여 말씀드려 가는 것이 바람직하다. 자신의 몸가짐을 삼가지 않거나 말을 법도에 맞지 않게 함부로 하며, 장난으로 세월을 보내는 것은 부모를 잊은 자가 될 뿐이니 배우는 자는 반드시 이러한 일들을 경계하지 않으면 안 된다.

부모의 상을 당했을 때는 되도록 상례(喪禮)를 따라 모시는 것으로 효를 실천한다. 무엇보다도 부모의 돌아가심을 애통해 하는 마음과 공경하는 마음을 지니고서 정성을 다 하는 것이 중요하다. 그러나 자식이 자신의 생명을 손상할 정도로 상례만을 지키고자 하는 것은 이치에 어긋나는 것임을 잊지 말아야 한다. 슬퍼하거나 자신의 몸을 훼손하기를 지나치게 해서 생명을 잃어버릴 지경까지 되어서도 안 된다. 아무리 상제(喪祭)라 하더라도 몸을 훼손하고 수척하게 하여 생명을 상하게 하는 것은 불효가 되기 때문이다(毁瘠傷生, 君子謂之不孝).

2) 조화로운 인간관계 형성(接人)

인간은 학문을 하는 과정에서 먼저 부모에 대한 사랑을 배우게 되고, 이러한 사랑과 관계를 기초로 하여 다른 사람과의 관계를 익히게 된다. 즉, 부모를 중심으로 부모의 친지와 친구, 형제와 형제의 친구 등을 중심으로 하는 것이 대부분이었다.

형제와의 관계에서는 부모가 남겨 주신 몸을 함께 받았기에 나와 한몸으로 여기며, 음식이나 의복 등을 함께 공유해야 한다. 형제가 선하지 못한 행동을 했을 때는 마땅히 정성을 쌓아 진실하게 간하여 주어서 서서히 이치로써 깨우칠 것을 기대하되, 갑자기 노여운 낯빛과 거슬리는 말을 하여 형제의 화목함을 잃게 해서는 안 된다. 부부 사이의 관계에서는 서로 예의와 공경함을 잃지 않아야 한다. 자식을 낳게 되면 조금 지식이 있게 될 때부터 선으로 이끌어야 한다. 어려서 가르치지 않으면 성년이 되어서는 잘못된 일에 익숙해지고 마음이 방탕하게 되어 가르치기 어렵기 때문이다.

대인관계에서 중요한 것은 "무릇 사람을 대함에는 마땅히 온화하고 공경함을 힘써야 하니 나이가 나보다 배가 많거든 아버지로 섬기고, 10년이 많으면 형님처럼 섬기고, 5년이 많으면 또한 약간 공경을 더하는 것(凡接人 當務和敬 年長以倍則父事之 十年以長 則兄事之 五年以長 亦稍加敬)" 이다. "가장 해서는 안 될 일은 학문을 믿어 스스로 높은 체하며, 기운을 믿어 남을 업신여기는 것(最不可恃學自高尙氣陵人也)" 이다.

수기는 대인관계의 기본을 이룬다. 수기는 "언제나 온화하고 공손하고 자애로우며, 남에게 은혜를 베풀고 남을 구제하는 것을 (자기의) 마음으로 삼는 것(常以溫恭慈愛 惠人濟物爲心)" 에 있다. "무릇 사람이 자기만을 이롭게 하고자 한다면 반드시 다른 사람이나 사물을 침해하게 되기 때문이다(凡人 欲利於己 必至侵害人物)."

수기를 토대로 하는 대인관계는 사회참여의 행동으로 이어진다. 당시에 과거시험을 준비해야 하는 것은 피할 수 없는 현실이나 이와 동시에 이학(理學)의 학문을 병행하여 남을 위한 봉사를 하도록 권면하고 있다. 율곡은 당시에 인재의 등용이 과거시험으로만 이루어지는 문제를 걱정한다. 그러나 그럼에도 "과거가 비록 이학과 같지는 않지만 역시 앉아서 책을 읽고 글을 짓는 것일 뿐이다. ……

만약 그 일(과거공부)을 하면서 그 지킴을 잃지 않는다면 과거와 이학공부가 모두 병행되어 어긋남이 없을 것(…… 科業 雖與理學不同 亦是坐而讀書作文. …… 若能爲其事而不喪其守 則科業理學 可以竝行不悖矣)"이라고 하여 과거와 이학을 연마한 후에 사회참여에 나설 것을 주장한다.

지위가 높은 자는 도를 행하는 것을 주장하고 도가 행해질 수 없으면 물러나야 한다. 녹봉을 받는 자는 마땅히 청렴하고 근면하여 공무를 받들어서 그 직무를 다해야 할 것이요, 관직을 비워두고 녹봉만을 먹으려 해서는 안 된다. 요약하면, 『격몽요결』에서 말하는 학문의 유용성은 사람으로 하여금 도의 실천을 제일의 사명으로 하면서 청렴근면하고 공무를 받드는 치인(治人)이 되는 것으로 완결되게 하는 데 있다.

결론적으로, 율곡의 학문론은 학자는 반드시 먼저 성인이 되겠다는 뜻을 세우고, 그에 합당한 몸가짐을 지니며, 독서를 통하여 지식 체계를 형성하면서 효를 행하는 자가 되어야 함을 주장한다. 다음으로 다른 사람과 정직하고 인간적인 관계를 맺어야 하며, 그리고 마침내 남을 다스리는 위치에 이르러서는 자신의 이익을 구하지 않고 다른 사람을 바르고 편하게 살 수 있도록 하는 다스림의 임무를 다해야 하는 자가 되어야 하는 것이다.

(3) 말(토론)하기

① 『격몽요결』에서 주장하는 학문의 목적과 자본주의하에서의 학문의 목적을 비교하여 토론해 보자.

② 『격몽요결』에서는 학문의 출발을 '입지'에 두고 있다. 자신의 입지와 고려하면서 우리나라 교육현실에서의 '입지'와 비교하여 토론해 보자.

③ 『격몽요결』은 독서할 때 초보자를 위하여 그 코스를 가르쳐 주고 있

다. 오늘날에도 유치원부터 대학에 이르기까지 독서의 코스를 설정하는 것은 어떠할지에 대해 토론해 보자.

④ 바람직한 대인관계는 수기를 토대로 해야 한다고 주장한다. 오늘날의 사회에서 '수기'는 무엇을 의미하며 어떻게 대인관계에 적용되어야 하는지를 토론해 보자.

⑤ 『격몽요결』은 '치인', 즉 정치인이나 일정한 직업을 가진 자는 적당한 봉급만을 받고 청렴하면서 공무를 받들어야 할 것을 주장한다. 오늘날의 '치인'의 자세와 비교하면서 바람직한 '치인'의 자세를 토론해 보자.

⑥ 『격몽요결』에 나타난 학문한 자의 사명은 자신을 철저하게 훈련하고 그 후에 다른 사람을 위해 실천적으로 헌신하여 봉사하는 데 있음을 설파하고 있다. 현대에도 그렇다고 생각하는지 토론해 보자.

⑦ 『격몽요결』의 학문론은 오늘날 교육의 현장에서 교사에게 어떻게 적용되는 것이 바람직한지 토론해 보자.

⑧ 오늘날 우리나라의 교육현장에서 유치원생부터 대학생, 그리고 모든 성인에 이르기까지 학교교육을 통해 배운 것이 어떻게 실제 행동으로 나타나고 있는지 토론해 보자.

⑨ 전통으로 돌아가지는 않되, 전통교육관을 오늘에 되살리면서 외국의 교육 문물을 수용할 수 있는 우리의 자세에 대하여 논의해 보자.

(4) 쓰기(논술하기)

① 베버가 말하는 학문론과 『격몽요결』에서 말하는 학문론을 비교하여 우리 교육현장에서 활용될 수 있는 학문론을 논술해 보자.

② 학문론의 핵심은 결국 인간이다. 이 문제는 세계화의 물결 속에서도 여전히 의의를 지니는 문제다. 우리나라 교육이 목표로 해야 하는 인간관은 어떠한 것이어야 하는지 논술해 보자.

③ 교사의 인간됨과 그 사명에 대하여 논술해 보자.

주

1) 정찬주 외, **유아교육철학**(서울: 양서원, 1997), pp. 11-14.

2) 텍스트해석연구소, 유헌식 외, **통합적으로 철학하기**(서울: 휴머니스트, 2007), pp. 7-9.

제 3 부

유 · 초 · 중등교사를 위한 사고와 논증의 힘 키우기

제 7 장

유아교사를 위한 주제 읽기-말하기-쓰기

1. 유아 이해와 유아교육

〈활동 7-1〉 유아 이해에 대한 서로 다른 주장을 읽고 자신의 유아관 설정을 어떻게 해야 하는지 토론하고 정리된 내용을 글로 적어 보자.

유아는 어떤 존재인가?

전통적 견해 심리학을 지배한 이론은 프로이트주의와 스키너를 필두로 한 행동주의로서, 둘 다 아동과 관계가 깊은 이론이었다. 그러나 아리스토텔레스가 그랬듯이, 프로이트와 스키너는 아동이나 아기에 대한 체계적인 실험을 생략했다. 프로이트는 정신과 증상이 있는 어른의 행동에서 이끌어낸 추론에 의존했으며, 스키너는 생쥐의 행동에서 유추한 추론에 의존했다. 또 철학자들이 그랬듯이, 프로이트와 스키너 모두 발달과정에 대해 잘못 알고 있었다. 프로이트는 아동을 충동의 화신, 성욕과 식욕에 떠밀려 세계에 대한 근본적인 인식 자체가 극심하게 왜곡된 존재라고 보았다. 스키너는 아동을 교육 프로그램에 따라 뭔가를 새겨야 하는 수동적으로 기다리기만 하는 빈 서판으로 보았다(곽금주 역, 2008).

새로운 주장 소크라테스가 교육받지 않은 노예 소년에게 기하학 증명의 여러 단계를 납득시켰으며, 그 소년은 각 단계의 진리를 인식하고 마침내 정리를 증명해 냈다는 기록은, 영아와 교육받지 못한 아동도 우리가 생각하는 것보다 훨씬 더 많은 것을 알고 있다는 것을 입증하는 것이다. 발달의 과학은 소크라테스의 이 놀라운 반직관적 생각이 옳았음을 보여 준다.

이후 2500년 동안 수많은 철학자들이 지식의 문제에 대해 지긋지긋할 정도로 장황하게 떠들고 썼지만, 어느 누구도 소크라테스의 방법을 다시 시도하지 않았으며, 어느 누구도 아동에게 직접 그들이 무엇을 알고 있는지 물어볼 생각을 하지 않았다. 그러나 새로운 발달과학은 아동발달에 대한 이 유서 깊은 상식이 명백히 틀렸음을 보여 준다. 아동은 빈 서판도 아니며, 억제되지 않은 욕망의 소유자도 아니고, 모든 사물을 직관적으로만 보지도 않는다. 아기와 어린 아동은 생각하고, 관찰하고, 추론한다. 또한 증거를 살피고 결론을 내리고, 실험하고, 문제를 해결하고, 진리를 찾는다.

흥미로운 것은 아동에 대한 앞의 상식이 어떤 체계적인 증거에 의해 뒷받침된 적이 없었다는 점이다. 과학은 일상적 추측을 넘어서 우리가 알고 있다고 생각하는 것도 남김없이 검증해야 한다. 하지만 어느 누구도 아동이 세계에 대해 실제로 무엇을 알고 무엇을 모르는지, 출발선에서 그들의 손에 무엇이 들려 있는지, 그들이 무엇을 학습했는지 알아볼 생각조차 하지 않았다. 버트런드 러셀은 여성이 남성보다 치아 수가 적다는 아리스토텔레스의 주장을 멋지게 반박했다. 놀라운 것은 아리스토텔레스가 틀렸다는 사실 자체가 아니라 아내한테 입을 벌려 보라고 하고 세어 보기만 했어도 되었을 것을 왜 하지 않았냐는 것이다. 아동은 주변에 얼마든지 있다. 그들을 관찰하기 위해 다른 대륙까지 여행할 필요도 없고 첨단 실험 시설이 필요한 것도 아니다. 우리는 다만 그들한테 묻고 듣기만 하면 된다. 그러나 지난 2500년 동안 아무도 이것을 하지 않았다(곽금주 역, 2008).

토론

- 유아에 대한 이해의 차이가 유아교육에 어떤 영향을 주는가?
- 유아에 대한 다른 견해 중 자신이 수용하고 싶은 견해에 대한 정당한 이유를 제시해 보자.

논술

- 예비 유아교사인 나는 어떤 유아관을 선정하고 싶은지 논술해 보자.

2. 유아교육과 일반교육의 관계성

〈활동 7-2〉 다음 표의 유아의 가르침과 배움에 대한 비교 내용을 보고 유아교육과 일반교육의 관계성에 관해 토론한 후 정선된 내용을 글로 적어 보자.

가르침과 배움의 요소	일반(초 · 중등)교육 환경	유아교육 환경
가르침과 배움 방법	주로 교사 주도적인 강의와 설명으로 교과목을 가르침	교사-유아 상호작용과 구체적 자료 사용을 통해 발견하도록 유아를 안내함
놀이 기회	휴식 시간	학습의 주 매개체 놀이
어린이의 선택 기회	선택 기회가 별로 없음-모든 학생이 거의 온종일 같은 활동을 함	실내 · 외에서 온종일 수많은 선택 기회가 있음
교실 환경	책상과 의자 배열	넉넉한 교실 공간, 다양한 활동 영역, 다양한 교구 · 교재
하루 일과	교과목을 위한 단위 시간 (45분~1시간)	재료 탐색과 놀이를 위해 제한 없이 크게 나눈 시간
소집단 상호작용	훨씬 더 적은 기회	주된 학습 활동
대집단 상호작용	주된 학습 활동	하루에 몇 번
실외 활동	타인이 놀이공간에서 감독-직접적인 교사 상호작용이 적음	실내에서처럼 집중적으로 교사가 참여함
부모와의 관계성	아동이 나이가 들수록 일 년에 한 차례 만남	매일은 아니더라도 종종 접촉
다른 성인과의 학습 활동	일반적으로 교사 혼자 혹은 시간제 조력자와 활동	조력자, 보조 교사, 부모와 함께 종종 활동함
교육자료	책과 연습장	장난감, 게임, 자연환경, 블록
학습 평가	점수, 시험, 보고서	관찰, 일화기록, 포트폴리오 온전한 유아 성장에 강조점
학습자 연령 범위	일반적으로 동일 연령	$2\sim2\frac{1}{2}$세나 그 이상
미술, 음악, 체육교육	특별 교실, 특별 시간, 특별 교사로 제한적임	교육과정으로 온종일 가능
교사 양성	교과목에 주력함	유아발달에 강력한 토대를 둠

출처: Essa(1999).

토론

- 유아교육은 일반교육과 어느 점이 비슷한가?
- 유아교육은 일반교육과 어느 점이 다른가?

논술

- 유아교육을 일반교육 관점에서 접근하는 것이 가능한지 논술해 보자.

3. 유아의 선행학습

〈활동 7-3〉 유아교육 현장 사례를 읽고 유아를 위한 선행학습이 적절한지에 관해 토론을 한 후 논술해 보자.

유아교육 현장 사례

사례 1 로버트 풀검이라는 목사는 『내가 정말 알아야 할 모든 것은 유치원에서 배웠다』라는 그의 수필집에서, 1942~1943년 그가 경험했던 유치원 생활과 1960년대와 1970년대 초에 유치원에 보낸 네 자녀의 경험을 되새기면서, 유치원은 '그림을 그리고 노래하고 춤추고 노는 곳'이라고 했다. 하지만 21세기의 유치원은 어느새 엄격하고 학문적인 곳이 되어 버렸다. 핑거 페인팅과 수건돌리기 같은 전통적인 놀이는 대부분 없어졌고, 대신 읽고 쓰기를 가르치는 데 전력을 다하고 있다. 유치원은 초등학교 1학년 과정으로 변했다. 2007년 대부분의 미국의 유치원 교육과정은 사립과 공립을 막론하고 1977년의 초등학교 1학년 과정과 아주 흡사해 보인다. 그것은 모두 읽고 쓰기에 대한 내용이다(김보영 역, 2008).

사례 2 요즘 세상은 참으로 빠르게 돌아간다. 그런데 삶의 속도가 빨라지면서 아이를 공부시키는 것도 속도전을 방불케 한다. 두 살 때 유치원 과정을, 초등학교 1학년 때 2학년 과정을, 초등학교 6학년 때는 중학교 과정을 미리 가르치는 것이다. 마치 똑같은 과목을 남보다 빨리만 습득하면 모든 문제가 풀리는 것처럼 말이다. 빨리 가려면 이해가 안 된 채 넘어가거나 무작정 외울 수밖에 없다. 그 속에서 아이가 스스로 고민하거나 탐구하여 해답을 얻는 시간들은 자꾸만 줄어든다. 이처럼 깊이 대신에 속도만 중시하는 우리나라 교육법이 나는 잘못되어도 한참 잘못되었다고 생각한다.

그런데 준비도와 흥미도가 제대로 갖춰지지 않은 채 학습에 들어가면 어떤 반응이 나타날까? 아이들은 일단 무조건 피하려 든다. 힘들다고 툴툴거리면서도 어떻게 하든지 안 하려고 거짓말을 하거나, 해도 마지못해 하는 모습을 보일 것이다. 아니면 앵무새처럼 무조건 외우려 들 수도 있다. 엄마의 말을 따라(보다 엄밀히 말하면 엄마에게 미움을 받지 않기 위해서), 생각은 전혀 안 하고 무조건 외워 버린다는 것이다. 난 전자보다 후자가 더 많이 걱정된다. 무조건 외우려고 들 경우 다른 것도 한창 발달해야 할 시기에 뇌가 그쪽 방면으로만 고착될 우려가 있다는 것이다. 극단적이기는 하지만 달력을 한 번 보고 외워버린다든가 하는 자폐증의 예가 바로 여기에 해당한다(신의진, 2001).

사례 3 한 아버지가 입을 열었다. "학교가 너무 과중한 부담을 주고 있어요. 유치원은 더 이상 유치원이 아닙니다. 작년에 제 아들과 딸이 유치원에 들어갔는데 그 첫 주부터 숙제를 내 주더라고요. 유치원 아이들에게 숙제라니 이게 말이 됩니까? 다섯 살 난 아이가 한 시간 동안 숙제를 해야 하다니요. 정말 어처구니가 없는 일이죠. 아이들이 학교를 싫어하는 것은 당연한 일이지요(김보영 역, 2008).

토론
- 우리 주변의 사례를 들어 유아 선행학습의 장단점을 말해 보자.
- 유아의 선행학습을 해결할 수 있는 방법은 무엇인가?

논술
- 선행학습이 유아에게 필요한 교육활동인가를 논술해 보자.

4. 유아교육 학습 원리

〈활동 7-4〉 뇌 연구에 대한 다음 글을 근거로 하여 유아에게는 어떤 학습 방법이 타당한가를 토론한 후, 유아교육 학습 원리에 관해 논술해 보자.

최신 뇌 연구의 보고

연구 1 인간의 마음, 지식, 지각, 예측, 사고, 정서는 궁극적으로 3파운드 무게의 회색 젤리에 달려 있다. 요람 속의 아기의 보송보송한 솜털이 덮인 두개골은 100만 개의 새로운 연결을 만들어 내는 뇌를 감싸고 있다. 어른의 뇌는 약 1,000억 개의 신경세포, 즉 뉴런을 가지고 있다. 은하수에 있는 별들의 수에 필적하는 숫자다. 아기의 뇌는 장차 갖게 될 뉴런 가운데 대부분을 이미 가지고 있다. 뉴런의 수는 갓 태어날 때부터 환갑이 될 때까지도 대동소이하다. 그러나 갓난아이의 뇌 무게는 어른 뇌의 약 1/4 밖에 안 된다. 그렇다면 무엇이 자라고 변한다는 것일까? 뉴런은 성장한다. 그러나 주된 변화는 배선이다. 배선이란 세포들 사이의 복잡한 연결망을 일컫는다. 이 복잡한 배선 작업은 활동과 경험에 의존해서 이루어진다. 아이들의 뇌는 어른의 뇌보다도 훨씬 더 바쁘다. 생후 3개월이 되면 시각, 청각, 촉각을 관장하는 뇌 영역들의 포도당 소모량이 점차 늘어난다. 두 살이 되면 뇌의 에너지 소비량이 거의 어른 수준에 육박한다. 세 살배기의 뇌 활동은 아홉 살에서 열 살까지 유지된다. 그 뒤 감소하기 시작해서 열여덟 살 정도가 되면 어른 수준으로 안정된다. 이 격렬한 활동의 이면에는 무엇이 있을까? 뇌가 분주히 움직이는 까닭은 연결을 확립하기 위해서다. 태어날 때 대뇌피질의 뉴런은 각각 2,500개의 시냅스를 가지고 있다. 시냅스 수는 두세 살에 최고치에 달하는데, 이때는 각각의 뉴런이 약 1만 5,000개의 시냅스를 가지게 된다. 이 수치는 실제로 어른 뇌보다 훨씬 높은 것이다. 학령 전기 아동의 뇌는 말 그대로 어른의 뇌보다 더 활동적이고, 더 많이 연결되어 있으며, 훨씬 더 유연하다(곽금주 역, 2008).

연구 2 뇌는 좌반구인 좌뇌와 우뇌로 갈라져 있고 양자는 대뇌 아래 뇌량으로 이어져 있는데, 좌반구와 우반구에서는 각각 자신 있게 맡고 있는 분야가 다르다고 알려져 있다. 우반구는 음악적, 회화적, 공간적, 이미지적인 사고와 인식, 행동 면에서 우위에 있어 아날로그 뇌라고 불린다. 반면 언어적, 논리적, 분석적인 사고나 인식, 행동이 주특기인 분야인 좌반구는 디지털 뇌라고 한다. 그러나 실제로 뇌는 좌우반구가 서로 도움을 주고 받으며 함께 일하고 있다. 우반구의 직관력으로 이미지화한 것을 언어로 표현하는데, 이는 우반구와 좌반구가 함께 기능을 해야만 성립되는 것이다.

인간은 좌우의 뇌를 적절히 사용하여 표현한다. 예를 들면, 좌반구가 언어와 관계하고 있어 말을 하고, 글을 쓰고, 논리적으로 생각하고 계산하고 하더라도 말을 하려는 기분을 나타내는 데는 억양의 변화도 필요한데, 이것은 우반구가 담당하고 있다. 우반구에 지장이 있으면 말을 해도 억양의 변화가 없어 마치 로봇이 말하는 것처럼 단조롭다고 한다. 따라서 말하는 내용은 이해할 수 있어도 그 사람이 어떤 기분으로 말을 하는지는 파악할 수 없다. 결국 언어에 관해서는 좌반구가 중요한 역할을 하지만 정확한 의사소통을 행하기 위해서는 좌우 양쪽 기능을 해야 하는 것이다. 한 연구 집단이 MRI(자기공명영상장치)의 화상으로 남성과 여성의 뇌의 언어기능을 조사한 결과, 남성의 뇌는 좌뇌에서 반응을 볼 수 있었는데, 여성의 뇌는 좌뇌뿐만 아니라 우뇌도 반응했다. 여성의 경우에는 언어기능을 좌우 양쪽 뇌가 맡고 있다. 여성이 이야기를 잘하는 것도 양쪽 뇌를 사용하기 때문이라 할 수 있다. 그리고 여성은 좌우 뇌를 연결하는 뇌량이 남성보다 크기 때문에 좌우 뇌의 연락이 원활하게 이루어지는데, 이것도 여성이 막힘 없이 말을 잘할 수 있는 이유로 여겨진다. 좌뇌와 우뇌는 각각의 기능이 있지만 뇌량의 연결로서 통합적인 방법으로 기능한다는 것이 뇌 연구결과로 밝혀지고 있다. 뇌의 기능이 분화되어 있으면서도 통합적으로 작용하여 인간의 삶에 도움을 준다는 것을 통해 유아교사는 좌뇌와 우뇌를 연결하여 각자의 기능보다 더 충실하게 기능하도록 돕는 뇌량과 같이 통합하는 역할을 하는 것이 중요하다.

'생리적 조산' 상태에서 태어난 인간은 어머니의 태내에서 충분히 발달하지 않은 뇌를 가지고 세상에 태어나 외부와의 접촉이 없는 세계에서 뇌를 발달시킨 포유류의 새끼와는 달리 다른 외부 세계의 온갖 자극을 받아 뇌를 발달시켜 나간다. 그러므로 유아교육에서는 유아가 손을 사용하여 놀이를 하고 상호작용을 통하여 자극을 받아 뇌가 발달하는 것을 돕는 것이다. 손은 뇌와 관계가 있고, 손을 사용함으로써 뇌도 발달하는 것이다(홍성민 역, 2003).

토론

- 뇌 이론은 유아교육에 어떤 시사점을 주고 있는가?
- 뇌량의 역할이 교사에게 주는 함의는 무엇인가?
- 유아교육의 현장에서 뇌 이론에 역행하는 사례는 무엇인가?

논술

- 이 글을 읽고 자신이 느낀 내용을 적절한 제목으로 써 보자.

5. 유아교육의 성격

〈활동 7-5〉 유아교육에 대한 성격 규정은 유아교육의 방향과 학습 원리 설정에 지대한 영향을 주고 유아의 삶에 큰 영향을 줄 수 있다. 유아교육의 요인에 따른 비형식교육과 형식교육의 비교[1]를 읽고 토론과 글을 써 보자.

형식교육 vs. 비형식교육

영유아교육 요인	형식교육	비형식교육
1. 교육 강조 영역	teaching 중시	learning 중시
2. 영유아 활동 수준	수동적/소극적	능동적/적극적
3. 교육 ownership	교사 주도적	유아 주도적
4. 교육 환경	교재/교구 이용	자연환경 이용과 발견
5. 교육평가 요인	결과 중시	과정 중시
6. 교육 분위기	통제적인 분위기	자유로운 분위기
7. 접근 방법	과목 분리 적용	통합적 접근
8. 학습 형태	전체 수업	개별적 선택활동
9. 발달원리 접근	발달 보편성 접근	개인 차이 존중 접근
10. 교사 역할	지시적임	비지시적임
11. 교육 현상	배움을 힘들어 함	배움을 즐김
12. 교육 목적	문화 전달	전인 유아교육

토론 • 유아교육은 형식교육인가, 비형식교육인가?

논술 • 유아교육은 어떤 성격의 교육인지를 근거를 들어 논술해 보자.

6. 유아교육 정책 기준

〈활동 7-6〉 다음 글을 읽고 주제에 따라 토론 활동과 글을 써 보자.

유아를 위한다는 것은 무엇인가?

영국 신문에 유아에 관련된 두 가지 기사가 실렸습니다. 한 기사는 의무교육이 시작되는 5세 어린이부터 마약방지교육을 실시할 것을 고려하고 있다는 노팅험 경찰과 교육청의 계획 발표입니다(2003년 2월 2일, Daily Mirror). 다른 기사는 범죄 가능성이 있는 어린이의 명단을 작성하여 의무교육 시작 이전의 유아원(Nursery) 교사부터 그 어린이들을 감시하고 보고하는 제도 도입을 검토 중이라는 내용이었습니다(2003년 2월 3일, Sunday Mail). 독자 여러분의 견해는 어떠하신지요? 찬반이 격렬하게 야기되는 심각한 문제임에 틀림없습니다. 다른 나라 이야기라고 무시하지 마시고 몇 년 후에는 이런 종류의 문제가 우리에게도 있을 것을 예상하시고 진지하게 검토해 보실 필요가 있다고 생각합니다. 이런 문제를 결정할 때 진정으로 어린이를 위한다는 것이 무엇인지에 대한 기준 설정이 그 무엇보다도 중요하다고 여겨집니다.

그러한 기준을 모든 유아교육자와 부모님들께서 나름대로 가지고 계신 것은 사실이지만 너무 주관적이거나 어떤 경우에는 객관적으로 볼 때 바르지 않음에도 불구하고 거의 종교적 신조에 가까울 만큼 확고한 기준을 가지고 교육하여 결국은 후회하는 안타까운 경우를 봅니다. 유아교육이 기초적인 삶을 형성하는 너무나 중대한 과정이므로 우리 모두는 이 기준 설정에 더욱더 신중한 태도를 가져야 합니다. 즉, 철학적인 반성이 거듭되어야 함을 강조하고자 합니다. 그것이 왜 옳은 것인지를 비판적이고 전체적인 입장에서 스스로 묻는 일을 습관으로 삼아야 합니다. 그러면서 역사적으로 쌓아 온 교육적 지혜를 되새기며 오늘의 삶에 적용하기 위해 늘 고심하는 시간이 필요합니다. 이런 노력도 바로 아이를 위한 우리의 현명한 삶의 한 장면이 아닐까요?(이상욱, 2006b)

토론 • 우리는 유아를 위한 정책과 교육을 실시하고 있는가?

논술 • 유아를 위한 유아교육 실행을 위해 예비교사는 어떤 준비를 해야 하는지 논술해 보자.

7. 유아교육의 주체

〈활동 7–7〉 유아교육의 궁극적인 주체는 누구인가 생각해 보고 다른 의견을 가진 학우들과 토론한 후에 자신의 견해를 논리적으로 전개해 보자.

유아교육의 주체는?

자신의 의견 다음 표 중에서 타당한 근거를 적어 보고, 그 후에 나름대로 우선순위를 정리해 보도록 하자.

유아교육의 주체는	타당한 근거	반대 의견	우선 순위
유아교사다			
부모다			
유아 자신이다			
국가다			

토론 • 타당한 근거를 반대 의견을 가진 학우들에게 제시하고 반대 의견란에 타인의 의견을 적어 보자.

논술 • 자신의 의견과 타인의 견해를 종합하여 유아교육의 궁극적 주체는 누가인가에 관해 논술해 보자.

8. 우리나라 유아교육의 발전상

〈활동 7-8〉 우리나라 유아교육은 발전하고 있는가에 대하여 영역별로 정리해 보고 토론을 한 후 글로 써 보자.

구분	발전하고 있는 영역	정체 · 퇴보하고 있는 영역
우리나라 유아교육 현주소		

토론 • 우리나라 유아교육은 발전하고 있는가?

논술 • 우리나라 유아교육의 발전 방향에 관해 논술해 보자.

9. 유아 발달의 개별성과 보편성 적용의 우선순위

〈활동 7-9〉 유아교육은 유아의 발달 적용과 촉진의 연속적인 과정이다. 그러나 발달의 개인적인 차이 적용을 우선으로 하는 경우와 반대로 어린이의 보편적인 발달 수준을 적용하느냐에 따라 그 결과는 완전히 다르게 나타난다. 예비 유아교사로서 다음 사례를 읽고 주어진 주제에 대한 토론과 글쓰기를 해 보자.

유아 발달의 보편성을 우선으로 적용하는 교육 현장 사례

다섯 살 난 남자 아이의 뇌 언어 영역을 보면 세 살 반 된 여자 아이의 그것과 아주 흡사해 보인다. 세 살 반 된 여자 아이에게 읽기를 가르쳐 봤는가? 그것은 교사에게나 아이에게나 모두 기운 빠지는 일이다. 아동발달 면에서도 매우 적절하지 못한 선택이다. 아이의 두뇌가 그것을 받아들일 준비가 되어 있지 않은데 무작정 강요하는 것이나 다름없기 때문이다. 그러므로 다섯 살 된 남자 아이에게 읽기와 쓰기를 가르치려고 하는 것은 세 살 반 된 여자 아이에게 읽기와 쓰기를 가르치려고 하는 것만큼이나 부적절한 행동이다. 다른 분야에서도 마찬가지지만, 교육에서 시기는 매우 중요하다. 잘 가르치는 것이 전부가 아니라, 잘 가르치되 배울 준비가 된 아이, 즉 배울 만큼 발달했고 성숙한 아이에게 가르쳐야 한다. 뛰어 놀려고 하는 다섯 살짜리 남자 아이에게 읽기를 가르치려고 하면 자칫 학습에 대한 나쁜 선입견만 심어 줄 수 있다. 적어도 일부 남자 아이들은 그렇다(김보영 역, 2008).

보편성 우선 적용 시	장점	
	단점	
개별성 우선 적용 시	장점	
	단점	

토론
- 유아를 위해서는 어떤 영역이 우선적으로 적용되는 것이 좋은가?
- 교사를 위해서는 어떤 영역이 우선적으로 적용되는 것이 좋은가?

논술
- 유아교육 목적 달성과 영유아의 발달 적용 우선순위에 관해 논술해 보자.

10. 유아교육의 성공적 요인

〈활동 7-10〉 몬테소리는 유아교육 체계 윤곽을 어린이가 좋아하는 것과 거절하는 목록을 작성하여 성공적인 유아교육을 구축해 나갔다. 우리의 성공적인 유아교육도 이런 방식으로 출발해 볼 수 있는지 토론하고, 우리 시대의 유아교육을 설계해 보자.

어린이가 좋아하는 것 vs. 어린이가 거절하는 것

우리는 어린이가 자발적으로 명백하게 드러내는 것에 의해서 그들이 좋아하는 것의 목록을 작성할 수 있다. 그리고 여기에 그들이 거부하는 것, 즉 시간을 낭비하는 일도 덧붙일 수 있다.

어린이가 좋아하는 것	어린이가 거절하는 것
연습의 반복	보상과 처벌
자유로운 선택	교본에 따라 글씨 쓰기
잘못의 조정	교육 프로그램과 시험
운동의 분석	장난감과 과자
사회적 접촉에 대한 좋은 예절들	선생님의 책상
주위 환경의 질서	
개인적인 깨끗함에 대한 주의	
감각의 훈련	
읽기와 분리된 쓰기	
책 없이 읽는 것	
자유로운 행동의 훈련	

물론 이러한 목록에서 우리는 교육체계의 윤곽을 발견할 수 있다. 어린이는 그들 스스로 실천적이고 적극적인 것을 지니고 있다. 그리고 교육 체계의 압박의 기준들을 시험한다. 어린이는 그들 스스로의 선택에 의해서 주요한 원칙들로 안내되고, 그들의 본능적인 활기는 실수를 예방하게 한다.[2)]

토론

- 현시대 어린이가 좋아하는 것과 거절하는 것의 목록을 만들어 보자.
- 몬테소리의 목록과 우리가 만든 목록은 어떤 차이가 있는가?
- 어린이가 좋아하는 것과 거절하는 것의 목록이 유아교육 성공 요인이 되는가?

논술

- 유아교육의 성공 요인은 무엇인지 논술해 보자.

11. 유아교육과정의 중점

〈활동 7-11〉 유아교육과정을 운영할 때 어떤 점에 중요성을 두어야 하는가에 대한 듀이의 견해를 읽고, 자신의 견해를 다른 학우들과 나누면서 논술 주제에 따라 글을 써 보자.

교과 내용 중심 vs. 경험 중심

어떤 학파는 교과의 중요성은 극도로 강조하면서, 아동의 경험 내용과 성격에는 거의 주의를 기울이지 않습니다. 이러한 학파는 다음과 같은 생각을 가지고 있는 듯합니다.

아동의 삶은 보잘것없으며 세련되지 못하고 좁은 범위에만 한정된 것이지 않습니까? 이에 반해 교과는 크고 넓은 우주를 매우 충실하게 기술하여 주며, 그것도 복잡한 우주를 아주 잘 이해할 수 있도록 해 줍니다. 아동의 삶은 이기적이며, 자기중심적이고, 충동적이지 않습니까? 아동은 교과를 배움으로써 진리와 법칙과 질서가 충만한 객관적인 세계를 발견할 수 있습니다. 아동의 경험은 불분명하고, 불확실하며, 혼란되어 있고, 순간적인 충동이나 주변 분위기에 의해 왔다 갔다 하지 않습니까? 그렇지만 교과는 영원불변하는 진리에 기초를 두고 있으며, 잘 정리된 질서 있는 세계, 모든 것이 자세히 검토되고 분명하게 밝혀진 세계로 인도해 줍니다. 도덕적인 측면에서 볼 때도 사정은 마찬가지입니다. 도덕적으로 올바른 것은 대개의 경우 버릇없는 행동이나 변덕스러운 행동들로 가득 찬 아동의 경험과는 반대됩니다. 그러므로 도덕적인 품성을 기르기 위해서는 이러한 아동의 잘못된 행동을 최소화하거나 무시해야 합니다. 우리는 그러한 버릇이나 변덕을 되도록 멀리해야 하며, 나아가 그러한 것들을 없애도록 노력해야 합니다. 교육자로서 우리의 임무는 다름 아니라 아동이 피상적이며 우연적인 것들에 주의를 두지 못하도록 하고 그 대신에 잘 정리된 실재, 즉 참된 세계에로 아동을 이끌어 가는 것입니다. 이러한 참된 세계는 바로 교과 속에서 발견할 수 있습니다.

따라서 교과의 중요성을 강조하는 학파는 다음과 같은 입장에 따라 아동을 교육하려 할 것입니다.

관심 영역에 따라 하나의 주제는 여러 교과로 나누어집니다. 각각의 교과들은 여러 단원이나 장으로 구성되어 있습니다. 각 단원이나 장들은 구체적인 사실과 공식으로 이루어져 있습니다. 학교의 교과는 이처럼 교과 자체의 관점에 맞는 일정한 체계를 이루고 있습니다. 아동은 각 부분들을 하나하나 차례로 배워 나가는 동안에 그 과목을 전부 배우게 되며, 다양한 과목들을 학습하는 동안 주제에 대한 전반적인 것들을 모두 공부하게 됩니다. 주제 전체를 놓고 보면 그 과정은 매우 길며 학습하기에 요원한 것처럼 보일 수 있습니다. 하지만 아동은 하나하나의 세분화된 단계를 따라가면 되기 때문에 그것을 배우는 것은 그리 힘든 것이 아닙니다. 따라서 교육에서 중요한 것은 교과의 논리적 구성과 연속성입니다. 교수에서 중요한 문제 역시 교육내용의 구성 부분들을 논리적으로 잘 조직해 놓은 좋은 교과서를 만들고, 그 교과서를 단계적이며 적절한 방식으로 잘 가르쳐 주는 것입니다. 교육내용이 바로 교육의 목적이 되며 동시에 교육방법을 결정합니다. 아동은 아직은 주어진 교육내용을 충실히 배워야 할 미성숙한 존재일 뿐입니다. 학습자는 어느 수준에 이를 때까지는 교육내용을 배움으로써 더 도야되어야 합니다. 그의 경험은 범위와 정도에서 넓고 깊지 못하기 때문에 교육을 통하여 더욱 넓어지고 깊어져야 합니다. 아동은 아직 자기 혼자서 교육내용을 결정할 수 있는 자격이 없으며, 다만 어른에 의해 주어진 교육내용을 받아들이고 수용해야 합니다. 아동은 어른의 지시에 순종하며, 어른이 인도하는 대로 따라갈 때 그의 할 일을 다하는 것입니다.

여기에 반하여 아동의 경험을 중시하는 다른 학파에서는 전혀 다른 방식으로 다음과 같이 이야기할 것입니다.

아동은 출발점이며, 중심이고, 목적입니다. 우리가 추구하는 이상은 아동의 발달이요, 아동의 성장입니다. 교육의 모든 기준은 아동에게서 찾아야 합니다. 모든 교과는 궁극적으로 아동의 성장을 돕기 위한 수단입니다. 따라서 교과는 아동의 성장에 공헌할 때에 비로소 가치 있는 것이 됩니다. 개성과 인격은 아주 중요한 교재가 됩니다. 교육의 목표는 지식이나 정보가 아니라 자아실현입니다. 모든 지식을 얻고도 자기 자신을 잃는다는 것은 종교에서뿐만 아니라 교육에서도 아주 비참한 운명에 처하게 되는 것입니다. 더욱 중요한 점은 교과는 외부로부터 아동의 내부로 집어 넣을 수 있는 것이 아닙니다. 학습은 학습자의 능동적인 활동입니다. 그것은 무엇인가를 파악하기 위하여 마음이 밖을 향하는 작용과 마음 내부에서 새로운 내용을 소화하는 작용을 포함합니다. 문자 그대로 우리는 아동과 마주쳐야 하며, 아동으로부터 출발해야 합니다. 학습의 질과 양을 결정하는 것은 교과가 아니라 바로 아동 자신입니다.

그러므로 아동의 중요성을 강조하는 학파에서는 다음과 같은 관점에 입각해서 아동을 교육시키려고 할 것입니다.

효과적인 학습방법은 그러한 마음의 작용에 따르는 것, 소위 마음의 방법에 의존하는 것입니다. 교과는 바로 영혼의 양식입니다. 음식물이 스스로를 소화시키고 저절로 근육과 뼈와 혈액이 될 수 없는 것과 마찬가지로 교과는 아동의 마음의 작용이 없으면 아동의 일부가 될 수 없습니다. 학교에서 가르치고 배우는 교과가 아동에게는 죽은 것이며 기계적이고 형식적인 것이 되는 중요한 원인은 아동의 경험과 삶을 교육과정에 예속시키는 데에서 찾을 수 있습니다. 학습자의 생생한 경험과 삶을 무시하고 교과에 짜 맞추려 할 때에 공부는 지겨운 것이 되고 수업은 의무감으로 해야 하는 고된 일이 되고 맙니다.[3)]

토론

- 우리의 유아교육 현장은 어디에 중점을 두고 유아교육과정을 운영하는가?
- 어떤 점에 중점을 두고 유아교육과정을 운영해야 된다고 생각하는가?

논술

- 유아의 바람직한 전인적 성장을 위하여 교과 내용과 유아 경험 중 어디에 중점을 두고 유아교육과정을 운영해야 하는지를 논술해 보자.

12. 유아교육 활동의 접근

〈활동 7-12〉 유아교육 활동은 통합적으로 접근해야 하는가, 교과 내용을 분리적으로 접근해야 하는가의 주제는 유아교육과정 운영에서 핵심적인 과정이다. 다음 사례를 읽은 후 유아통합교육에 관하여 토론하고 논리적으로 그 정당성을 피력해 보자.

통합교육의 실제

4~5세 연령의 한 어린이 집단이 야채수프 만들기 같은 일상적인 프로젝트를 하고 있는 것을 생각해 보자. 몇몇 어린이는 당근의 껍질을 벗기고, 다른 어린이들은 셀러리와 고추를 깨끗이 씻고, 또 다른 어린이들은 체리와 토마토의 껍질을 벗기고 있고, 나머지 어린이들은 콩을 까고 있다. 모든 야채가 준비되면 교사는 스토브 위에 있는 그릇 안에 그것들을 넣고 물과 양념을 더 넣고는 어린이가 보는 데서 불을 켠다. 이 활동을 통해 어린이가 배우는 것은 무엇일까? 어린이는 사회적 협동을 배운다. 모든 어린이에게 유익한 일상적인 프로젝트 속에서 어린이 각자는 그것에 도움이 될 역할을 한 것이다.

그들은 수프를 먹을 것이다. 또한 야채의 이름, 색깔, 모양뿐만 아니라 껍질을 벗기는 야채와 벗기지 않는 야채 사이의 차이점도 배우고, 또한 '생생한' '약간 익은' '다 익은'('cris' 'limp' 'soggy')과 같이 농도를 다르게 등급화하여 변별하는 것을 배운다. 또 물리학과 화학도 배운다(가열이 야채를 부드럽게 한다는 것 등의). 그들이 음식을 만들면서 배우는 것은 이것만이 아니다. 그들은 수프에 넣어야 할 토마토, 콩, 당근의 수와 무게에 대해 조리법대로 따라하면서 무게와 측정에 대해서도 배운다. 그들은 가열하는 시간을 알아야 하므로 시간에 대한 것도 배운다.

수프를 만들면서 어린이들은 과학, 언어, 수학 , 미술, 사회적 상호작용에 대해 모르는 사이에 많은 것을 배울 수 있다. 어린이들 모두가 알고 있고, 알 필요가 있는 것은 수프를 만드는 것이 재미있다는 것이다. 어린이를 위한 교육 프로그램은 어린이의 침투성 학습을 인식하고 어린이의 탐색과 조작적인 기술을 풍부하고 원활하게 하기 위해 다양한 프로젝트, 활동, 프레임을 제공해 줄 때 비로소 어린이의 근면성을 조장해 준다고 하겠다.

어린이는 수프를 준비하면서, 빵을 구우면서, 어머니나 친구를 위해 밸런타인 카드를 만들면서, 부활절 계란을 담을 종이바구니를 엮으면서, 할로윈을 위한 가면을 색칠하면서 많은 기초적인 개념들을 배울 뿐만 아니라, 이용할 수 있는 것을 만들어 집으로 가져가면 부모에게 인정과 감탄을 받을 수 있다. 이런 일들은 시험지의 점수 이상으로 어린이의 근면성에 도움을 준다.

어린이 학습의 침투적 본질은 형식적 교육이 얼마나 잘못된 교육이 되는가에 대한 또 하나의 이유를 제공해 주고 있다. 형식적 교육은 어린이가 고정된 범주에서 기능을 발휘하지 못함에도 불구하고, 수학, 읽기 같은 세분화된 기능의 교육을 상정하고 있다. 어린이들은 여러 가지 이유로 해서 진행되고 있는 수업에 주의를 기울이지 않을 것이다(이연섭 역, 1997).

토론

- 통합교육은 유아의 조직적인 지식 계열화에 도움을 주지 못할 염려가 있는가?
- 통합교육이 실제 현장에서 잘 이루어지고 있지 못한 원인은 무엇인가?

논술

- 통합교육을 유아교육 현장에 적용하기 위해서 예비 유아교사가 준비해야 할 내용은 무엇인지 논술해 보자.

주

1) 이상욱 외, 21세기 영유아 교육과정(서울: 학지사, 2009), p. 75.
2) 조성자 역, 몬테소리의 어린이의 신비(서울: 창지사, 1991), pp. 157-158.
3) 박철홍 역, 아동과 교육과정(서울: 문음사, 2002), p. 38.

제 8 장

초등교사를 위한 주제 읽기-말하기-쓰기

1. 학습관의 다양성

〈활동 8-1〉 학습과 학습자에 대한 주장을 읽고 그 내용이 자신과 현실에 비추어 적용 가능성이 있는가를 토론해 본 후, 이런 등급의 분류가 학습자의 발달에 어떤 영향을 주는지에 관해 자신의 견해를 적어 보자.

배움과 학습자의 다양성

공자(孔子)는 『논어』 「계씨(季氏)」 편에 배움에 관하여 다음과 같이 주장한 바가 있다.

"生而知之者 上也(생이지지자 상야) 나면서 저절로 아는 사람은 최상이요,
學而知之者 次也(학이지지자 차야) 배워서 아는 사람은 그 다음이며,
困而學之者 又其次也(곤이학지 우기차야) 고생을 통하여 배우는 자는 또 그 다음이라.

困而不學者 民斯爲下矣(곤이불학 민사위하의) 고생을 하면서도 배우지 않는 사람은 하등이다."

공자는 사람의 자질을 다음의 네 가지 등급으로 분류했다.

"첫째는 생지(生知) 또는 생이지지(生而知之)이니 성인(聖人)이 아니고서는 불가능한 일이요,

둘째는 학지(學知) 또는 학이지지(學而知之)이니 역시 우월한 사람이다.

셋째는 곤지(困知) 또는 곤이지지(困而知之)이니 보통의 사람이며,

끝으로 하우(下愚) 또는 곤이불학(困而不學)이니 보통에도 미치지 못하는 사람이다."

또한 배움에도 등급이 있다고 설명한다. 『문자(文子)』「도덕(道德)」편에 "높은 배움은 정신으로 듣고, 중간의 배움은 마음으로 듣고, 낮은 배움은 귀로 듣는다(上學以神聽 中學以心聽 下學以耳聽)."라고 했다. 이를 부연하여 "귀로 듣는 배움은 피부에 있고, 마음으로 듣는 배움은 살과 근육에 있으며, 정신으로 듣는 학문은 골수에 있다(以耳聽者學在皮膚 以心聽者學在肌肉 以神聽者學在骨髓)."라고 했다.

토론
- 이런 분류에 따른다면 자신은 어느 수준이라 할 수 있는가?
- 이런 분류가 학습 현장에 긍정적 영향을 줄 수 있는가?

논술
- 교사는 학습자의 능력과 자질에 대해 어떤 태도를 갖는 것이 효과적인가를 논술해 보자.

2. 교육 패러다임 변화

〈활동 8-2〉 다음에 제시된 표에서 교육의 패러다임에 대한 변화를 보고 교사의 태도가 어떠해야 하는지에 관해 토론한 후, 교사의 자세에 관해 논술해 보자.

〈표 8-1〉 교육조직의 변화

에서	→	으로
교사 중심	→	학습자 중심
지식과 기능의 획득	→	지적 사고와 지식의 응용
개인적 과제	→	집단적 과제
수동적 학습	→	능동적 학습
인쇄물	→	테크놀로지
성적 중심	→	성취 중심
국가 단위의 전망	→	세계 단위의 중심
개인의 노력	→	집단의 노력
학습의 추상화	→	학습의 구체화
훈련이나 연습을 통한 암기	→	문제해결
필기시험	→	수행평가
교과 중심	→	교과를 초월하거나 통합

출처: Cunningham & Cordeiro(2000), p. 71.

〈표 8-2〉 교육조직의 변화 방향

구 분	전통적 교육조직	변화해 가는 교육조직
교육과정	분과의 독립성 강조	교과간 연계성 강조
교육방법	일제 강의식	탐구중심의 발견적 방법
교육조직	경직성	융통성
학생 선택권	제한적 선택	선택권의 확대
학생 조직	동질집단	이질집단
학생통제	신분 배경에 기초	이간적 대우에 기초
교사역할	독립적	상호 의존적
학교시설	폐쇄적	개방적
학교와 지역사회의 연계	연계성 미약	연계성 강화

출처: Joens(1987), p. 39.

토론

- 이러한 세계적인 교육환경 변화는 사소한 것인가, 아니면 거대한 변화인가?
- 이런 변화 속에서 우리나라 교사는 얼마나 변하고 있는가?

논술

- 교육 패러다임의 변화 속에서 예비교사의 준비 자세에 관해 논술해 보자.

3. 남녀 학생의 발달 차이

〈활동 8-3〉 남녀의 성차별은 오랫동안 해결하기 위해 노력해 온 인류의 과제였다. 다음과 같은 두 주장을 읽고 남자아이와 여자아이를 그들의 뇌 발달과 성 특성에 따라 다르게 가르쳐야 한다는 단성교육에 관한 자신의 의견을 제시하면서 토론해 보자. 그런 후에 우리나라 교육환경에서는 어떻게 하는 것이 바람직한지 학부모에게 자신의 주장을 나타내는 편지를 써 보자.

남녀 양성교육 vs. 단성교육

사례 연구 1 초등학교 교육과정을 일찍 시작하는 것이 어째서 여자아이와 남자아이에게 다른 영향을 주는 것일까? 첫 번째 이유는, 성별에 따라 뇌의 각 영역의 발달 순서와 속도가 다르기 때문이다. 그래서 다섯 살 된 여자아이가 같은 또래의 남자아이들보다 유치원의 엄격한 학습법에 더 잘 적응할 수 있는 것이다. 하지만 여자아이에게도 유치원의 조기학습은 별로 좋지 않다. 그것이 결국 여자아이의 교육적 시야를 좁게 만들기 때문이다. 하지만 그렇다 하더라도 여자아이는 대개 학교를 싫어하거나 멀리 하지는 않는다. 다섯 살 된 여자아이는 유치원 교사가 원하는 대로 학습을 따라 갈 수 있다. 여자아이는 쿵쿵 뛰거나 구르고 주의가 산만하지 않고도 몇 분 동안 조용히 있을 수 있고, 또한 글자를 또박또박 깔끔하게 쓰는 데 필요한 운동기능을 남자아이보다 더 많이 가지고 있는 듯하다. 두 번째 이유는, 동기부여 문제와 직접 관련이 있다. 여자아이와 남자아이는 교사를 기쁘게 해 주어야겠다는 욕구가 매우 다르다. 여자아이들 대부분은 최소한 교사를 기쁘게 해 주고 싶다는 어느 정도의 욕구를 가지고 있는 반면, 남자아이에게는 그런 욕구가 거의 없다(김보영 역, 2008).

사례 연구 2 2006년, 메릴랜드 주 베데스다에 있는 미국 국립정신건강연구소(National Institute of Mental Health: NIMH)의 저명한 신경과학자 15명으로 이루어진 연구팀의 보고서에 나타난 가장 놀라운 사실 중의 하나는, 뇌 발달 궤적에서 나타난 남자아이와 여자아이의 뇌 발달 속도와 순서가 영역에 따라 다르다는 보고였다. 다양한 감각 정보를 통합하는 데 가장 많이 관련된 두정엽 회질의 경우, 남자아이와 여자아이가 유사한 궤적으로 발달하지만, 여자아이의 발달 속도가 남자아이보다 2년 정도 앞서 있었다. 그리고 공간 지각과 사물 인식에 가장 많이 관련된 측두엽 회질은 유사한 궤적으로 발달하지만, 이번에는 남자아이의 발달 속도가 여자아이보다 약간 더 빠르게 나타났다. 그러나 시각 피질인 후두엽 회질의 경우 뇌 발달의 궤적이 여자아이와 남자아이 사이에 겹치는 부분이 없이 완전하게 다르게 나타났다. 이 부위에서는 6~10세의 여자아이가 남자아이에 비해 매우 빠른 발달을 보이지만, 막상 14세가 지나면 여자아이의 후두엽 회질이 조금씩 줄어들기 시작했다. 그 조직의 양도 줄어들었다. 반면 14세가 지나면서 남자아이의 후두엽 회질은 빠르게 발달하기 시작했다(김보영 역, 2008).

토론

- 남자 어린이와 여자 어린이를 다른 방법으로 가르치는 것이 성차별인가?
- 이런 연구를 무시하고 남녀 어린이를 한 교실에서 같은 방법으로 가르치면 어떤 결과가 나타날 것인가?

편지글

- 남녀 어린이 학습 지도 방법에 관하여 학부모에게 보내는 글을 써 보자.

4. 교육관 정립

〈활동 8-4〉 다음에 제시한 교육에 대한 대립적인 두 견해를 읽고 토론하며 글로 정리해 보자.

전통적 교육 vs. 진보주의 교육

교육이론의 역사는 교육을 보는 두 가지 정반대되는 입장, 즉 교육은 내부로부터 계발하는 것이라는 생각과 외부로부터 형성되는 것이라는 입장 사이의 대립으로 특징지을 수 있습니다. 전자에 따르면 교육은 천부적으로 타고난 재능을 기초로 하며, 후자에 따르면 교육은 개인 밖에 이미 확립되어 있는 사회적 가치와 표준을 기초로 합니다.

오늘날, '외부로부터의 형성'과 '내부로부터의 계발'이라는 대립된 입장은 실제 학교현장에서는 전통적 교육과 진보주의적 교육이라는 상반된 모습으로 나타납니다. 전통적 교육의 기본적인 생각은 대략 다음과 같이 요약될 수 있을 것입니다. 교육내용은 먼 과거로부터 이룩해 놓은 지식과 정보와 기술의 총체로 이루어집니다. 그래서 학교가 해야 할 중요한 일은 그러한 지식과 기술을 새로운 세대에게 전수하는 것입니다. 행위의 기준과 규칙들은 또한 과거로부터 발전되어 왔고, 도덕적 훈련은 이러한 규율과 기준에 일치하는 행동양식을 형성하는 데 있습니다. 끝으로, 다른 사회기관과 뚜렷이 구분되는 하나의 기관으로서 학교는 다른 사회기관과는 다른 조직적 특성을 가지고 있습니다. 학교조직의 특성은 학생들 상호 간, 학생과 교사 사이의 특징적인 관계를 의미합니다. 일반적인 교실의 모습, 시간표, 학년 및 학급조직, 시험과 진급 체계, 규칙과 명령 체계 등을 머리에 떠올려 봅시다. 그러면 여러분은 제가 말하고자 하는 학교조직의 일반적인 특성을 쉽게 이해할 수 있을 것입니다.

진보주의 교육운동에 숨겨져 있는 전통적 교육에 대한 비판을 구체적으로 언급한다면 아마도 다음과 같이 기술할 수 있을 것입니다. 전통적 교육은 위로부터 그리고 밖으로부터의 강요를 특징으로 합니다. 전통적 교육은 아직 미성숙하며 성숙한 상태를 향하여 아주 느린 속도로 성장하는 아동에게 그들과는 멀리 떨어진 성인의 표준, 내용 그리고 방법을 단시일 내에 받아들이도록 강요합니다. 아동과 성인 사이의 간격이 너무 커서 전통적 교육에서 제공되는 교육내용이나 학습 방법은 어린 아동의 능력에 비추어 보면 아주 낯선 것입니다. 그러한 교육내용이나 교육방법은 어린 학습자들이 가진 경험의 범위를 훨씬 넘어선 것이기 때문에 그들이 쉽게 받아들이고 이해할 수 있는 것이 아닙니다. 따라서 그러한 내용과 방법은 아동에게 강제적으로 주어질 수밖에 없습니다. 물론, 훌륭한 교사는 교육의 내용 방법을 억지로 강요하고 있다는 것을 감추기 위하여 다양한 방법을 사용합니다. 그러나 그렇다고 해서 강요한다는 사실 자체가 달라지는 것은 아닙니다.

진보주의 교육의 공통된 원리는 전통적 교육의 원리와 서로 대조를 이룹니다. 전통적 교육의 특징과 진보주의 교육의 특징을 대조한다면, 위로부터의 강요 대 개성의 표현과 신장, 외부로부터의 규율 대 학습자의 자유로운 활동, 교재나 교사로부터의 학습 대 경험을 통한 학습, 반복 훈련에 의한 단편적인 지식과 기술을 습득하는 것 대 직접적인 삶에서 생생한 의미를 지니는 지식과 기술을 습득하는 것, 다소간 현재의 삶과는 멀리 떨어진 미래를 위한 준비 대 현재의 삶 속에 주어진 조건들을 최대한 활용하는 삶을 위한 것, 고정되고 불변하는 목적과 교육내용을 학습하는 것 대 변화하는 세상 속에서의 삶을 아는 것으로 나열할 수 있습니다.[1)]

토론

- 내가 받은 교육은 어떤 형태의 교육이었는가?
- 내가 만날 미래의 학생을 위해 어떤 교육관을 적용해 보고 싶은가?

논술

- 자신의 전공(유아교육, 초등교육, 특수교육 등)을 중심으로 미래에 펼치고 싶은 교육관을 제시해 보자.

5. 아동의 성장을 위한 성인의 역할

〈활동 8-5〉 교육이 성장이라면 아동의 성장을 위한 성인의 역할은 매우 중요한 일이다. 다음의 제시문을 읽고 토론과 논술을 해 보자.

강요 vs. 선택의 존중

아동이 성장하기 위해서는 (안전 욕구나 성장 욕구를 선택할 것인지에 대한) 궁극적 결정을 아동 자신이 해야 한다. 왜냐하면 그런 과정을 통해 개인적으로 희열을 맛볼 수 있는 사람은 바로 아동 자신이기 때문이다. 그렇다면 자신의 내부를 신뢰하는 것과 환경의 도움, 두 가지 모두가 필수적인데, 이것을 과연 어떻게 통합할 수 있을까? 아동은 도움을 필요로 하는 존재이기 때문에 만일 도움이 없다면 이동은 너무 두려운 나머지 용기를 낼 수 없다. 우리는 아동이 성장하도록 어떻게 도울 수 있는가? 이와 똑같은 질문을 한다면, 우리는 어떻게 아동의 성장을 위험하게 할 수 있는가?

아동이 관련되는 한, 희열에 대한 주관적 경험(자신을 신뢰하는 것)과 상반되는 것이 다른 사람의 반응(사랑, 존경, 승인, 감탄, 타인의 보상, 자신보다는 타인에 대한 신뢰)이다. 무기력한 아기나 아동에게 타인은 매우 중요하고 결정적이기 때문에(안전, 음식, 사랑, 존경 등의 제공자로서) 그들이 사라질 수 있다는 두려움은 가장 근원적인 두려움이다. 따라서 자신의 희열의 경험과 타인의 승인에 대한 경험 사이에서 양자택일을 해야 할 때, 아동은 일반적으로 타인의 승인을 선택하게 된다. 이때, 자신에 대한 희열을 퇴행시키거나 소멸시키는 방식, 혹은 그것을 인식하지 않고 자신의 의지력으로 통제하는 방식을 택한다. 이러한 과정에서 일반적으로 희열 경험에 대한 부정, 희열 경험에 대한 수치심, 당혹감 및 은밀함이 발달하게 되고, 마침내 그러한 희열을 경험할 수 있는 능력마저도 발달하지 못하게 된다.

일반적으로 가장 중요한 선택은 객관적인 자기와 주관적인 자기 사이에서의 선택이다. 주관적 자기를 선택하는 것이 객관적 자기를 포기하는 결과를 가져온다면, 일반적으로 아동은 주관적 자기를 포기한다. 이러한 현상이 나타나는 이유는 이미 언급한 것처럼, 아동에게 안전은 가장 기본적이고 우세한 욕구이기 때문이다. 안전은 독립성과 자기실현보다 본질적으로 훨씬 더 필수적인 요소다. 성인이 아동에게 생존하는 데 필수적인 하나의 (저차원적이면서 강력한 욕구와 또 다른 고차원적이면서 약한) 욕구 가운데 하나를 포기하도록 강요하면, 아동은 심지어 자기와 자신의 성장을 희생하면서라도 반드시 안전을 선택한다(원론적으로 아동에게 이러한 선택을 강요할 필요는 없다. 사람은 자기 자신의 병적인 특성과 무지 때문에 종종 아동에게 이러한 선택을 강요한다. 많은 아동의 예를 통해서 우리는 이러한 강요가 필연적이지 않다는 사실을 잘 알고 있다. 대부분의 아동은 치명적인 희생 없이 이 두 가지 혜택을 모두 제공받음으로써, 안전과 사랑과 존중을 모두 누릴 수 있다).

우리는 치료 상황이나 창조적인 교육 상황, 창조적인 미술교육에서 중요한 교훈을 얻을 수 있고, 창조적인 무용 상황도 마찬가지라고 나는 믿는다. 허용하는, 존중하는, 칭찬하는, 수용하는, 안전한, 충족시켜 주는, 안심할 수 있는, 지지적인, 위협적이지 않는, 가치 판단적이지 않은, 비교하지 않는 등의 다양한 상황이 설정되어 있을 때, 즉 전적으로 안전해서 위협적이지 않다고 느낄 때, 사람들은 희열의 정도가 조금 덜한 갖가지 것들을, 가령 적대감, 신경증적 의존성 등을 해결하려고 드러낼 수 있다. 일단 이러한 것들을 충분히 해소하면, 사람은 남들이 지각하기에 수준 높고, 성장 지향적인 희열, 가령 사랑과 창조성 같은 것들에 자발적으로 나아가는 경향이 있다. 일단 이 두 종류의 경험을 하면, 사람은 전자보다 후자를 더 선호하게 된다(때때로 치료자, 교사, 도움을 주는 사람이 어떤 종류의 이론을 지지하느냐는 중요하지 않다. 비판적인 프로이트의 이론을 수용할 수는 있지만, 정말 훌륭한 치료자는 성장이 가능하다는 식으로 행동한다. 인간 본성에 대하여 말 그대로 장밋빛 시각을 갖고 있다 하더라도, 진정 훌륭한 교사는 실제 장면에서 보이는 퇴행적이고 방어적인 힘들조차 순수하게 이해하고 존중할 것이다. 사실적이고 포괄적인 근사한 철학을 가지고 있다 하더라도, 실제 치료나 교육 및 양육에서는 이와 다를 수 있다. 두려움과 방어를 이해하고 존중할 수 있는 사람만이 가르칠 수 있다. 건강을 존중하는 사람만이 치료할 수 있다).

역동적인 관점에서 볼 때 우리가 두 종류의 지혜, 즉 방어적 지혜와 성장 지혜를 모두 당연한 것으로 받아들이기만 하면, 실제 모든 선택은 궁극적으로 현명하다. 방어는 용기만큼이나 현명할 수 있다. 이것은 사람마다 다르고, 그 사람의 지위나 그 사람이 선택해야 하는 상황에 따라 다르다. 안전을 선택해서 그 순간 그 사람이 견딜 수 없을 만큼 큰 고통을 피할 수 있다면, 이러한 선택은 현명한 것이다(왜냐하면 안전을 지속적으로 선택할 경우 그 사람은 결국 파멸에 이르고, 누릴 수 있는 가능성에서 단절된다는 것을 우리는 알고 있기 때문이다). 그 사람의 성장을 돕고자 할 때, 우리가 할 수 있는 모든 것은 그가 자신의 고통을 호소하며 도움을 요청할 때 기꺼이 도와주는 것이다. 또한 어머니가 팔을 벌려 아기가 자신에게 다가오도록 하는 것처럼, 그가 안전하다고 느껴 새로운 경험을 시도하도록 허용해 주는 것이다.

우리는 그에게 성장을 강요할 수는 없다. 단지 그 사람이 새로운 경험을 하면 그러한 경험을 더욱 선호하게 될 것이라는 신념을 가지고 그가 성장하도록 설득할 수 있을 뿐이며, 그의 성장 가능성을 높일 수 있을 뿐이다. 성장 경험을 선호할 수 있는 사람은 단 한 사람, 그 사람뿐이다. 그 사람을 대신해서 다른 사람이 이런 경험을 선호해 줄 수는 없다. 성장 경험이 그 사람의 일부가 되려면, 그가 그것을 좋아해야 한다. 그가 좋아하지 않으면, 이 순간 이런 경험은 그를 위한 것이 아님을 우리는 관대하게 받아들여야 한다.

이는 성장 과정에 관해서는 병리적인 아동도 건강한 아동만큼 존중받아야 한다는 것을 의미한다. 병리적인 아동의 두려움을 겸허하게 수용하면, 그는 용기를 내어 대범해질 수 있다. 우리는 어두운 힘도 성장의 힘만큼 '정상적'이라는 것을 이해해야 한다.[2)]

토론

- 나의 성장에 성인의 역할은 무엇이었으며, 그 결과는 긍정적이었는가?
- 교사로서 학습자의 성장을 돕는 어떤 역할을 선택할 것인가?

논술

- 아동의 성장을 위한 바람직한 성인의 역할을 제시해 보자.

6. 교육개혁의 가능성

〈활동 8-6〉 "이 세상에 완전한 학교는 없다. 그러나 학교는 개혁할 수 있다."라고 코메니우스는 주장한다. 프레이리는 현존하는 두 교육관을 대조하면서 교육개혁에 대한 희망을 제시하고 있다. 제시문을 읽고 서로 토론하면서 정리된 내용을 글로 써 보자.

프레이리의 은행예금식 교육 vs. 문제 제기식 교육

교사를 설교자로 만드는 설교식 교육은 학생으로 하여금 설교된 내용을 기계적으로 암기하도록 만든다. 더욱 고약한 일은 학생을 '그릇', 즉 교사가 채우는 빈 그릇으로 간주하는 것이다. 이 그릇들을 완전히 가득 채우는 교사는 훌륭한 교사이고 그릇에 가득 채워 달라고 공손하게 스스로를 내맡기면 훌륭한 학생이 된다.

이리하여 교육은 학생이 예탁소(預託所)가 되고 교사가 예탁자가 되는 예탁행위가 된다. 의사소통 대신에 교사가 여러 가지 코뮤니케(communiqué: 문서에 의한 국가의 의사 표시의 하나, 공보)를 발표하고 '예탁금을 만들면', 학생은 참을성 있게 받아들여 기억하고 반복한다. 이것이 바로 은행예금식 교육(banking concept of education) 개념이다.

문제 제기식 교육은 '의식하는 존재'로서의 인간 개념과 '세계를 향한 의식'으로서의 의식 개념을 채택해야 한다. 문제 제기식 교육에 진실로 투신한 자들은 당연히 예탁금 마련이라는 교육목표를 지양하는 대신 인간이 세계와의 관계 속에서 갖게 되는 문제점들을 제시하는 교육으로 대치한다. 의식의 본질—지향성—에 맞는 문제 제기식 교육은 일방적 전달을 지양하고 의사소통을 실현한다. 이 교육은 의식의 특질을 요약한다. 이 특질이란 의식 대상들에게 향하는 것으로 그치지 않고—야스퍼스의 분열(split) 개념 속에서 의식 자체로 지향하는 의식행위—의식을 의식하는 의식이다.

해방교육은 정보의 전달이 아닌 인식 행위로 이루어진다. 해방교육은 인식할 만한 대상(이것이 인식 행위의 목적이 되는 일은 많다.)이 인식하는 행위자들, 한편은 교사 한편은 학생 사이에서 '매개체'가 되는 학습상황이다. 따라서 문제 제기식 교육을 실시하려면 무엇보다도 먼저 교사-학생의 모순을 해소시킬 필요가 있다. 그렇지 않으면 동일한 인식 대상을 파악하는 일에 협력하는 인식 행위자들의 협동능력에 절대 필요한 대화적 관계가 불가능하게 된다.

사실 문제 제기식 교육이 자유의 구현이라는 제 기능을 다 하자면, 오로지 은행예금식 교육의 종적(縱的) 정격(正格: 바른 격식)을 제거하고 이와 같은 모순을 해결해야 한다. 그렇게 되면 '교사의 학생'과 '학생의 교사'는 대화를 통해서 모습을 감추고 '교사-학생' '교사들-학생들'이라는 새 용어가 출현한다. 교사는 더 이상 그저 '가르치는 자'가 아니고 학생과의 대화 속에서 자신도 배우는 자가 된다. 학생도 그들대로 배우는 가운데 가르치는 자들이 된다. 이로써 그들은 서로 연결되어 모두가 함께 성장하는 '과정'에 책임을 진다. 이 과정 속에서는 권위에 근거한 논쟁은 이제 무익한 것이 된다. 여기서 권위가 제 구실을 하려면 자유를 거슬러서는 안 되고, '자유의 편'이 되지 않으면 안 된다. 이제 아무도 타인을 일방적으로 가르치지도 않게 되고 혼자서 배우는 사람도 없어진다. 인간은 서로를 가르치게 되고, 따라서 세계, 그리고 은행예금식 교육에서는 교사에 의해서 '소유되던' 인식 대상이 매개체 구실을 하게 된다.

우리가 분석하는 두 가지 교육개념과 실천은 여기서 또 한 번 상충된다. 은행예금식 교육은(분명한 이유들 때문에), 현실을 신화화함으로써 사람이 세상에 존재하는 방법을 설명해 주는 확실한 사실들을 숨기려 든다. 문제 제기식 교육은 비신화화(非神話化)하는 임무를 수행한다. 은행예금식 교육은 대화를 방해한다.

문제 제기식 교육은 대화야말로 현실을 폭로하는 인식 행위에 없어서는 안 되는 것이라고 생각한다. 은행예금식 교육은 학생을 도와주어야 할 대상으로 다룬다. 문제 제기식 교육은 그들을 비판적인 사고자들로 만든다. 은행예금식 교육은 창의력을 억누르고(비록 완전히 파괴하지는 못하더라도) 세계로부터 의식을 분리시켜서 의식의 지향성을 길들이고, 그렇게 함으로써 인간의 존재론적 · 역사적 사명을 부정한다. 문제 제기식 교육은 그 자체가 창의력에 바탕을 두고 있고 현실에 관한 참된 사고와 행위를 자극한다. 그렇게 함으로써 탐구와 창조적 변형에 참여할 때에야 비로소 참된 존재가 된다는 인간 사명에 응하게 만든다. 이상을 요약하면, 고정시키고 고착화하는 힘으로서의 은행예금식 이론과 실천은 인간을 역사적 존재로 인정하지 못한다. 문제 제기식 이론과 실제는 인간의 역사성을 그 시발점으로 삼는다.

문제 제기식 교육은 '되어 가는' 과정에 놓여 있는 존재, 마찬가지로 미완성된 현실과 더불어, 그리고 그 현실 속에 존재하는 불완전하고 미완성된 존재로서의 인간을 긍정한다. 역사적인 존재는 아니지만 미완성 상태에 있는 여타의 동물과는 달리 인간은 스스로가 미완성임을 안다. 스스로의 비완전성을 자각하고 있는 것이다. 오로지 인간만의 발로인 교육이 뿌리내리고 있는 곳이 바로 이 불완전성과 자각이다. 인간은 미완성적 존재이고 현실 변혁적인 성격을 지녔기 때문에 교육은 이를 위해 부단히 실시되어야 한다. 교육은 이러한 실천 속에서 끊임없이 개조된다.[3]

토론

- 우리 교육은 프레이리가 제시한 두 형태의 교육 중 어느 쪽에 더 가까운가?
- 실천 속에서 끊임없이 교육개혁이 계속되기 위한 문제 제기식 교육이 가능하려면 구체적으로 어떤 노력을 해야 하는가?

논술

- 우리나라 교육의 개혁은 가능한지 논술해 보자.

7. 새로운 교육관 형성의 가능성

〈활동 8-7〉 기존의 교육관을 새롭게 형성할 수 있는가에 대한 글을 읽고 토론과 논술을 해 보자.

두 가지 근본적인 교육관: 만들기 vs. 기르기

교육의 역사를 돌이켜 보면 교육의 본질에 대한 두 가지 근본적인 견해를 발견할 수 있다. 교육에 대해 통상적인 그리고 가장 먼저 떠오르는 소박한 생각은 교육을 수공업적인 행위에 비유하는 것이다. 장인이 계획에 따라 적절한 도구를 사용해서 재료로 물건을 만들어 내듯이, 교육자는 자신의 목표에 의거해서 자신에게 맡겨진 사람을 특정한 모습으로 만든다는 것이다. 교육자의 행동 범주들은 장인의 행동 범주와 같다. 계획에 걸맞은 적절한 방법(도구)의 적용과 재료에 대한 충분한 지식에 기초해서 노력하면 반드시 원하는 결과를 얻을 수 있다는 것이다. 이것을 단순하게 정형화해서 다음과 같이 이야기할 수 있다. 교육은 '만들기'다. 여기에서 만든다는 것은 그 행위의 결과가 오직 인간의 의지에 따라서 결정되는 목표 지향적인 행위를 말한다. 여기서 교육학이 지금까지 견지해 온 이중적인 관계가 드러난다. 윤리학이 목표(교육이라는 행위를 통해서 실현해야 하는 결과)를 제시하고, 심리학은 이러한 결과의 성취에 필수적인 재료에 대한 지식을 제공한다.

독일어로는 'Bildung'으로 번역되는 formatio animae의 원래 의미는 수공업적인 작업에서의 재료의 가공이다. 이러한 오랜 전통에 대하여 아른트(Arndt)는 『인간 도야에 대한 소론』의 서론에서 다음과 같이 언급했다. "도야라는 훌륭한 말은 모양을 만드는 것이다. 어떤 한 사람이 다른 사람을 예술가가 석재를 다듬어서 훌륭한 작품을 만들어 내듯이 점진적으로 오랜 기간에 걸쳐 완성해 간다는 것은 불가능하다." 아른트가 수공업적인 교육 이해를 불가능한 것으로 이해하는 데서 인간의 발달과 그에 적합한 교육에 대한 이해의 실마리를 찾을 수 있다. 인간은 마음대로 형태를 부여할 수 있는 재료가 아니라 그 자신의 내부로부터 고유한 법칙에 따라 그 안에 내재된 목표를 향해 발전한다는 생각이다. '도야'는 그의 새로운, 그리고 그때부터 지배적으로 된 의미에 따라서 '유기체적인' 성장의 결과로 인식되었다. 이러한 인식은 교육을 완전히 다른 '소극적인' 개념으로, 양육과 자라나도록 돌보는 기술, 그러한 성숙의 자연적인 과정을 '방해하지 않도록' 하는 것으로 한정하게 되었다. 간단하게 요약하면, 교육에 대한 기계적(수공업적)인 이해와 유기체적인 이해로 나누어 볼 수 있다. 정신사적으로 볼 때 전자는 계몽주의의 산물이라 할 수 있는 반면, 후자는 낭만주의에서 유래했다고 볼 수 있다. 그렇지만 많은 논박에도 불구하고 일상적인 교육에서는 여전히 수공업적인 이해가 지배적인 위치를 차지하고 있다. 이러한 두 가지 형식, 즉 기계적인 이해와 유기체적인 이해가 아마도 우리가 생각할 수 있는 교육에 관한 두 가지 근본적인 견해로 여겨진다. 교육은 외부로부터의 (기계적인) 만듦이거나 혹은 내부로부터의 (유기체적인) 성장이다. 그 밖에 다른 가능성이 교육에는 없는 것 같다. 세 번째의 가능성이란 있을 수 없는 것으로 생각된다.

두 가지 교육관은 서로 다른 의미에서이기는 하지만 가소성의 개념을 자명한 전제로 받아들인다는 점에서 일치한다. 한편으로는 능동적인 형성('만드는 기술'의 의미에서)의 측면에서, 그리고 다른 한편으로는 자연적인 성장의 과정을 보호한다는 측면에서다. 연속적인 형성이든 혹은 연속적인 발달이든 간에 두 경우 모두 점진적으로 인간의 교육을 성취해 갈 수 있다고 생각하는 점에서 공통점이 있다. 이러한 연속적인 과정의 결과는 일반적으로 가장 넓은 의미의 도야(Bildung)로 지칭할 수 있다. 물론 여기에는 인간발달의 근본 형식으로서의 연속성과 점진적인 성취가 전제되어 있다.

그런데 실존철학은 바로 이 전제를 거부한다. 두 가지 교육학적인 근본 사유에서 전제되었던 연속성이 실존철학에서는 근본적으로 거부된다. 오늘날까지 실존철학과 교육학이 생산적인 대화를 나누지 못한 이유가 바로 여기에 있다. 각자가 서로를 이미 그 근본적인 출발점부터 그릇된 것으로 보았기 때문이다. 실존철학적인 토대에서 보면 교육은 불가능하게 보이고 따라서 거기에 천착하는 것은 불필요한 일로 보였을 것이다. 교육학적 입장에서 볼 때도 마찬가지다. 실존철학적 관점은 무가치한 하나의 측면을 지나치게 부각시킨 것에 불과하며, 따라서 진지하게 고찰할 필요가 없는 것으로 여겨졌음에 틀림없다. 따라서 이들은 서로 공통의 기반 위에서 만날 수 없었던 것이다.[4]

토론 • 나는 어떤 교육관이 바람직하다고 생각하는가?

논술 • 자신이 만날 미래의 학생들을 위해 어떤 교육관을 어떻게 변화시키고자 하는지 논술해 보자.

8. 학급 경영 이론

〈활동 8-8〉 학급 경영은 학생에 대한 이해의 차이에 따라 달라질 수 있다. 다음 이론을 읽고 자신의 학급 경영관을 적어 보자.

X 이론 vs. Y 이론

맥그레거는 인간관을 욕구 수준의 높고 낮음으로 구분한다.

인간의 낮은 욕구 수준에 기초한 X이론은, ① 평범한 인간은 본질적으로 게을러서 일하기 싫어하며, 될 수 있는 한 일을 적게 하거나 피하려고 한다. 조직 목적을 달성하기 위해서는 인간을 강제적으로 통제하고 지시하며 벌로써 다스려야 한다. ② 평범한 인간은 책임지기를 싫어한다. ③ 그들은 행동할 바를 다른 사람이 지시해 주기를 좋아한다. ④ 보통 사람은 비교적 야망이 적고 안전을 원하고 변화에는 저항적이다. ⑤ 보통 사람은 본질적으로 자기중심적이며 조직의 필요에 대해서는 무관심하다. ⑥ 보통 사람은 영리하지 못하며 속기 쉽고 엉터리 사기극에 넘어가기 쉽다(McGregor, 1960).

인간의 높은 욕구 수준에 기초한 Y이론은, ① 평범한 인간은 본질적으로 일을 싫어하는 존재가 아니다. 일이란 작업 조건을 어떻게 통제하느냐에 따라 인간에게 만족을 주고, 불만족을 주는 원천이 될 수 있다. ② 외적 통제나 처벌만이 조직 목표를 달성하는 유일한 방법이 아니며, 오히려 인간은 자신에게 부여된 목표를 위하여 자기 지향적이고 자기 통제적으로 일해 나갈 수 있다. ③ 조직 목표에 대한 헌신은 목표 성취에 관련된 보상의 기능을 하며, 목표 성취에 대한 최상의 보상은 자기만족과 자기실현에서 얻어진다. ④ 평범한 인간은 적절한 조건하에서는 책임지기를 좋아할 뿐 아니라, 책임지는 일을 추구한다. ⑤ 적절하게 동기가 부여되면 문제해결에 필요한 수준의 상상력, 연구력, 창의력을 발휘하는 사람은 많다. ⑥ 현대사회의 상황에서는 평범한 사람의 잠재력이 부분적으로만 활용되고 있다(McGregor, 1960).

토론 • 학생 시절에 나는 어떤 이론에 근거해 대접을 받았는가?
• 나는 어떤 이론에 근거하여 학급 경영을 할 예정인가? 그 이유는 무엇인가?

논술 • 나는 어떻게 학급을 경영할 것인지 논술해 보자.

9. 열린교육

〈활동 8-9〉 열린교육 개념과 그에 대한 찬성과 반대 견해를 읽고 열린교육의 적용 가능성에 관해 토론한 후 자신의 견해를 글로 적어 보자.

열린교육의 적용 가능성

개념과 특성 스티븐스(Stephens)는 "개방교육이란 변화와 새로운 아이디어, 교육과정과 시간 계획, 공간의 사용, 그리고 교사와 아동 및 아동과 아동 간의 솔직한 감정 표현에 개방되어 있고 학급에서의 중요한 의사 결정에 아동이 참여하는 개방적인 교육적 접근을 뜻한다."라고 정의했다. 그가 제시한 열린(개방) 교실의 특징은 다음과 같다.

① 전 학급을 대상으로 최소한의 수업만이 진행되고 대부분의 수업은 소집단이나 개인 아동을 상대로 진행한다. ② 다양한 활동들이 동시에 진행된다. ③ 융통성 있는 시간 계획을 제시함으로써 아동이 다양한 시간 동안 다양한 활동에 참여할 수 있게 한다. ④ 상품화된 자료와 집에서 만든 자료를 가지고 풍부한 환경을 제공한다. ⑤ 아동에게 교실을 돌아다니고, 대화를 나누고, 함께 작업하고, 서로 도움을 주고받을 수 있는 자유를 제공한다. ⑥ 아동이 자기 활동을 결정하고 자기 교육목표를 세워서 추구해 나가는 책임감을 개발할 수 있도록 기회를 제공한다. ⑦ 고정적이고 미리 정해져 있는 교육과정은 최소화되어 있고, 아동 스스로가 자기에게 관심 있는 문제들을 탐구할 수 있다. ⑧ 각 과목별로 교육과정을 분절시키지 않고 통합해 나간다. ⑨ 자료를 가지고 실험하고 참여하는 활동이 강조된다. ⑩ 학구적인 필요 외에 흥미를 중심으로 한 융통성 있는 집단 구성이 아동과 교사에 의해 이루어진다. ⑪ 아동에 대한 신뢰와 수용과 그들의 다양성을 존중하는 분위기가 지배적이다. ⑫ 각 아동의 인지적, 정서적, 신체적, 사회적 욕구에 관심을 가진다. ⑬ 창의적 활동이 교육과정의 일부로 가치를 부여받는다. ⑭ 최소한의 학점과 점수가 주어진다. ⑮ 교사와 아동 간 그리고 아동과 아동 간의 정직하고 개방적인 관계가 유지되어, 교사는 권위를 악용하지 않는다(신옥순 역, 1991).

반대 견해 재미 교육학자 황용길 교수는『열린교육이 아이들을 망친다』라는 저서에서 미국의 공교육이 열린교육 때문에 망했다고 다음과 같이 주장한다.

"열린교육의 바탕은 진보주의 교육철학인 것이지요. 따라서 열린교육을 하자 함은 미국의 진보주의 교육정책에 따라 아이들을 미국식으로 교육하자는 움직임입니다. 그러나 미국의 공립학교는 말 그대로 엉망진창입니다. 아이들은 단체로 돌머리가 되고 있지요. 미국의 공교육은 도대체 어디서부터 손을 대야 할지 모를 정도로 망가지고 말았습니다. 그 이유는 어디에 있을까요? 진보주의 교육사조와 교육방식이 원인입니다. 교육을 열다 못해 찢어놓은 것이지요. 진보주의 교육사조는 아동을 이해하고 감싸준다는 감성적인 교육 노선에 치중한 나머지 학과교육을 소홀히 하였고, 그 결과 미국의 공교육은 대책 없이 추락하고 있습니다."[5]

찬성 견해 아동교육에서 열린교육의 방법을 채택하는 이유는 다음과 같다. ① 천진난만하고 세상에 대해 열린 마음을 가진 아동이라는 존재의 특성을 고려해 본다면 교사가 열린 마음으로 열린 교육을 해야만 한다. ② 열린 마음과 열린 사회가 지니는 특성 자체만으로도 교사가 열린 마음으로 열린교육을 해야 하는 필연성이 있다. 교사가 열린 마음을 가지고 열린교육을 하면 자신의 삶의 질과 그 사회에서 삶이 달라질 수 있다. ③ 아동교육이 열린교육이 되지 못하면 다른 중요한 보편적 원리는 결코 실현될 수 없는 허울좋은 것이 되고 만다. 그러므로 진정한 아동교육의 시작이고 기초인 원리가 열린 마음과 열린 사고다. 열린교육은 아동을 위해 낮아진 마음으로 모든 것을 받아들이고 수용하고 이해하며 다양한 삶을 존중하는 태도를 갖고 적극적으로 아동들과 행복할 수 있는 교육 프로그램으로 그들과 함께하는 교육을 말하는 것이다.[6]

토론
- 열린교육의 체험 유무와 그에 따른 경험을 나누어 보자.
- 우리나라 교육은 열린교육 지향적인가?

논술
- 자신의 전공교육과 열린교육의 관계성에 관하여 논술해 보자.

10. 교육제도

〈활동 8-10〉 고대의 아주 대조적인 두 교육제도를 읽고 교육제도를 주제로 토론해 보면서 바람직한 교육제도를 구상하여 적어 보자.

스파르타의 교육 vs. 아테네의 교육

스파르타의 교육 스파르타에서는 아동을 단련시켜 건강하고 의지가 강하며 연대의식이 풍부하고 재치가 있고 의뢰심이 없는 아동으로 키우고자 했다. 즉, 용감하고 준법정신이 강하며 애국심이 왕성한 군인다운 시민을 양성하는 것을 교육의 목적으로 삼았다. 교육목적은 국가에 대한 개인의 의무를 수행할 수 있는 봉사하는 인간 양성이다. 교육을 받고 행하는 목적이 개인의 영광이 아니라 집단적 봉사다. 이 원리 위에서 스파르타 교육이 성립되었다. 플루타크(Plutarch)는 스파르타인의 이상(ideal)을 소개하고 있다. 자기 멋대로 살 수 있는 사람은 아무도 없었지만 군대 병영 같은 도시에서 자신이 아닌 조국에 전적으로 속해 있음을 의식하던 그들은 언제나 공무에 관해 명령받은 규칙과 직업을 지녔다.

풀루타크는 리쿠르구스(Lycurgus)가 수행하던 스파르타 교과과정의 성과와 목표를 요약한다. "그는 동료 시민에게 그들 자신을 위해 살 수 있는 바람이나 능력을 교육하지 않고, 꿀벌처럼 스스로를 완전하게 조국에 소속시키고자 하는 열심과 고귀한 야심 때문에 거의 이성을 잃을 정도로, 언제나 지도자를 따라 함께 떼를 이루는 전체 공동체를 그들이 자진해서 구성하는 부분들이 되게 하였다."

스파르타의 교육목적은 용기와 겸손이 잘 조화된 통일체로 훈련받은 어떤 유형의 성격을 배출하는 것이었다. 그러한 성격을 기르는 데 사용하던 여러 가지 요소로 스파르타인들은 아주 어려서부터 아동에게 책임감을 부여하였고, 또 그들로부터 훈련된 복종을 요구했다. 일곱 살에 이미 자신들의 대장격인 우두머리(bouagor)가 있었다.[7)]

아테네의 교육 아테네에서는 유아가 매우 즐겁게 놀면서 특별히 들으려 하지 않아도 서민의 광장(argora)에서 어른의 예리하고 훌륭한 정치 논의와 법정, 논의, 인물평 등을 들을 수 있다. 또 거리에는 매년 체육경기나 시짓기 대회의 우승자들의 조각상이 놓여 있다. 이 대리석 조각상의 새하얀 빛깔은 푸른 하늘에 뚜렷이 드러나 어린이의 시선을 끌어당기는 분위기다. 파르테논 신전의 조화 있는 기둥의 모습은 틀림없이 어린이의 마음에도 균형미를 느끼게 해 주는 환경이다. 그리스 비극에 유아의 부모가 배역을 맡아 공연하는 것을 유아가 함께 참여하며 보고, 합창대로 참여하여 부모와 성인이 상연하는 것에 동참하여 감상하는 예술적 분위기가 넘치는 사회 환경에서 유아가 성장했다. 그곳에는 아름다운 신화 전승의 세계가 생생하게 살아 있으며, 호메로스의 서사시와 아이스큘로스, 소포클레스, 에우리피데스의 비극이 시민의 순수한 내면생활에 미묘한 영향을 불러일으키고 있다. 이처럼 그리스인은 예술적, 철학적으로 풍부하며 문화와 정치적으로 자유롭고 개방적인 분위기에서 자라나 문화적 혜택을 풍부히 받으며 인간 본성에 기인한 가족애, 향토애, 조국애, 그리고 인류애 같은 연대감을 아주 자연스럽게 배울 수 있었다.[8] 그래서 소크라테스는 아테네를 그리스의 학교라고 표현한 것이다.

아테네인에게는 교육이 교양을 위한 것이었다고 말할 수도 있을 것이다. "그리스인에게서 교육은 성격과 취향의 훈련이자 육체, 정신 그리고 상상력의 균형 잡힌 개발을 뜻했다." 보다 분명한 방식으로 그것을 제시하고 또 역사적 상황에 그것을 적용시켜 보면, 아테네의 교육은 아테네인을 길러내는 것이 목적이었다. 그것은 아테네 시민을 길러내는 것이 목적이었다. 글로버가 지적했듯이, "그리스인의 공적(功積)은 무엇보다도 개인성의 발견이다." 아테네인의 교육목적은 아름다움을 사랑하고, 아테네를 사랑하며, 또 평상시든 전시든 간에 아테네 문화에 봉사할 준비가 되어 있는 아테네인을 길러내는 것이었다.[9]

풍부한 문화적 분위기 속에서 순수하고 아름다운 시절을 보내는 유아에게 어른이 조화 있는 인간으로 살아가는 모습은 무의식적으로 그들도 그런 방향으로 자라도록 촉구하는 환경적 토대가 되는 것이다.

예술적이고 철학적인 아테네의 분위기 속에서 교육적 환경과 함께한 아테네의 유아교육 방법은 유아가 놀이를 즐길 수 있게 해 준 일이었다. 장난감과 애완동물, 손발이 접어지는 인형과 소꿉놀이용 그릇, 작은 수레 등을 가지고 그들 자신의 세계에 몰두할 수 있게 해 주었다. 종종 개나 산양에게 작은 수레를 끌게 한다든지 또 투구벌레에게 끈을 매어 날리는 광경도 보인다. 그네, 팽이, 공놀이 등을 돌아가며 하기도 하고 숨바꼭질, 줄다리기, 팔매던지기(물 위에 돌을 던지는 놀이), 눈감기 놀이 등 어린이의 세계는 한없이 넓음을 보여 주고 있다. 이런 유아의 놀이 활동들이 인간 형성의 원형임을 가르쳐 주고 있다.[10)]

토론

- 스파르타식 교육이 인류에게 남긴 교훈은 무엇인가?
- 지구촌 사회에서 우리가 추구해야 할 교육제도의 이상은 무엇인가?

논술

- '아동의 교육제도가 민주적이어야 한다.'라는 명제가 참임을 논증해 보자.

11. 아동의 욕구

〈활동 8-11〉 다음의 글을 읽고 아동은 어떤 때에 가장 잘 성장하는가를 토론해 보고 글로 써 보자.

안전 욕구 vs. 성장 욕구

무엇이 아동을 저해하는가? 무엇이 아동의 성장을 방해하는가? 갈등의 원인은 무엇인가? 발전적인 성장에 대한 대안은 무엇인가? 어떤 때는 발전적으로 성장하는 것이 왜 그렇게 힘들고 고통스러울까?

모든 인간은 내부에 두 세트의 힘을 가지고 있다. 한 세트의 힘은 공포를 막는 안전과 방어에 집착하는데, 이러한 힘은 과거로 퇴행하는 경향이 있고 과거에 집착하며, 어머니의 자궁 및 가슴과의 원시적 소통에서 벗어나는 것을 두려워하고, 위험에 직면하는 것을 두려워하며, 이미 가지고 있는 것에 대한 위협을 두려워하고, 독립성이나 자유를 두려워한다.

또 한 세트는 인간이 총체적이고 독특한 자아를 추구하도록 하고, 자신이 지닌 모든 능력을 최대한 발휘하도록 하며, 가장 깊고 무의식적인 내면에 있는 진정한 자기뿐 아니라, 외부세계에 자신감을 갖도록 강력하게 요구한다.

나는 이 모든 것을 통합해 하나의 도식을 만들었는데, 이러한 도식은 단순한 듯해도 매우 실용적일 뿐 아니라 이론적으로 설득력이 있다. 나는 이러한 방어적인 힘과 성장 지향적인 추세 사이에 근본적인 갈등이 지속적으로 존재하리라 생각한다. 이를 다음과 같이 도식화해 보자.

안전 ←――――― 〈인간〉 ―――――→ 성장

그럼으로써 우리는 성장의 다양한 체제를 다음과 같이 쉽게 범주화할 수 있다.

① 가령 성장을 매력적이고 즐거움을 주는 것으로 인식하는 성장 지향 벡터를 증가시키는 체제

② 성장에 대한 두려움을 최소화하는 체제
③ 안전의 매력을 감소시키는, 안전 지향 벡터를 최소화하는 체제
④ 안전, 방어, 병리, 퇴행에 대한 두려움을 극대화하는 체제

그 다음 이러한 네 개의 관련 변인을 우리의 기본 도식에 덧붙여 보자.

위험증가 매력 증가
안전 ←―――――― 〈인간〉 ――――――→ 성장
매력 최소 위험 최소

따라서 우리는 건강한 성장 과정을 끝없는 자유선택의 과정으로 생각할 수 있다. 각각의 개인은 평생을 살면서 이러한 선택의 순간에 놓이게 된다. 즉, 안전과 성장의 기쁨 사이에, 의존과 독립의 기쁨 사이에, 후퇴와 전진의 기쁨 사이에, 미숙과 성숙의 기쁨 사이에서 선택을 해야 한다. 우리는 안전에 대한 불안과 기쁨 모두를 가지고 있다. 성장에 대한 기쁨과 안전에 대한 불안이 성장에 대한 불안과 안정에 대한 기쁨보다 더 클 때, 우리는 앞으로 성장한다.

지금까지 언급한 이야기는 지극히 당연하게 들리겠지만, 객관적이고, 공식적이며, 행동주의적이고자 최선을 다해 노력하는 심리학자에게는 그렇지 않다.

나는 고전적 프로이트 학파를 비판한다. 그 이유는 그들이 모든 것을(아주 극단적인 예로) 병적으로 보는 경향이 있고, 건강한 쪽으로 나아갈 수 있는 가능성을 충분히 인식하지 못하고 있으며, 모든 것을 갈색 안경을 끼고 보기 때문이다. 또한 (극단적인 형태의) 성장학파 역시 비판의 소지가 있는데, 왜냐하면 그들은 일반적으로 이 세상을 장밋빛으로 보는 반면, 병리적이고 허약하고, 성장을 못하게 만드는 요인을 무시해 버리는 경향이 있기 때문이다. 하나는 전적으로 악과 죄에 대한 신학과 같고 다른 하나는 악을 전혀 가지고 있지 않은 신학과 같다. 그래서 이들은 모두 똑같이 부정확하고 비현실적이다.[11]

토론
- 무엇이 아동의 성장을 방해하는가?
- 발전적인 성장에 대한 대안은 무엇인가?

논술
- 아동의 성장을 돕기 위한 성인의 역할을 논술해 보자.

12. 학습동기이론

〈활동 8-12〉 아동의 학습동기는 내재적 동기와 외재적 동기 중 어디에 중점을 두어야 하는지 다음 글을 읽고 토론과 논술을 해 보자.

내재적 동기 vs. 외재적 동기

내재적 동기 동기화가 되었다는 것은 인간이 목적을 향해 활기차게 움직일 때 어떻게 느낄지 사람은 알고 행동할 준비와 의지를 갖고 있다는 것이다. 또한 비록 어떤 행동(과제)에 매력을 못 느낄지라도 열심히 일하는 것이 어떠하다는 것을 안다. 흥미나 호기심과 같은 요인에서 유래된 동기는 내재적 동기(intrinsic motivation)라고 부른다. 내재적 동기는 개인적 흥미를 추구하고 능력을 발휘하고, 그 과정에서 도전할 만한 것을 찾고 그것을 정복하는 자연스러운 경향성이다(Deci & Ryan, 1985; Reeve, 1996). 우리가 내재적으로 동기화되어 있을 때는, 활동 자체가 보상으로 작용을 하기 때문에 그 활동을 하도록 하기 위해 어떤 유인물도 처벌도 필요로 하지 않는다. 라피니(Raffini, 1996)는 내재적 동기란 우리가 어떤 것을 할 필요가 없을 때에도 그 일을 하도록 만드는 것이라고 간단히 설명한다. 예를 들면 만족스러운 학생은 아무도 그가 그것을 하도록 요구하지 않음에도 단지 좋아하기 때문에 학교 밖에서도 화학을 공부한다.

외재적 동기 성적이나 보상을 받기 위해, 처벌을 피하기 위해, 교사를 만족시키기 위해, 혹은 과제 그 자체와 별 관계가 없는 다른 어떤 이유 때문에 뭔가를 할 때 외재적 동기(extrinsic motivation)를 경험한다. 외재적으로 동기화된 사람은 활동 그 자체에 대해서는 흥미가 없고, 그것을 가져다 줄 결과에만 관심이 있다. 안전하려는 학생은 성적을 위해 공부하지만, 과목 그 자체에는 흥미가 거의 없다.

어떤 행동이 내재적으로 혹은 외재적으로 동기화되었는지를 관찰에 의해서만 구분하는 것은 불가능하다. 두 종류의 동기화 간의 본질적인 차이는 활동에 대한 개인의 이유다. 어떤 활동을 하는 원인의 소재(locus of causality), 즉 원인의 위치가 그 활동을 하는 사람의 내부에 있는가 혹은 외부에 있는가 하는 것이다. 수영하기나 그림 그리기에 대해 읽거나 연습하는 학생은 개인적 흥미에 기반해서 그 활동을 자유롭게 선택했기 때문에 읽고, 발차기를 하거나 그림을 그릴지 모른다(원인의 내적 소재/내재적 동기). 혹은 외부의 어떤 사람이나 무엇인가가 그 학생에게 영향을 주었기 때문에 그 활동을 할 수도 있다(원인이 외적 소재/외재적 동기)(Reeve, 1996).[12)]

토론
- 나의 토론 활동은 어떤 형태의 동기에 의한 것인가?
- 어떤 동기가 학습에 더 효과적인가?

논술
- 아동의 학습지도에 동기는 어떤 의미가 있는지 논술해 보자.

주

1) 박철홍 역, **아동과 교육과정**(서울: 문음사, 2002), pp. 93-97.
2) 정태연, 노현정 역, **존재의 심리학**(서울: 문예출판사, 2005), pp. 154-160.
3) 조화태, 유현옥, **교육 고전의 이해**(서울: 한국방송통신대학교 출판부, 2007), pp. 338-342.
4) 윤재흥 역, **실존철학과 교육학**(서울: 학지사, 2008), pp. 23.
5) 황용길, **열린교육이 아이들을 망친다**(서울: 조선일보사, 1999), p. 11.
6) 이상욱 외, **21세기 영유아교육과정**(서울: 학지사, 2008), pp. 416-417.
7) 유재덕 역, **고대세계의 교육사상**(서울: 기독교문서선교회, 1993), pp. 53-78.
8) 팽영일 역, **유아교육사상사**(서울: 양서원, 1992), pp. 22-25.
9) 유재덕 역, **고대세계의 교육사상**(서울: 기독교문서선교회, 1993), p. 96.
10) 팽영일 역, **유아교육사상사**(서울: 양서원, 1992), p. 26.
11) 정태연, 노현정 역, **존재의 심리학**(서울: 문예출판사, 2005), pp. 147-152.
12) 김아영, 백화정, 정명숙 역, **교육심리학**(서울: 박학사, 2004), pp. 423-437.

제 9 장

중등교사를 위한 주제 읽기-말하기-쓰기

1. 교육의 개념

〈활동 9-1〉 교사가 자신만의 교육개념을 형성하고 실천하는 것은 교육의 현장에서 대단히 많은 영향을 끼친다. 교사라면 당연히 개인과 집단, 가정과 사회, 국가와 세계 속에서 동일하게 적용될 수 있는 자신만의 교육개념 형성을 위해 토론해 보아야 할 것이다.

문화이론 vs. 과학이론

정범모가 그의 저서 『교육과 교육학』에서 밝힌 교육의 정의는 다음과 같다. "교육이란 '인간행동의 계획적인 변화'다. 인간의 행동상황을 '자극-유기체-반응(S-O-R)'으로 표시한다면 외부로 표출하는 반응으로서의 R 뿐만 아니라 유기체, 즉 인간 내의 여러 특성이나 외적 형태인 O도 '행동' 내지 '행동형'으로 포함해서 생각할 수 있다. 다만 이때 아무리 내면 깊숙이 가정되는 것이라도 심리학은 그것을 궁극적으로는 과학적으로 의미있게 파악할 수 있는 행동으로 정의되어야 한다. …… 변화란 육성, 조성, 함양, 계발, 교정, 개선, 성숙, 발달, 증대 등을 포함하는 포괄적 개념으로 사용하였다. …… 교육은 없던 지식을 갖게 하고, 미숙했던 사고력을 숙달하게 하며, 몰랐던 기술을 몸에 붙여 주고, 저런 '정신'을 이런 '정신'으로 변화시키는 데 관심이 있다. …… 계획적이라 함은 첫째, 기르고자 하는 또는 길러야 할 인간행동에 관한 명확한 설정과 의식이 있다는 것, 둘째, 그것을 기를 수 있는 '이렇게 이렇게 하면 이것은 길러진다.'라는 이론과 실증의 뒷받침이 있는 계획과 과정이 있다는 것을 의미한다. …… 그리고 이론적으로, 실증적으로 자신 있는 교육계획이 없는 정도에 따라 학교라 할지라도 거기엔 교육은 없다."

반면에 김인회는 그의 저서 『새시대를 위한 교육의 이해』에서 다음과 같이 교육을 정의하고 있다. "교육은 가르쳐 키우는 일이다. …… 교육이라는 일은 더 자라고 더 배운 사람과 아직 덜 자라고 덜 배운 사람이 있어야만 가능한 일이고, 삶에서의 미래가 전제되어야 가능한 일이며, 삶의 세계에 대한 미지의 것이 있음을 전제할 때에 이루어질 수 있는 일이다. …… 개인적 차원에서의 교육은 문화습득의 경험을 통하여 인간으로서의 생존 능력과 사회적 적응력을 기르고, 그러한 능력을 사용하여 자신의 삶을 이루어 감으로써 자기가 속한 사회와 문화적 환경에 적응하며, 또 그것을 변화 내지는 발전하게 하는 적극적인 작업이라 할 수 있겠고, 사회적 차원에서는 교육이란 문화적 동질성의 전승 작업이면서 동시에 문화발전 작업의 일환이라고 말할 수 있다. 교육의 첫째 기능은 문화의 전달이라 할 수 있다. …… 즉, 교육을 받음에 따라 문화를 변화시킬 수 있는 능력도 갖게 되는 것이다. 교육의 이러한 기능을 흔히 교육의 창조적 기능, 또는 문화의 개조의 기능이라고 한다. …… 어쨌거나 문화의 성향과 무관한 채로 형성되는 인간성이란 있을 수 없다."

토론

- 정범모의 교육정의의 장점과 단점을 토론해 보자.
- 김인회의 교육정의의 장점과 단점을 토론해 보자.
- 자신의 교육관에 관해 토론해 보자.

논술

- 교육 현장에서 두 가지 교육정의가 어떻게 종합되어야 할지를 논술해 보자.

2. 학습의 의미

〈활동 9-2〉 교육 현장에서 교수와 함께 학습자의 학습태도는 중대한 영향을 미친다. 교사로서 학습의 의미를 이해하고 학습자의 바람직한 태도를 형성하게 할 교육적 방향을 토론하고 논술해 보자.

진리탐구 vs. 즐거움의 추구

소크라테스는 「프로타고라스」 편에서 히포크라테스와 함께 프로타고라스의 말을 들으려고 칼리아스의 집으로 가면서 흥분한 젊은이에게 다음과 같이 질문한다. "그런데 자네는 자네가 겪고 있는 위험을 알고 있는가? 만약에 자네가 자네의 몸을 이롭게 할 수도 있고 해롭게 할 수도 있는 어떤 사람에게 몸을 맡긴다면 자네는 신중하게 생각해 보고 자네 친구들과 친척되는 사람들의 의견을 묻거나 그에게 자네의 몸을 돌봐 달라고 할 것인지를 여러 날을 두고 깊이 생각하지 않겠는가? 그렇지만 영혼을 문제로 삼고 자네가 신체보다 영혼을 더 가치 있게 생각하고, 자네가 이 모든 것을 잘 돌보는 것이 영혼의 선과 악을 좌우한다면, 자네는 결코 자네 아버지나 형제나 자네 친구인 우리들 가운데 어느 누구와 상의할 수 없겠지. 그렇지만 이런 낯선 일이 생기면 곧 자네는 자네 영혼을 그에게 맡길 것이야(플라톤, 국가-정체[政體])."

공자가 말하기를, "배우고 때로 익히면 또한 즐겁지 아니한가(學而時習之不亦說乎)."라고 하였고, "남이 나를 알아주지 못함을 걱정하지 말고, 내가 남을 알지 못함을 걱정해야 한다(不患人之不己知 患不知人也)."라고 했다(『논어』「학이(學而)」편).

토론

- 소크라테스는 학습자가 학습을 할 때 자신의 영혼의 문제와 관련하여 함부로 하지 말고 신중을 구할 것을 가르치고 있다. 이러한 학습태도가 오늘날 우리나라에서 이루어지는 학습태도와 관련하여 지니는 의의를 토론해 보자.
- 공자는 배움에 관한 한 진리인 것으로 전제하고 아무 의심 없이 즐거이 배우고 익힐 것을 주장한다. 배우는 과정에서도 누가 나를 알아주기를 바라기보다는 내가 다른 사람을 제대로 평가하지 못할까를 염려하면서 학습하게 한다. 이러한 학습태도가 지니는 의의는 무엇인지에 대하여 토론해 보자.

논술

- 학습의 과정에서 학습자가 자신의 영혼과 관련하여 학습계획을 세우는 것과 주어진 상황에 대하여 전적으로 신뢰하면서 학습해 가는 태도의 장단점을 비교하고 이를 종합할 수 있는 학습태도에 대하여 논술해 보자.

3. 교육방법

〈활동 9-3〉 인간은 경험에 의해 형성되어 가는 존재인가 아니면 선험적인 요소를 지닌 존재인가? 교사로서 교육 현장에서 학습자의 경험과 선험의 조화를 돕기 위해 무엇을 해야 하는지 토론해 보자.

경험 중심 vs. 관념 중심

듀이는 경험을 다음과 같이 소개한다. "그러나 '삶'이라는 말은 개인적인 것이건 인간 전체의 것이건 간에, 넓은 범위의 경험 전체를 가리키기도 한다. …… '삶'은 풍속, 제도, 신념, 승리와 패배, 오락과 일 등을 모두 포괄한다. …… 이와 마찬가지로, 경험에도 갱신에 의한 연속성이라는 원리가 적용된다. 인간의 경우에는 생물학적인 존재의 갱신과 더불어 신념, 이상, 희망, 행복, 불행, 그리고 활동의 재창조가 이루어진다. …… 교육은, 가장 넓은 의미에서 말하면, 삶의 이러한 사회적 연속성을 유지하는 수단이다. 현대의 도시에서나 원시 부족에서나를 막론하고, 사회집단을 구성하는 요소로서의 개개인은 태어날 때 미숙하고 무력한 상태로 태어나며, 언어도, 신념도, 관념도, 또 사회적 기준도 갖추지 않은 채 태어난다. 개개인은 각각 자기 집단의 생활경험을 짊어지고 가는 단위다(이홍우 역, 1997)."

반면에 칸트는 선험적 이상의 인간상을 제시하고 있다. "이상은 아직 인간의 경험 속에서 실현되지 않은 완전성의 개념을 의미한다. 우리는 여기에 관한 예로서 정의의 원리에 따라서 통치되고 지배되는 하나의 완전한 국가의 이상, 곧 완전한 국가의 이념을 들 수 있다. 이러한 완전한 국가의 이상은 불가능한 것일까? 우리가 정신 속에 품고 있는 이상 또는 이념은 무엇보다도 올바른 것이어야 한다. 그럴 경우 그 이상을 실현하는 과정 속에 여러 가지 어려움이 있을지라도 그 이상은 전혀 불가능한 것이 아니다. …… 이 세상 속에 있는 모든 인간이 거짓말을 하면서 살아간다 하더라도, 우리가 살아가면서 정직해야 한다 또는 진리를 말해야 한다는 것은 그때그때의 변덕스러운 기분과 감정에 의해서 좌우될 수 있는 사항이 아니다. 그리고 인간 속에 존재하는 모든 천부적 재능들을 계발해 내고자 하는 교육의 이상은 분명히 참된 이상이다(조관성 역, 2001).

토론

- 듀이의 경험은 개인의 삶, 그 자체와 동일하다. 그러므로 교사와 학습자로서의 생활경험은 곧 교육을 구성하는 중심 내용이 될 수 있다. 그것이 지닐 수 있는 장점에 대하여 토론해 보자.
- 칸트의 이상은 인간의 현실적 생활 여부와는 관계없이 인간에게 본래적으로 갖추어져 있는 완전한 그 무엇을 실현할 것을 주장한다. 이러한 이상주의 교육이 지니는 의의를 토론해 보자.

논술

- 경험주의와 이상주의 교육을 통합하여 실천할 수 있는 교육이론을 논술해 보자.

4. 교육의 역사적 의미

〈활동 9-4〉 교육은 역사 속에서 진행되며 반드시 후대에 영향을 미친다. 오늘을 살아가는 우리가 어떠한 교육을 실천하여 바람직한 역사의 흐름을 이어가게 할지에 대하여 연구해 보자.

교육에서 과거 사건과 문화의 관계

카(Carr)는 말한다. "모든 역사가에게 공통되는 이른바 기초적 사실은 일반적으로 역사가가 사용하는 재료에 속하는 것이지 역사 그 자체에 속하는 것은 아닙니다. 제2의 고찰은 이와 같은 기초적 사실을 밝히는 것이 필요하다 하더라도, 그것은 사실 그 자체의 어떤 성질에 의하는 것이 아니라 역사가의 연역적인 결정에 의한다는 것입니다. …… 사실은 스스로 말한다고 흔히들 말합니다. 물론 이것은 거짓말입니다. 사실은 역사가가 사실에 말을 건넸을 때에만 말하는 것입니다. …… "우리가 읽고 있는 역사는 확실히 사실에 입각해 있기는 하지만, 엄밀히 말하면 결코 사실이 아니라 오히려 널리 인정되고 있는 몇몇 판단입니다." …… 물론 사실 고문서는 역사가에게 중요한 것입니다. 하지만 사실이나 고문서를 신주 모시듯 해서는 안 됩니다. 사실이나 고문서가 스스로 역사를 형성하는 것은 아닙니다. …… 역사가의 기능은 과거를 사랑하는 것도 아니고, 자기를 과거로부터 해방하는 것도 아니며, 현재를 이해하는 열쇠로서 과거를 정복하고 이해하는 것입니다(김승일 역, 1996)."

레블(Reble)은 교육사를 다음과 같이 이해한다. "그러나 이제는 이런 입장에서 탈피하여 문화 전체의 관점에서 서술하는 노력이 필요하다. 교육과 교육학적 사유는 바로 문화 전체에 실질적인 뿌리를 두고 있으며, 이 관점이 문화 전체로부터 새로운 모습과 자극을 얻고, 또한 문화 전체가 다시 변화하게끔 영향을 미친다. …… 교육사는 교사를 교육사상 및 교육조직의 역사적 개요를 뛰어넘어 일반적 역사의식의 형성에 이르기까지 안내해야 한다. …… 다차원적 연결상태와 다양한 상호 의존성, 그리고 삶이 지니고 있는 역사적 특수성을 고려할 때 모든 것에 적용되는 보편적이고 매끈한 공식은 존재하기 힘들다. …… 학교제도 또한 그냥 단순히 교육이념과 교육이론의 결과로서 생겨나는 것은 아니다. 학교제도는 오히려 삶에 영향을 행사하는 다른 강력한 요소들에 의해 각각의 시대에 따라 상이한 정도로 형성된다. 모든 사람의 삶이 차이를 보임에도 불구하고 삶 전체는 살아 있는 통일체를 이루고 있다. …… 시대구분은 다행이든 불행이든 간에 방법적 보조수단에 지나지 않으며, 역사적 삶은 내면적 구조와 짜임새를 지님으로써 그 연속성을 결코 상실하지 않는다는 사실을 더욱더 입증하고 있다(정영근, 임상록, 김미환, 최종인 역, 2002)."

토론

- 카는 역사에 대하여 역사가가 오늘날의 관점에서 해석하는 것으로 보고 있다. 교사가 교육 현장에서 역사를 가르칠 때 카의 관점을 따를 경우 그 장단점에 관하여 토론해 보자.
- 교육사의 관점에서는 교육제도가 역사적 산물로 전해 오고 있음을 부인할 수 없다. 그렇다고 과거의 교육제도가 전혀 바뀔 수 없는 것으로 보아서도 안 된다. 교육 현장에서 교육의 역사적 사실을 그대로 인정하고 받아들이는 것이 갖는 장단점을 토론해 보자.

논술

- 교육은 현장에서 이루어지는 역사적 사실이다. 교육의 현장이 과거의 교육사나 교육제도들을 인정하면서도 새 시대에 맞는 교육을 찾아갈 수 있는 방법에 대하여 논술해 보자.

5. 교육과 심리학

〈활동 9-5〉 교육은 학습자를 내적 경험과 외적 경험을 통해 심리적으로 안정되게 하는 역할을 한다. 한편 동양에서는 전통적으로 4단7정을 마음의 핵심으로 보고 이것의 조화를 강조해 왔다. 이들 심리학의 견해들이 교육 현장에서 적용될 수 있는 바람직한 방법을 생각해 보자.

서양 심리학 vs. 4단7정의 심리학

분트(Wundt)는 심리학을 "자연과학의 주제를 다루는 외적인 경험의 대상들과는 달리 내적인 경험(감각, 감정, 사고, 의욕 등)을 연구하는 학문"이라고 정의한다. 왓슨(Waston)은 심리학을 "인간행동을 주제로 삼는 자연과학"이라고 정의한다. 보링은 "인간이라 무엇인가? 심리학은 이 질문에 대해서 답변하려고 한다."라고 말하였다.

한편 한국심리학회에서 말하는 심리학에 대한 이해는 다음과 같다. "심리학이란 말이 의미하듯이, 심리학은 인간의 마음을 연구하는 학문이다. 그러나 심리학을 실제로 공부해 보면 심리학이 인간의 마음뿐만 아니라 육체, 행동, 그리고 인간이 관련된 거의 모든 사회현상을 다루고 있다는 사실을 알게 될 것이다. …… 그러나 심리학은 그렇게 추상적이고 자연과학적인 것만을 다루는 학문이 아니다. 심리학은 사람의 몸과 마음을 비롯해 사람이 살아가는 모습인 사회적 행동, 사회현상을 자연스럽게 담아내려고 시도하는 학문이다(한국심리학회, 1998)."

권근은 『입학도설』에서 심(心)을 이렇게 설명하고 있다. "마음이란 사람이 하늘로부터 부여받은 것으로서 몸을 주장하는 것이다. 이와 기가 묘하게 합하여 있는데, 비어 있으면서 신령하며, 모든 것을 꿰뚫으면서도 맑다. 그래서 신명(神明)의 집이라 한다. 마음이 성(性, 4단-인의예지[仁義禮智])과 정(情, 7정-희노애구애오욕[喜怒哀懼愛惡慾])을 통솔한다는 말은 명덕(4단)과 이치(7정)를 두루 갖추고서 모든 사태에 따라 반응한다는 것을 말한다. 그러나 마음이 기질(7정)에 구속당하고, 물욕에 가림을 당하면 마음의 씀이 발동될 때 어리석게 된다. 따라서 학자(사람)는 반드시 공경(敬)함으로 그 속을 바르게(直) 하여 (마음의) 어리석게 됨을 제거하고서 본래의 밝음을 회복해야만 한다(心者, 人所得乎天而主乎身, 理氣妙合 虛靈洞澈以爲神明之舍, 而統性情所謂明德而具衆理 應萬事者也. 氣稟所拘 物慾所蔽 其用之發有是而昏, 學者要當敬以直內 去其昏而復其明也)."

토론

- 서양의 심리학은 대체로 인간의 내적인 경험을 과학적으로 연구하는 인간에 관한 학문으로 정의된다. 그것은 인간의 내적 경험과 외적인 태도가 서로 연결되어 있다는 것을 인정하면서도 분리된 것으로 이해하는 경향이 강하다. 이러한 심리학이 교육의 현장에서 어떻게 적용되어야 할지 토론해 보자.
- 우리나라의 심리학은 마음이 태어날 때 있는 것으로서, 속마음과 태도와 감정까지도 모두 마음을 중심으로 서로 관계되어 있는 것으로 이해한다. 그래서 우리는 사람이 말하는 것과 속마음이 다를 때 그 사람에 대하여 실망하게 된다. 이 심리학이 교육의 현장에서 지닐 수 있는 의의를 토론해 보자.

논술

- 경험과학으로서의 인간의 심리적 작용과 태도를 이해하려는 서양의 심리학과, 마음을 태어날 때 부여받은 것으로 보고 개인의 이지적 성격이나 기질적 태도를 하나로 연결하여 이해하려는 우리나라의 심리학이 오늘날 교육 현장에서 어떻게 조화를 이루어 학생을 교육할 수 있을지 논술해 보자.

6. 교육행정

〈활동 9-6〉 교육에서 행정이나 학급경영은 결국 그 조직의 합리적 운영을 세우는 것이라 할 수 있다. 서구의 합리화와 동양의 사물의 선후나 중용의 도리를 따르는 것을 고려하여 바람직한 학교행정이나 경영을 연구해 보자.

서구의 합리화 vs. 동양의 중용

베버는 서구자본주의의 발전을 합리화에서 찾고 있다. "오늘날 서구자본주의의 합리성은 가장 중요한 기술적 제 요인의 계산 가능성, 즉 정밀계산의 기반에 의해서 본질적으로 제약을 받고 있다. 그러나 실제에서 이는 근대적 과학, 그중에서도 특히 정밀한 수학과 합리적인 실험을 기초로 하는 자연과학의 특질에 의해서 결정되는 것이라 하겠다. …… 그러나 물론 과학지식의 기술적 이용은 경제적인 보수에 의해서 자극되었던 것이라 하더라도 서구에서는 이 경제적 보수는 또한 반드시 과학적 지식 위에 근거를 두고 있었다. 그런데 이러한 경제적인 보수도 실상은 서구의 사회구조상의 특질에서 기원한 것이었다. 이와 같은 극히 중요한 요소에 속하는 것으로서 법률과 행정에서의 합리적인 구조를 들 수 있다. …… 왜냐하면 경제적 합리주의는 합리적 기술이나 합리적 법률에도 의존하지만 그 생성기에서는 특정의 실용=합리적인 생활태도 전반에 대한 인간의 능력과 기질에도 의존하는 것이기 때문이다. …… 이 같은 문화적 발전의 〈최후의 사람들〉에 관하여는 다음의 말이 진리가 될 것이다. '무정신의 전문가, 무감성의 향락인, 이들 무(無)의 인간은 인류가 지금껏 도달하지 못한 단계에 올랐다고 자부하리라.' (권세원, 강명규 역, 1985)"

『대학(大學)』에서는 다음과 같이 말한다. "물에는 본(근본)과 끝이 있고, 일에는 시작과 마침이 있으니 먼저 하고 나중에 할 것을 알면 도에 가까울 것이다(物有本末, 事有終始, 知所先後則近道矣)." "재물을 생성하는 데 큰

방도가 있다. 생성하는 자가 많고 먹는 자가 적으며, 생성하는 일은 빨리하고 소비하는 일을 느리게 하면 재물이 항상 족하게 된다(生材有大道. 生之者衆 食之者寡, 爲之者疾 用之者舒 則材恒足矣)." 『중용(中庸)』에서는 "중용과 조화를 이루면 천지가 제자리를 갖추게 되고 만물이 자라게 된다(致中和天地位焉 萬物育焉)."라고 한다.

토론

- 베버에 따르면, 서구의 자본주의는 동양이나 여타의 지역에서와는 달리 자연과학, 수학을 토대로 하는 계산 가능성, 그리고 합리적 법률과 행정에 의해서 성립될 수 있었다. 또한 자본주의 속에서 살아가는 사람은 언제나 합리적인 경제적 이윤을 발생시키는 생활을 해야 한다. 역으로 말하면, 이러한 합리성과 경제적 이윤이 사람을 계산적으로 살아가게 하는 것이다. 결국에는 베버가 예언한 대로 무정신의 전문가, 무감성의 향락인들이 출현할 수 있다. 그리고 그것은 현실처럼 드러나고 있다. 교사로서 교육의 현장에서 합리적 자본주의에 토대를 두고 교실행정을 실천할 때 그 장단점에 대하여 토론해 보자.
- 동양에서는 모든 만물에 본말이 있고, 모든 일에 선후가 있기 때문에 그것을 알게 되면 이치를 터득하는 것으로 믿었다. 재물을 생산하는 데도 길이 있다고 보았다. 통치자가 이러한 것을 알고 중용과 조화에 이르게 되면 나라와 자연만물이 모두 안정된다는 것이다. 교사가 학교교육의 현장에서 이러한 경제관과 통치관을 적용할 때 발생될 수 있는 장단점에 대해 토론해 보자.

논술

- 학교교육의 현장에서 '합리적 자본주의 방식'과 위 『중용』의 '致中和 天地位焉 萬物育焉'의 방식 두 가지를 고려하여 바람직한 교육행정과 학급경영이 이루어질 수 있는 방안에 대해 논술해 보자.

7. 학생생활지도

〈활동 9-7〉 교사는 학생들의 행동을 통하여 그의 무의식의 세계까지 이해할 필요가 있다. 그것은 '도'나 종교학의 영역과도 연결될 수 있다. 학생들의 행동심리학과 무의식의 심리학, 곧 신념에 따른 종교적 행위 등을 어떻게 지도할지 연구해 보자.

무의식의 교육심리

(융[Jung]의 자서전 중에서) "그 무렵 나의 관심과 연구심을 지배하던 것은 '도대체 무엇이 실제로 정신병자의 내면에서 일어나고 있는가'에 대한 강렬한 의문이었다. …… 특히 히스테리와 꿈의 심리학에 대한 기본적인 탐구에서 프로이트는 내게 극히 중요했다. 프로이트는 심리학을 정신의학으로도 도입했다. 정신의학에서 우리를 찾아오는 대부분의 환자는 말 못할 사연을 가지고 있으며 대개는 그것을 아무도 모르고 있다. 치료란 개인의 사연을 철저하게 조사한 다음 비로소 시작되는 것이다. 만일 내가 환자의 비밀을 알고 있다면 나는 이미 치료에 대한 열쇠를 쥔 셈이다.

…… 분석심리학은 기본적으로 자연과학이었다. 그러나 그것은 다른 어떤 과학보다도 관찰자의 개인적인 선입관에 영향을 받게 된다. 따라서 분석심리학자는 그 판단에서 가장 미숙한 실패를 저지르지 않기 위해 될 수 있는 대로 역사적 및 문학적으로 비교할 수 있는 것에 의존하지 않으면 안 될 것이다.

…… 개인에 의해서 이루어지는 모든 판단이 그 사람의 성격 유형에 의해서 좌우되고 있으며, 어떤 관점도 반드시 상대적인 것이라는 통찰력을 갖게 했다. 또한 그것의 다양성을 보충한 것이 틀림없다는 합일성의 문제를 제기했으며 중국의 '도'의 개념으로 나를 직접 이끌어 갔다. 내가 『변모의 상징』 이후 계속 관심을 두어 왔던 문제는 리비도의 이론이었다. 나는 리비도를 물리적 에너지의 심적 유사물로 생각하고 있었다. 그러므로 거의 양적인 개념

으로 생각했으며 질적인 면으로 정의될 수 없다고 생각했다. 나의 연구가 이윽고 세계관의 문제와 심리학과 종교와 관련을 갖기 시작한 것은 나의 연구의 본질적인 측면을 시사하는 것이다(설영환 역, 1995)."

토론

- 교사가 교육 현장에서 학생을 교육할 때 그들이 소위 청소년 비행을 저지른다면 이러한 현상을 어떻게 이해해야 하는가? 심리적으로 이해해야 하는지, 역사적, 문화적으로 이해하는지 토론해 보자.
- 한 사람의 정신적 반응이나 심리적 반응은 모두 그 사람의 성격 유형과 관련이 있다. 그것이 상대적이라는 말은 무엇을 의미하는지 토론해 보자.
- 프로이트의 '리비도'와 융의 '리비도'의 차이는 무엇인가? 교육의 현장에서 학생의 '리비도'를 어디까지 인정해야 하는지에 대하여 토론해 보자.

논술

- 교육의 현장에서 교사가 융의 정신분석학적 방법을 활용하여 학생을 지도할 때 어떻게 하면 그들의 '리비도'와 '성격'을 인정하면서 바른 삶의 자세, 곧 세계관과 종교적 가치를 갖게 할 수 있을지 논술해 보자.

8. 교육은 사회적응기제

〈활동 9-8〉 학교교육은 주로 학생을 사회문화 현상에 잘 적응하게 하는 역할을 한다. 이러한 교육이 지니는 바람직한 의의와 그 문제점에 대하여 토론과 논술을 해 보자.

기능이론의 교육

"인간은 분명히 두 가지 종류의 존재를 갖고 있다. 그 하나는 개인과 사적 생활사에만 적용되는 정신적 요소로 구성된 것이다. 이것은 개인적 존재라고 불러도 좋을 것이다. 다른 하나는 개인의 개성을 표현하는 것이 아니라 개인이 그 일부로서 구성된 제 집단의 현상을 표현하는 사상과 감정, 관습의 체계다. 이것은 종교적 신념, 도덕적 신념, 습관, 국민 전통, 직업 전통 기타 모든 종류의 집단적 견해를 말한다. 이들의 총체가 사회적 존재를 형성한다. 개인에게 이 사회적 존재를 형성하는 것이 교육의 목적이다.

…… 사회는 인간이 직면하여 무력감을 느끼게 하는 거대한 도덕적 힘을 자체 내에서 창출해 낸다. …… 사회생활에 막 참여하려는 아동은 자기의 본성을 개인적 존재로서 사회에 표시하며 참여한다. 사회는 새로운 세대를 받아들일 때마다 사회가 새롭게 그려야 하는 백지나 그와 유사한 것에 직면하게 된다. 이기적이고 비사회적인 신생아에겐 되도록 빨리 새로운 도덕적 사회생활을 영위해 나갈 수 있도록 해 주어야 한다. 이러한 활동이 교육의 과업이며 …….

인간의 정신에, 사회가 지식에 대한 갈증을 주었을 때에만 인간은 지식에 대한 갈증을 알게 되었고, 또 사회는 사회대로 지식의 필요를 느꼈을 때에만 인간에게 지식에 대한 갈증을 불러일으켰다.

…… 교육체제는 해당 사회체제와 분리하여 생각할 수 없다. …… 동시에 그 교육은 교육의 기반이 되었던 도시의 전체 조직을 의미하는 것이었다. …… 교육은 국가구조의 한 요소다. …… 요약해서 말하면, 교육은 독특하고

주요한 목적으로서 개인과 개인의 이익을 추구하는 것이라기보다는 사회가 영구히 그 자체의 존재 조건을 재창조하기 위한 수단이다(이종각 역, 1991)."

토론

- 교육에서 기능론은 기본적으로 인간의 몸에 있는 모든 기관이 하나의 '인간'이라는 유기체를 살아가도록 하는 역할을 한다는 데서 출발한 이론이다. 예를 들면, 학교교육체제는 사회체제의 일부이자 국가체제의 일부가 된다고 보는 것이다. 이러한 기능론적 관점에서 교육은 그 교육이 실시되는 사회나 국가의 도덕적 신념이나 습관, 문화 등을 전수하는 기능을 지니게 된다. 이러한 교육이 지니는 장점과 단점에 대해서 토론해 보자.
- 기능주의 교육이론에서는 학생은 기존의 가치관이나 사회제도, 또는 도덕 등을 전수받을 뿐 학생 스스로 창조적인 사회신념이나 도덕 등을 창조하기 어려울 수 있다. 교육의 현장에서 어떻게 이러한 문제를 해결할 수 있는지 토론해 보자.

논술

- 오늘날 학교교육의 현장은 개인의 목적달성이나 경제적 이익의 성취를 위한 경쟁이 한창이다. 기능론의 입장에서 이러한 면을 비판하면서 교사로서 학생에게 사회의 관습과 국가관, 문화 등을 습득하게 하면서도 개인의 지적 욕구나 사회적 욕구를 성취시킬 수 있는 교수방법에 대하여 논술해 보자.

9. 교육은 사회갈등의 반영

〈활동 9-9〉 갈등은 인간사회에서 없을 수 없는 요소다. 특히 정치적 · 사회적 · 경제적 갈등구조가 교육에 영향을 미치고 있는 것이 분명하다. 교육 현장에서 사회갈등의 요소는 무엇이고 이러한 갈등을 교육을 통해 어떻게 극복할 수 있을지를 연구해 보자.

갈등이론과 교육

교육제도는—경제생활을 포함하는 사회적 관계와의 대응을 통해—경제적 불평등을 재생산하고 있으며 개인적인 발달을 왜곡하고 있다. …… 교육제도의 역할이 소외되고 계층화된 노동력의 생산으로 귀결되기 때문에 교육제도는 당연히 억압적이고 불평등한 구조를 발달시킬 수밖에 없다.

…… 억압, 개인적인 무력감, 소득 불평등, 기회의 불평등은 역사적으로 교육제도 자체에서 비롯된 것이 아니며, 오늘날에서도 불평등하고 억압적인 학교에서 나온 것은 아니다. 억압과 불평등은 자본주의 경제의 구조와 기능에 그 근원을 두고 있다고 말할 수 있다.

…… 경제가 인간을 생산해 낸다. 상품생산은 그것이 인간을 생산하는 데 필요한 투입물이라는 점 말고는 별로 중요하지 않게 생각될지도 모른다. …… 노동현장과 학교에서 인간의 생산과정이 인간의 필요에 의해서라기보다는 오히려 이윤과 지배의 명령에 의해 좌우된다.

…… 우리는 경제적 불평등이 자본주의 경제에서 구조적인 면일 뿐이지 기술이나 능력에서 개인 간의 차이에 의한 것이 아니라고 생각한다(이규환 역, 1986).

토론

- 전형적으로 학교교육에 대한 갈등이론은, 마르크스의 자본 축적론에 입각하여 학교교육 자체가 교육받기 이전의 아동의 사회계급을 그대로 재생산하는 것으로 보는 것을 특징으로 한다. 예를 들면, 노동계급의 자녀는 상류계급의 자녀와 동등한 교육을 받더라도 상류층으로 올라가기는 힘들다는 것이다. 그것은 교육제도의 문제가 아니라 자본주의 사회의 속성 때문에 학교교육이 그 체제에 종속될 수밖에 없다는 입장이다. 교사로서 갈등이론이 학교교육의 현상을 설명하는 데 얼마나 유용할 수 있는지 토론해 보자.
- 경제가 인간을 생산해 낸다는 말은 우리나라의 경우에서도 대부분의 학생이 대학에서의 전공을 선택하려 할 때 경제적 이익을 보장하는 학과를 택하려 한다는 사실에서 입증되고 있다. 자본주의 체제하에서 교사는 학생에게 어떻게 공부하며 전공을 선택하도록 하는 것이 바람직할 것인지 토론해 보자.

논술

- 교육과 교육제도에 대하여 기능이론과 갈등이론의 입장을 종합하여 교육의 현장에서 바람직하게 활용될 수 있는 방안과 실천에 대하여 논술해 보자.

10. 교육 현장 연구

〈활동 9-10〉 교육은 실제로 이루어지는 인간 행위의 한 유형이다. 이 교육이라는 행위는 있는 그대로의 현상인가 아니면 해석되어야 할 무엇인가. 학생의 성적이나 태도는 실제 행동이지만 그것에 대한 현상학적 이해는 전혀 다를 수 있다. 학교현장에서 이루어지는 교육내용과 실천의 의미를 보다 인간적인 측면에서 이해하도록 하자.

현상학과 교육실천

"여기에서는 '객관성 자체'와 같은 것은 결코 없으며, 객관성, 사물들, 세계 그리고 세계에 관한 학문들은 선험적 자아인 나의 현상들로서만 존재한다. 내가 선험적 탐구자로서 수행할 수 있고, 수행하고자 하는 모든 존재타당성은 나 자신에 관련된다.

…… 이러한 세계인식은 기존의 객관주의적 학문이나 심리학의 세계와는 질적으로 다르다. 실증적 세계는 '세계'라는 가설 위에 세워진 (그것에 관한) 가설들이다. 이 세계가 전제되어 있는 상태에서 '세계는 무엇인가' '이미 알려져 있는 것으로부터 알려지지 않은 것으로 이행함에서 세계에 무엇이 나타나는가'라는 것을 문제시할 뿐이다.

…… 우리에 대해 존재하는 세계는 객관적으로 존재하는 굳어진 세계가 아니라 우리의 인간적 삶 속에서 의미를 소유하고 우리에 대해 항상 새로운 의미를 획득하는 세계라는 사실이다. 이 세계는 선험적 주관성의 세계(자아)와 극 이념으로서 선험적 상호 주관성의 삶의 공동체 속에서 끊임없이 미리 지시되고 확증되는 세계로서의 세계다. 개별적 '극 또는 세계'는 보편적 삶의 결합 속에서 지향적 대상성으로서 포함된다. 이러한 인간과 세계에 대하여 기존의 심리학자처럼 선험적 내면성이 아니라 세계 속에 존재하는 내면성이지만, 그 세계 속에서 나타나는 인간과 인간의 공동체에 관심을 갖는다면 문제가 되는 것이다.

결론적으로 말해서 영혼에 관한 존재론(외적 경험을 통해 내적 경험을 심리적으로 추론할 수 있다는 자연법칙적 단순성의 이념)의 이념으로부터 자유롭게 하는 것은 현상학뿐이다. 물리적 세계처럼 정신적 세계도 미리 법칙적으로 존재한다고 생각하는 것은 모순이기 때문이다(김천배 역, 2000)."

토론

- 교육할 때 교사는 자신에 대해서는 물론 교육받는 학생에 대하여 탐구의 대상이자 탐구의 주체라 할 수 있다. 교사로서 학생을 나와는 완전히 객관적인 대상으로 보아야 하는가, 아니면 나 자신과 관련된 존재로서의 타당성을 인정할 것인가에 대하여 토론해 보자.
- 현상학은 세계를 객관적으로 존재하는 것으로 보지 않고, 선험적 주관성을 지니고 있는 세계(자아)와 공동체 속에서 끝없이 지시되고 확증되는 것으로 본다. 이 세계에 대한 이해는 우리에게 항상 새로운 세계를 의미한다. 교사로서 학생들을 교육할 때 그들은 과거의 세계나 기존의 고정된 관념체계로 바라보아야 할 것인가? 아니면 언제나 나와 우리에게 의미적으로 주어지는 세계로 바라보아야 할 것인가 토론해 보자.

논술

- 교사는 선험적 이성을 지니고 있어서 눈에 보이는 대로 삶의 '세계'를 바라보지 않고 자신의 선험적 주관성(순수한 인간적 판단)을 참여시켜 이러한 의미에서만 주변 세계의 의미를 끝없이 이해해 가는 것을 사명으로 해야 한다. 교사로서 교육 현장을 현상학적으로 접근하고 이해하는 것이 지니는 의의와 방법에 대하여 논술해 보자.

11. 교육과정

〈활동 9-11〉 포스트모더니즘이 교육의 현장에 소개되면서 우리나라 학교교육에서 그 중심 교육철학이나 교육관이 흔들리고 있다. 포스트모더니즘의 교육적 의의를 분석하고, 다른 한편으로 맹자의 호연지기를 어떻게 교육 현장에서 응용할 수 있을지를 생각해 보자.

포스트모더니즘 교육과정 vs. 맹자의 지식관

"…… 리얼리즘 - 그것에 대해 내릴 수 있는 유일한 정의라고는 그것이 예술과 연관된 실재의 문제를 회피하려고 한다는 것밖에 없다. …… 예술가, 화랑 소유주, 비평가, 대중은 모두 〈뭐든 괜찮다〉 속에 함께 뒹군다. 지금은 이완의 시대다. 그러나 〈뭐든 괜찮다〉 류의 이러한 리얼리즘은 사실상 혼돈의 리얼리즘이다.

…… 근대성은 어느 시대에 나타나건 간에 신념이 붕괴되고 〈실재가 결여되었다〉는 것을 발견하지 않고서는, 그리고 이런 발견과 함께 다른 실재들을 만들어 내지 않고서는 결코 나타날 수 없다.

…… 그러므로 우리가 이해하는 포스트모더니즘은 끝나는 상태의 모더니즘이 아니라 생성 상태에 있는 모더니즘이고 이 상태는 항구적이다. …… 포스트모던한 것은 근대적인 것에서 표현할 수 없는 것을 표현 그 자체로 드러내는 것이다. …… 포스트모더니즘 예술가와 작가들은 철학자의 입장에 있다. …… 원천적으로 기존의 규칙의 지배를 받지 않는다."

…… "총체성에 전쟁을 선포하자. 표현할 수 없는 것의 증인이 되면서 차이들을 활성화하고 그 이름의 명예를 구출하자(유정완, 이삼출 역, 1994)."

"나는 나의 호연지기(the vast flowing passion-nature)를 잘 기른다. …… 그것의 기(氣)됨은 지극히 크고(그래서 우주에 꽉 찬다.), 지극히 강해서(그래서 그침이 없다.) 바르게 존양하면 해로움이 없고 하늘과 땅 사이에 가득 찬다. 그 기는 의리와 도를 짝으로 삼기 때문에 이것이 없으면 쪼그라들게 된다(我善養吾浩然之氣. 其爲氣也至大至剛 以直養而無害 則塞于天地之間. 其爲氣也 配義與道 無是 餒也.)"(『맹자』「공손추상(公孫丑上)」)

토론

- 교육의 현장에서는 구체적이고 지속적인 근대성의 지식을 가르치는 것이 보편적이다. 그러나 이를 강조하는 사이에 기존의 사고 틀에서 좁게 이해하게 됨으로써 다양한 지식의 표현이나 수용은 어려워질 수도 있다. 총체성을 거부하는 것이 교육에서 어떠한 의미를 지니는지 토론해 보자.
- 맹자는 호연지기를 갖추어 이를 천지에 충만하게 하는 방식으로 나와 자연과 우주를 통합적으로 이해하려 한다. 교육의 현장에서 이러한 지식관의 의의는 무엇일지에 대해 토론해 보자.

논술

- 모든 교재는 근대성을 담고 있다. 즉, 교재의 내용은 보편적으로 받아들일 수 있는 합리적 지식으로 인정되는 것이다. 포스트모던 시대에서는 이러한 지식관이 거부된다. 대신에 지식의 구성은 언제나 진행되어야 한다는 입장이다. 근대의 지식관과 포스트모던의 지식관, 그리고 맹자의 지식관을 비교하여 바람직한 지식관을 형성할 수 있는 방법에 대하여 논술해 보자.

12. 제3의 교육관

〈활동 9-12〉 교육은 교사와 학생의 만남에서 이루어진다. 오늘날 학교교육의 만남은 사실 형식적으로 변하고 말았다. 대안교육은 이 만남을 보다 진지하게 하려는 것에 다름 아니다. 만남과 대안교육을 오늘의 교육 현장에 적용하여 보다 나은 교육이 이루어지도록 토론해 보자.

만남의 교육 vs. 대안교육

" '너'와 '나'의 만남은 은혜로 이루어진다—찾아서 발견되는 것이 아니다. 그러나 내가 '너'를 향해 저 근원어(나)를 말하는 것은 나의 존재를 기울인 행위요, 나의 본질행위다. '너'는 나와 만난다. 그러나 '너'와의 직접적인 관계에 들어서는 것은 나다. 그러므로 관계란 택함을 받는 것인 동시에 택하는 것이며, 피동인 동시에 능동이다. …… 모든 참된 삶은 만남이다.

…… 소크라테스가 말하는 생기 있고 힘찬 '나'는 얼마나 아름답고 도 정당하게 울리는 것일까? 그것은 무한한 대화의 '나'이며……, 이 '나'는 대화 중에 구체화되어 가는 사람과의 관계 속에 살아 있었다. 이 '나'는 사람의 현실을 언제나 믿었고 사람들에게로 나아갔다. …… 괴테의 충만한 '나'는 얼마나 아름답고 정당하게 들리는 것일까? 그것은 자연과의 순수한 사귐에 있는 '나'다. 자연은 이 '나'에게 자기를 내어주고 '나'와 끊임없이 이야기한다.

…… 우리가 어떤 길을 가다가 맞은편에서 같은 길을 걸어오고 있는 사람과 만났다고 할 때, 우리는 다만 우리가 걸어온 쪽의 길만 알 뿐 상대편이 걸어온 길을, 말하자면 체험할 수 있는 것이다. '나'와 '너'라는 완전한 관계의 과정에 있어서도, 우리는 다만 우리가 살아온 양상에 따라서 우리가 살아왔다는 것, 우리가 걸어온 길을 알 수 있을 뿐이다. 상대편이 걸어온 길은 다만 우리에게 마주쳐지는 것일 뿐이고, 우리는 그 길을 알지 못한다. 우리는 만남 속에서 그것과 마주치게 된다. 그런데도 우리가 그것을 마치 만남 저편의 어떤 것인 양 말한다면, 그것은 잘못을 저지르는 것이다. 우리가 생각하고

염려해야 하는 것은 상대편이 아니라 우리 쪽이며, 은총이 아니라 우리의 의지다(김천배 역, 2000)."

토론

- 교사와 학생의 만남은 은혜다. 그러나 서로 간에 만나려는 의지가 없으면 만남은 이루어지지 않는다. 교육 현장에서의 만남의 의미에 대하여 토론해 보자.
- 교사로서 학생으로서 '나'는 어떠한 '나'의 모습을 지니고 있는지 토론해 보자.
- 교사로서의 '나'는 학생으로서의 '너'의 길을 알지 못한다. 서로 어떻게 만남을 이어가야 할지 토론해 보자.

논술

- 만남의 교육은 교육 현장에서 나타나는 비인간화, 개별화 현상을 넘어서서 삶의 세계를 우리 모두의 만남의 장으로 바꿀 수 있다. 이를 통해 대안교육이나 평생학습과 어떻게 연결하여 바람직한 교육의 장으로 바꿀 수 있을지 논술해 보자.

제 4 부

생활 주제와 논술

제 10 장

생활 주제에 의한 논술 연습

1. 개인생활

1) 사람은 만물의 영장인가

다른 주장	코메니우스: 인간은 피조물 가운데 완전하고 탁월한 최고의 존재다. 다윈: 인간은 동물과 다를 바 없다. 인간의 각 개체도 생존을 위해 투쟁하고 경쟁하는 동물일 뿐이라는 것이다. 또한 인간이 자기보존, 성애, 모성애 등의 욕구와 같이 유전되는 본능이 있다는 점에서도 동물과 똑같다고 생각한다. 하지만 인간이 동물과 구별되는 점이 있다면 그것은 도덕감이다.
생각 요점	사람은 어떤 면에서 다른 동물보다 우수한가? 사람이 만든 컴퓨터가 사람보다 우수할 수 있는가? 사람보다 우수한 초인(超人)이 나타날 수는 없는가? 진화의 역사는 인간을 정점으로 하여 끝나 버릴 것인가?

나의 글

2) 사람은 만물의 척도인가

다른 주장	프로타고라스: 인간은 만물의 척도다. 파스칼: 인간은 생각하는 갈대다. (이 말은 인간의 가치판단이 항상 흔들릴 수 있다는 사실을 의미한다. 또한 그는 모든 사태를 바르게 판단할 수 없는 존재를 의미하기도 한다.)
생각 요점	사람은 모든 것을 사람의 기준으로 평가할 수밖에 없는가? 사람은 사람을 닮은 하나님을 그리고 물고기는 물고기를 닮은 하나님을 그릴 수밖에 없는가? 보편적 가치 기준이란 인간 사회에서 불가능한 것인가? 모든 가치 판단은 상대적인가?

나의 글

3) 사람의 본성은 선한가, 악한가

다른 주장	맹자: 사람의 본성은 착하지만 악한 이유는 모두 본성을 잃었기 때문이다. 순자: 인간의 본성은 악하다. 선한 것은 수양에 의한 것일 뿐이다.
생각 요점	사람이 악하거나 선한 것은 본성에 속하는 것인가? 본성이란 그렇게 태어나는 것인가, 성장하면서 형성되는 것인가? 본성이 악하다는 것, 본성이 선하다는 것을 어떻게 알 수 있는가? 사람이 악하거나 선하다고 하는 것은 밤은 어둡고 낮은 밝다고 하는 것과 같은가?

나의 글

4) 좋아하는 것과 싫어하는 것은 이성이 결정하는가, 감정이 결정하는가

다른 주장	이성보다는 감정에 지배되는 인간이라고 주장한 흄은 이성은 감정의 노예라고 한다. 반면에 인간은 이성적 동물이라고 주장한 아리스토텔레스는 인간이 이성을 따를 때 행복해질 수 있다고 한다.
생각 요점	이유 없이 좋아하거나, 이유 없이 싫어할 수 있는가? 인간이 선택하는 것에는 무엇이든 이유가 있어야 하는가? 숨은 이유라도 있어야 하는가? 감정으로 결정하는 것은 이유가 없는 결정인가? 감정도 이유가 될 수 있는가? 감정이 먼저 결정하면 이성이 그것의 이유를 찾아 주는가? 이성이 먼저 결정하면 감정이 그것을 따라가는가?

나의 글

2. 가정생활

1) 세 살 버릇이 여든까지 가는가

다른 주장	버릇은 의지의 형성인가 태도의 형성인가? 또한 세 살은 동양에서는 흔히 말하는 천지인 삼재를 근거로 하는 숫자의 상징일 수 있다. 버릇은 얼마든지 고칠 수 있다. 그러나 버릇을 고칠 수 없다면 바람직한 행동의 변화를 교육의 목적으로 삼을 수 있는가?
생각 요점	어릴 적 버릇은 고칠 수가 없는가? 좋은 버릇은 고칠 필요가 없지만, 나쁜 버릇은 고칠 수가 없다는 뜻인가? 어릴 때의 버릇이기 때문인가, 나쁜 버릇이기 때문인가? 버릇이 되게 하는 것은 무엇이며, 버릇을 고치게 하는 것은 무엇인가? 버릇이 사람을 만들어 가는가, 사람이 버릇을 만들어 가는가?

나의 글

2) 남아 선호는 어머니의 본능인가

다른 주장	남자란 무엇인가? 그리고 여자란 무엇인가? 이들에게 근본적으로 태어날 때 받게 되는 것은 남자, 여자 이전에 사람의 요소다. 남녀는 서로 인간으로서의 장점과 단점을 보충하여 보다 완벽한 인간이 되게 하는 데 있다. 남아선호는 죄악이다.
생각 요점	아버지가 아들을 원하는가, 어머니가 아들을 원하는가? 아버지는 딸을 좋아하고, 어머니는 아들을 좋아하는 심리적 이유가 있는가? 그것은 본능적인가? 아들을 선호하는 것은 남성 지배적인 사회문화적 풍토 때문인가? 어머니의 남아 선호는 차별당하는 여성의 보상 심리 때문인가?

나의 글

3) 낳은 정이 중요한가, 기른 정이 중요한가

다른 주장	인간은 사회화되어 가는 존재다. 전통적으로 우리 사회는 부자유친, 군신유의, 부부유별, 장유유서, 붕우유신의 오륜을 중심으로 하는 관계의 사회다. 그동안은 이 관계에서 부자유친이 가장 중시되는 경향이 있었는데 이제는 그 외의 관계를 중심으로 사회가 변형될 필요가 있다. 인간성을 기본으로 하는 보편적 인간관계의 사회로 나아가야 할 것이다.
생각 요점	혈연적인 관계에서 느끼는 것은 사랑인가, 정인가? 본능적인 것인가, 동물적인 것인가? 부모와 자식 간의 정도 기른 정이어야 하는가? 혈연이 중요시되는 것은 사회경제적 이유 때문인가, 생물학적 이유 때문인가? 피는 물보다 진하다는 말이 절대적으로 옳은가?

나의 글

4) 결혼 연령을 법적으로 제한하는 것은 옳은가

다른 주장	결혼은 개인의 선택이다. 그러므로 결혼을 안 할 수도 있다. 결혼은 만남이고, 이 만남이 일평생 한 번뿐이고 한 번으로 그쳐야 한다면 되도록 일찍 만나는 것도 바람직하다. 이때 연령의 의미는 경제적, 지적 능력, 한 인간으로서의 판단력과 책임 등의 형성과 관련이 있게 된다.
생각 요점	결혼에 관한 선택과 결정은 개인의 권리인가? 결혼의 권리는 어떤 책임을 수반하는가? 그 책임은 전적으로 개인의 책임인가, 사회가 관여할 수 있는 책임인가? 결혼 연령을 법으로 제한하는 것은 개인을 위함인가, 사회를 위함인가?

나의 글

3. 사회생활

1) 동물에게도 사람과 같은 권리가 있는가

다른 주장	물리적, 생리적, 감정적 조건 등에 제한을 받고 있다는 의미에서 사람은 동물과 다를 바가 없다. 단 한 가지, 사람은 자신에 대하여 생각할 수 있다. 스스로를 평가하고 느끼고 일어나는 모든 사태에 대하여 미리 예측하고 과거의 경험을 활용한다. 이 부분이 동물과는 다르게 사람에게 작동되고 있는 것이다.
생각 요점	사람이기 때문에, 사람이면 누구나 갖는 권리는 무엇인가? 다른 동물은 사람과 다르기 때문에 그런 권리를 갖지 못하는가? 동물이 사람과 다르다는 것은 사람이 보기에 그렇다는 것인가? 동물이 보기에도 그럴 것인가? 사람과 동물의 차이라고 하는 것이 권리에 대한 동물 차별의 근거가 될 수 있는가?

나의 글

2) 가는 말이 고우면 오는 말도 고운가

다른 주장	말은 대화를 의미한다. 즉, 두 사람 이상이 서로 말을 해야 한다. 사유의 동물이자 감정의 동물인 인간이 자신의 의사를 표현하는 것이 곧 대화다. 가는 말과 오는 말은 얼마든지 두 사람 또는 그 이상의 사람에 의해서 다양하게 해석되고 표현될 수 있는 것이다.
생각 요점	가는 말은 고우나, 오는 말은 곱지 않을 수 있는가? 대접을 받을 것을 기대하지 말고 남을 대접해야 하는가? 사람은 왜 배신 행위를 하는가? 조건이 없는 선한 행위는 결국 선한 반응을 가져오는가?

나의 글

3) 도시는 사람을 악하게 하고, 농촌은 사람을 착하게 하는가

다른 주장	농촌은 사람으로 하여금 자연의 변화를 근간으로 하여 그에 따른 삶의 구조를 맞추게 하는 반면, 도시는 그 성립 자체가 어떤 이익과 의도를 중심으로 모여든 사람에 의해서 이루어진다. 그러나 인간이 도시 아니면 농촌에서 사는 것은 틀림없는 사실이다.
생각 요점	사람을 착하게 만드는 것은 생활 환경인가? 도시생활과 농촌생활은 본질적으로 다른가? 도시 속에 농촌생활이 가능하고, 농촌 속에 도시생활이 가능한가? 사람을 착하게 하는 농촌은 없어지고 모두가 도시화되어 버리는가?

나의 글

4) 하늘은 스스로 돕는 자를 돕는가

다른 주장	하늘을 거스르는 자는 망한다. 그러므로 스스로 돕는 자란 하늘의 뜻에 따라 순응하며 사는 자를 말한다. 아무리 사악한 일이 나에게 일어나더라도 끝까지 인간의 도리를 다 하는 자가 스스로 돕는 자다.
생각 요점	스스로 돕지 않는 자는 아무도 도울 수 없는가? 스스로 돕는 자만이 남의 도움도 받을 수 있는가? 하늘의 도움은 곧 남의 도움을 뜻하는가? 하늘의 도움은 스스로 돕는 자의 의지와 동기를 뜻하는가? 정신력을 의미하는가?

나의 글

4. 국가생활

1) 정의는 반드시 이기는가

다른 주장	플라톤은 지혜, 용기, 절제가 형성되어 있는 곳에서 정의가 자연스럽게 이루어진다고 보았다. 동양에서의 정의는 중용의 도다. 지는 것이 이기는 것이라는 말의 의미에서 보면 모든 사태에서 자연과 사람의 질서에 따라 그 바른 길을 따르려고 하는 자가 평온한 삶을 살게 된다.
생각 요점	정의의 힘과 불의의 힘이 역사 속에서 대결하고 있는가? 역사는 정의의 힘이 승리해 가는 과정인가? 불의의 힘은 인간의 약점과 사회구조적 약점 때문에 불가피하게 작용하는가? 정의가 불의를 이길 수 있다는 믿음의 근거가 있는가?

나의 글

2) 품질이 떨어지더라도 국산품을 애용해야 하는가

다른 주장	말 그대로 세계화 시대다. 국산품이 대접받을 수 있는 기술력과 자본을 형성해야 한다. 국산품이 세계 수준의 것이 되어야 하는 것이다. 기업이 국산품 애용에 안주하여 경영한다면 국가의 파탄을 가져올 것이다.
생각 요점	국산품 애용을 국민에게 강요할 수 있는가? 국민의 경제 의식이 국산품을 애용하게 할 수 있는가? 국산품의 품질 향상만이 국산품 애용을 유도할 수 있는가? 국산품 애용이라는 생각이 경제적으로는 사실상 무의미한 것인가?

나의 글

3) 후진국이 되는 것은 민족성 탓인가

다른 주장	선진국과 후진국의 구별은 과학, 기술 그리고 경제적 차이를 근간으로 한다. 후진국은 이러한 요소에서 뒤져 있다. 그리고 이를 근거로 하여 빈익빈 부익부 현상이 심화되고 있다. 세계화는 더욱 이러한 문제를 심화시킬 것이다. 그러나 후진국의 원인이 민족성 하나에만 기인하는가?
생각 요점	민족성 때문에 후진국이 되는가, 후진국이 되었기 때문에 민족성을 탓하는가? 민족성은 민족의 본성이라는 뜻인가? 민족의 특성이 후진국의 원인이 된다는 것인가? 모든 선진국은 공통의 민족적 특성을 가지고 있는가? 후진국이 선진국으로 되면 민족성이 바뀌는가?

나의 글

4) 자유가 더 중요한가, 평등이 더 중요한가

다른 주장	자유란 '스스로 말미암음'이다. 무슨 일을 하든 자신이 하면 모두 자유다. 평등은 '서로 등급이 같다.'라는 뜻이다. 즉, 사람으로서의 등급이 동일하다는 것이다. 그러나 집안에서 아버지와 아들이 평등할 수는 없다. 아버지가 어머니나 자녀를 배제하고 자유를 누릴 수도 없다. 어떤 조건이 충족되는 한에서만 자유이고 평등일 수 있는 것이다.
생각 요점	평등이 없는 자유는 어떤 문제점을 갖는가? 자유가 없는 평등은 어떤 문제점을 갖는가? 자유가 더 중요한 역사적 상황이 있고, 평등이 더 중요한 역사적 상황이 있는가? 자유와 평등을 대등하게 존중할 수 있는 이상사회는 불가능한가? 자유와 평등은 역사 발전을 위한 수레의 두 바퀴와 같은가? 걸음걸이에서의 왼발과 오른발에 비유될 수 있는가?

나의 글

5. 문화생활

1) 아름다움은 보는 사람의 눈에 있는가

다른 주장	아름다움은 지혜가 될 수도 있고 육체적이 될 수도 있다. 미와 추의 차이도 그다지 명확하지 않다. 일상생활에서 미와 추의 반복은 빈번하게 일어난다. 미를 미답게 해야 한다.
생각 요점	아름답기 때문에 사랑을 하게 되는가? 사랑을 하기 때문에 아름답게 보이는가? 보는 사람에 관계없이 그 자체로서 아름다운 대상이 있는가? 누구나 아름답게 보지 않을 수 없는 아름다운 대상이 있는가? 왜 아름다운 것이 있고, 추한 것이 있는가? 나만의 미학적 관점을 지니고 있는가? 다른 사람이 보지 못하는 타인의 또는 사물의 아름다움을 발견하고 감상하고 있는가? 객관적 기준을 적용해야 하는가 아니면 주관적 기준을 적용해야 하는가?

나의 글

2) 나쁜 음악은 국민의 정서를 해치는가

다른 주장	플라톤은 체육(굼나스티케)과 음악(무지케)은 병행되고 상호 보완적이 되지 않으면 안 된다고 확신했다. 체육은 그 자체만으로는 과도한 사나움을 불러일으키고, 음악은 그 자체만으로는 과도하게 부드러움을 만들지만, 그들이 적당한 비율로 결합될 때 이상적인 육체와 성품이 나타난다. 두 가지가 결합되면 용감하고 지혜를 사랑하는 일부 정신의 조화를 이루게 된다.
생각 요점	나쁜 음악과 좋은 음악을 구별하는 기준이 무엇인가? 음악으로서의 좋고 나쁨과 그것의 영향력이나 효과는 혼동하지 말아야 하는가? 국민의 정서를 해치는 음악은 나쁜 음악이라고 할 것인가? 국민의 정서가 좋은 음악을 결정하는가, 좋은 음악이 국민의 정서를 결정하는가?

나의 글

3) 문화의 개방은 어떠한 제한도 필요로 하지 않는가

다른 주장	과거 우리는 중국과 문화개방을 했다. 개방은 더 나은 문화를 받아들여서 그대로 실천하는 것을 의미한다. 타 문화를 받아들이고 활용한다는 것은 그 나라의 삶이나 사람을 이해하고 받아들이는 것일 뿐이다. 그러나 자기를 잃어버리는 문화수용은 자살행위와 같다.
생각 요점	문화는 다른 문화와 교류할수록 더 창조적으로 되는가? 문화에도 강한 문화와 약한 문화가 있는가? 문화의 개방은 강한 문화가 약한 문화를 지배하게 하는가? 문화적 창조는 문화의 다원화를 필요로 하는가? 문화의 다원화는 문화의 보호를 필요로 하는가?

나의 글

4) 운동경기의 목적은 승리에 있는가

다른 주장	운동은 인간 한계에 대한 도전이다. 100m를 굳이 빠르게 뛸 필요가 없다. 그냥 천천히 걸어도 되는 것이다. 그러나 인간의 가능성이 얼마인지에 도전하여 모든 운동에서 인간 이상의 능력을 보일 때 박수와 격려를 받게 된다.
생각 요점	승부를 가지지 않는 경기가 가능한가? 승부가 결정되어 있는 경기나, 승부가 조작된 경기도 경기로서의 의미를 가지고 있는가? 승리의 목적이 아닌 다른 어떤 목적이 운동경기에 필요한가? 승리는 운동경기의 궁극적인 목적인가? 운동경기가 사회적으로 필요한 다른 어떤 이유가 있는가?

나의 글

6. 교육과 삶

1) 사람은 무지의 소치로 악한 짓을 하는가

다른 주장	루소나 맹자는 인간을 선하다고 보았다. 반면에 순자는 인간의 본성을 악하다고 보았다. 전자는 선하기 때문에 교육을 해서 선하게 살아가게 해야 하고, 후자는 악하기 때문에 교육을 해서 선하게 살아가게 해야 한다고 주장한다. 인간은 자신이 악한 일을 했을 때 악하다는 것을 아는 동물이다.
생각 요점	나쁘다는 것을 알면서 나쁜 짓을 하는 사람은 없는가? 나쁜 결과를 가져오리라는 것을 알면서 그런 행동을 할 사람은 없는가? 나쁜 행위나 나쁜 결과에 대해서 충분한 지식이 없기 때문에 악한 짓을 하는가?

나의 글

2) 천재는 노력의 힘인가, 재능의 힘인가

다른 주장	공자는 태어나면서부터 소질을 갖고 있는 사람이 있다(生而知之)고 하였다. 그러나 에디슨은 천재는 99%의 노력과 1%의 영감이 합쳐진 사람이라고 말한다.
생각 요점	천재는 천재로 태어나야 하는가? 천재로 태어나고서도 천재가 되지 못하는 사람이 있는가? 천재로 태어나지 않고서도 천재가 되는 사람이 있는가? 모든 사람은 천재가 될 수 있는 가능성이 있는가? 천재는 그 시대 그 사회가 만드는 것인가?

나의 글

3) 교육의 결과는 스승의 책임인가, 학생의 책임인가

다른 주장	스승과 학생은 가르치고 배운다. 가르침은 지식과 행위를 수반한다. 배움은 그 지식과 행위를 익혀서 능숙하게 해내는 것을 말한다. 좋은 스승과 좋은 학생은 따로 존재하는 규칙이 아니라 이렇게 만나게 되었을 때만 가능할 수 있다.
생각 요점	좋은 스승이 좋은 학생을 만드는가, 좋은 학생이 좋은 스승을 만드는가? 교육의 결과에서도 잘되면 학생 탓, 잘못되면 스승 탓이라고 할 수 있는가? 부모가 잘못된 자녀에 대한 책임을 느끼듯이, 스승도 잘못된 제자에 대한 책임을 느껴야 하는가?

나의 글

4) 교육은 사회를 평등하게 만드는가, 불평등하게 만드는가

다른 주장	마늘과 파가 자라면서 서로 자기가 우월하다고 자랑하지는 않는다. 개가 울면서 고양이를 보고 네 울음소리보다 내 울음소리가 낫다고 하지 않는다. 경쟁은 인간의 산물이다. 그러한 경쟁이 서로를 위하고 인간 삶을 낫게 해주는 것인가? 앞선자의 겸손과 뒤선자의 존경이 조화되어야 한다.
생각 요점	교육에는 경쟁이 불가피한가? 경쟁을 통한 우열의 구별이 필수적인가? 교육은 사회를 능력별로 계층화하기 위한 것인가? 교육은 기회 균등을 통하여 사회를 평등화하기 위한 것인가? 교육은 기존의 불평등 관계를 새로운 불평등 관계로 바꾸기 위한 것인가?

나의 글

7. 도덕과 삶

1) 순수한 이타심이 가능한가

다른 주장	홉스는 인간을 이타적일 수 없는 존재라고 주장했다. 그런데 어느 날 그가 거리를 지나다 구걸하는 걸인에게 돈을 주는 것을 본 그의 친구가 "자네의 자선행위는 이타적인 것이 아닌가?"라고 묻자, 홉스는 "내가 거지에게 돈을 준 것은 그를 도우려는 것이 아니고, 돈을 받고 기뻐하는 걸인을 보는 데서 오는 즐거움을 느끼고 싶어서였다네!"라고 대답했다.
생각 요점	남의 생명을 구하려다 자기 생명을 잃어버리는 사람에게도 이기적 동기가 있는가? 모든 동기는 이기적일 수밖에 없는가? 이기적 동기와 이타적 동기의 구별은 무의미한가? 이타적 동기가 구별이 될 수는 있으나 그것만으로는 행동의 동기로 작용할 수 없는가? 정확한 행동의 동기는 누가 알 수 있는가?

나의 글

2) 결과만 좋으면 의도는 나빠도 되는가

다른 주장	책임윤리와 심정윤리가 있다. 책임윤리는 결과만을 생각하는 윤리다. 그러나 심정윤리는 어떤 일의 결과보다는 그 과정 하나하나를 중시한다.
생각 요점	눈에 보이는 결과가 눈에 보이지 않는 의도보다 더 중요한가? 도덕적으로 중요한 것은 행동이 아니라 행동을 하게 하는 마음가짐인가? 나쁜 의도에서는 좋은 결과가 나올 수 없는가? 결과의 좋고 나쁨은 의도와는 상관없는 것인가?

나의 글

3) 사랑의 힘이 더 강한가, 증오의 힘이 더 강한가

다른 주장	사랑과 미움은 감정이다. 감정은 외물에 쉽사리 영향을 받는다. 그것은 순간적으로는 의지보다 강렬하다. 사랑과 미움은 의지 혹은 이성과 결합되어야 한다.
생각 요점	사랑하기 때문에 미워할 수 있는가? 미워하면서 사랑할 수 있는가? 사랑으로 마음을 이겨낼 수 있는가? 미운 정은 미움인가, 사랑인가? 사랑은 개인적일수록 강하고, 미움은 집단적일수록 강한가? 강한 감정은 사랑의 힘보다 증오의 힘으로 더 강하게 나타나는가?

나의 글

4) 총은 총으로, 칼은 칼로 갚아야 하는가

다른 주장	양심과 법에 따라 행할 수 있다. 또한 용서라는 행위가 있기도 하다. 이러한 선택에서 어떤 기준을 따라 행함이 생명과 평안을 위한 것인가?
생각 요점	생명은 생명으로 갚는 것이 사회 정의인가? 복수는 복수를 낳는 악순환 때문에 복수의 방법은 더 큰 악을 가져오는가? 용서는 복수보다 강할 수 있는가? 용서는 곧 복수가 될 수 있는가? 복수를 할 수 없는 사람이 용서를 할 수 있는가? 용서를 받아들일 마음이 없는 사람을 용서할 수 있는가?

나의 글

8. 과학과 역사

1) 태양 아래 새로운 것은 없는가

다른 주장	태양은 그 자체가 기체 덩어리로서 끝없이 변하는 행성이다. 자연의 모든 것은 겉으로 보기에는 동일한 것 같으나 그 핵심적 구조는 끝없이 변한다. 모든 것이 새것이다. 다만 본래 존재하던 그 목적이나 속성이 변하지 않고 있을 뿐이다.
생각 요점	역사는 반복하는가? 아무리 새로운 것이라도 이미 있었던 것이 다시 나타난 것일 뿐인가? 인간의 진화도 새로운 것은 아닌가? 우주의 역사도 새로운 것은 아닌가? 하느님의 창조도 새로운 것은 아닌가? 태양의 출현 자체도 새로운 것은 아닌가?

나의 글

2) 과학적 진리는 믿어도 좋은가

다른 주장	모든 과학적 진리는 수를 이용해서 성립하는 논리다. 이때 수는 그 정체가 불분명하다. '1' 이 의미하는 실물은 엄밀히 말하면 존재하지 않는다. '−1' 은 더더욱 그렇다. 과학적 진리는 언제나 하나의 '가설' 의 수준을 넘지 않는다. 과학적 진리는 그것이 거짓이라고 판명날 때까지만 진리다.
생각 요점	과학적 진리는 경험적으로 검증된 진리이므로 믿어도 좋은가? 경험적 방법에 의한 검증은 믿을 수 있는가? 과학적 진리가 거짓으로 판명된다면 그것은 검증을 믿을 수 있는가? 과학적 진리가 거짓으로 판명된다면 그것은 과학의 잘못인가, 사람의 잘못인가? 과학적인 것이냐, 비과학적인 것이냐는 누가 어떻게 판단할 수 있는가?

나의 글

3) 사람이 할 수 있는 것이면 무엇이든 기계가 할 수 있는가

다른 주장	기계적 인간, 인간적인 기계가 가능한가? 이런 표현이 가능한 세상이 정상적인가? 교육도 기계에게 완전히 맡길 수 있는가?
생각 요점	사람이 하는 일은 작은 단위로 분해를 하면 무엇이든 기계적인 작동이 되고 마는가? 사람의 기능도 복잡하긴 하지만 기계의 기능일 뿐인가? 결국 사람과 꼭 같은 기계, 또는 사람과 대등한 기계를 만들 수 있는 것인가? 기계를 만들 수 있는 사람은 언제나 기계가 할 수 없는 능력을 가지고 있을 것인가?

나의 글

4) 과학 기술의 발달은 역사의 발전을 뜻하는가

다른 주장	과학 기술의 발달은 인간의 삶을 바꾸고 있다. 이런 변화가 발전이라고 말할 수 있는 근거는 무엇인가? 루소는 그 당시 학문과 예술의 발달은 그 사회에 사치와 허영을 가져와 습속을 부패시켰다고 주장했다.
생각 요점	과학 기술의 발달은 그 자체로서도 역사의 발전을 뜻하는가? 역사의 발전은 과학 기술에 의한 문명의 발달 이상의 의미를 갖는가? 기술 문명의 발달은 역사적 문명의 발달 이상의 의미를 갖는가? 기술 문명의 발달은 역사적 진보의 수단인가? 수단의 발달이 역사적 목적의 달성에 역행할 수도 있는가? 과학 기술의 발달은 역사적 목적을 새롭게 설정하게 하는가?

나의 글

부록

논리학의 논증 유형

〈논증의 유형〉

연역논증 (타당한 연역논증)	귀납논증 (올바른 귀납논증)	그릇된 논증 (일상적인 오류)
모든 인간은 죽는다. ○○○는 인간이다. ∴ ○○○는 죽는다.	지금까지 관찰된 모든 인간은 두뇌가 있다. ∴ 모든 인간은 두뇌가 있다.	둘 더하기 둘은 넷이다. ∴ 지구는 둥글다.
1. 만일 전제가 모두 옳다면 결론은 반드시 옳다(필연성).	1. 만일 전제가 모두 옳다면 결론은 반드시 옳지는 않지만 옳음직하다(개연성).	1. 만일 전제가 옳다고 해도 결론이 그를 가능성이 있다.
2. 결론의 내용은 전제 속에 암암리에라도 이미 포함되어 있다(비확장성).	2. 결론은 전제 속에 없는 새로운 내용을 포함한다(확장성).	2. 전제와 결론 사이에 거의 아무런 관계가 없다.
• 명제논리논증 – 반대사례 방법(부당성): 조건논증 선언논증 귀류논증 딜레마(양도) 논증 – 진리치표 방법 – 진리지표 방법 • 술어논리논증 – 정언논증: 주연 규칙 벤 도법 – 관계논증	– 매거논증 – 통계논증 – 권위에 의거하는 논증 – 유비논증 – 인과논증	• 논점 무관의 오류 – 무관한 권위에의 호소 – 전통에의 호소 – 동정에의 호소 – 두려움에의 호소 – 특별 변론 – 인신공격에 의한 오류 – 대중에의 호소 • 논점을 비켜 가는 오류 – 무관한 결론의 오류 – 성급한 일반화의 오류 – 선후 인과의 오류 – 무지에의 호소 – 허수아비 공격 – 레드 헤링 • 논점을 넘어서는 오류 – 순환논증 – 복합질문의 오류

출처: 한상기(2007), p. 266.

1. 연역논증

1) 연역논증 1: 명제논리의 논증

(1) 조건논증

타당한 연역논증 중 가장 기초적인 것이라 할 수 있는 논증은 조건논증이다. 조건논증을 이해하려면 먼저 조건진술(conditional statement) 또는 가언진술(hypothetical statement)을 이해할 필요가 있다. 조건진술은 만일로 시작되는 진술이다. 일상에서 흔히 가정법 문장으로 표현되는 진술이 이에 해당된다. 그래서 조건진술은 '만일 ~라면, …이다.'라는 연결사(논리적 결합사)에 의해 두 개의 단순진술이 결합되어 이루어진다.

'만일 내가 철학자라면, 나는 인문학자다.'

이 진술은 앞의 진술이 옳다는 조건 아래 다른 진술이 옳다고 말한다. 조건진술에서 앞의 단순진술은 전건(antecedent), 뒤의 진술은 후건(consequence)이라 부른다. 조건논증은 두 개의 전제와 하나의 결론으로 이루어지는데, 그중에서도 보통 첫 번째 전제에 조건진술이 등장하고 두 번째 진술에 단순진술이 등장한다. 조건논증 형식의 네 가지 유형은 전건긍정논법(타당), 후건부정논법(타당), 전건부정오류(부당), 후건긍정오류(부당)가 있다.

조건논증 형식			
전건긍정논법	후건부정논법	전건부정오류	후건긍정오류
$p \supset q$ p $\therefore q$	$p \supset q$ $\sim q$ $\therefore \sim p$	$p \supset q$ $\sim p$ $\therefore \sim q$	$p \supset q$ q $\therefore p$
(타당)	(타당)	(부당)	(부당)

출처: 한상기(2007), p. 270.

(2) 선언논증

선언논증 역시 조건논증처럼 두 개의 전제와 하나의 결론으로 이루어진다. 이 중 첫 번째 전제는 선언진술(disjunctive statement)이고 두 번째 전제는 단순진술이다. 선언진술이란 두 개의 단순진술이 '또는'으로 결합된 진술을 말한다. 선언논증은 두 개의 형식이 있는데, 하나는 타당하고 하나는 부당하다.

선언논증 형식	
선언논증	선언지긍정오류
$p \vee q$ $\sim p$ $\therefore q$	$p \vee q$ p $\therefore \sim q$
타당	부당

출처: 한상기(2007), p. 273.

(3) 귀류논증

귀류논증(reductio ad absurdum)은 널리 사용되는 타당한 논증 형식이다. 이 논증 형식은 어떤 진술의 옳음을 직접 증명하기 어렵거나 복잡할 때 사용되는데, 특히 토론이나 논쟁 중에 상대방의 주장을 논박하기 위해 흔히 사용된다.

p가 옳다는 것을 증명하려 한다고 해 보자. 귀류논증은 p가 그르다는 가정, 즉 'p가 아니다.'가 옳다는 가정을 세우면서 시작한다. 이 가정을 근거로 하여 그르다고 이미 밝혀진 진술을 결론으로 연역한다. 이렇게 되면 그른 결론이 'p가 아니다.'라고 가정한 전제에서 타당한 연역논증을 통해 나왔기 때문에 'p가 아니다.'라는 가정은 그를 수밖에 없게 된다. 따라서 만일 'p가 아니다.'라는 가정이 그르다면 p가 옳을 수밖에 없다. 그런데 이 p는 처음에 옳음을 증명하려고 했던 바로 그 진술이다. 가정 'p가 아니다.'에서

그른 결론을 연역하는 논증을 부속연역(sub-deduction)이라 하는데, 이 부속연역은 타당한 형식이기만 하면 어떤 형식을 사용해도 무방하다.

귀류논증의 형식은 다음과 같다.

귀류논증 형식

증명 대상: p
가 정: p가 아니다.
연 역: 그른 진술(세 가지 경우가 있음)
1) p(가정의 모순진술)
2) q이면서 q가 아니다(자체모순진술)
3) r(그른 것으로 밝혀진 진술)
결 론: ∴"p가 아니다."는 그르다.
∴p가 옳다.

출처: 한상기(2007), p. 274.

(4) 딜레마 논증

딜레마 논증은 '양도논증'으로 불리기도 한다. 딜레마란 선택해야 할 길이 두 가지로 정해져 있는데, 이 두 선택이 모두 바람직하지 않은 결과를 낳게 되는 곤란한 상황을 일컫는다. 따라서 토론이나 논쟁 상황에서 딜레마 논증을 사용하게 되면 상대방을 꼼짝 못하게 옭아매는 효과가 있다. 딜레마 논증 형식은 하나의 선언진술과 두 개의 조건진술을 전제로 하여 이루어진다. 타당한 딜레마 논증 형식은 다음과 같다.

딜레마 논증 형식

$p \vee q$
$p \supset r$
$q \supset s$

출처: 한상기(2007), p. 275.

(5) 진리치표 방법

논증 형식의 부당성을 증명하는 데 반대사례 방법은 효과적일 수 있지만 타당성을 증명하는 데는 한계가 있다. 이 한계를 극복하는 방법으로 진리치표 방법(method of truth-table)을 사용한다. 진리치표 구성의 기초가 되는 아이디어는 종합진술(compound statement)이 그 구성 성분을 이루는 단술 진술들로 만들어지는 정확한 방법이 있으므로 종합진술의 진리치는 구성 성분을 이루는 단순진술들의 진리치에 의해 완전히 결정된다는 것이다. 달리 말하면, 종합진술의 진리치는 구성 성분을 이루는 단순진술들의 함수라는 것이다. 다음은 종합진술 형식과 기호 그리고 그 형식의 이름이다.

종합진술 형식	기 호	형식의 이름
p가 아니다.	~p	부정
p그리고 q다.	p * q	연언
p 또는 q다.	p∨q	선언
만일 p라면 q다.	p⊃q	함언
만일 p라면 그리고 오직 그 경우에만 q다.		

이 종합 연결사의 의미는 다음과 같이 편리한 진리치표로 나타낼 수 있다.

〈진리 지표〉

p	~p
T	F
F	T

p	q	p⊃q	p * q	p∨q	p=q
T	T	T	T	T	T
T	F	F	F	T	F
F	T	T	F	T	F
F	F	T	F	F	T

2) 연역논증 2: 술어논리의 논증

앞에서 제시한 진리치표 방법이 논증의 타당성을 검사하는 효과적인 방법이지만 다음과 같은 논증에 대해서는 이 방법이 적용될 수 없다.

[논증 1]	모든 포유류는 심장이 있다.
	모든 말은 포유류다.
	∴ 모든 말은 심장이 있다.

[논증 1]은 명백히 타당한 논증이다. 그러나 진리치표 방법으로는 이런 논증의 타당성을 검사할 수 없다. 앞 장의 명제논리 논증들은 '명제'를 논증의 최소 단위로 보고 그 형식을 추상했다. 이제 [논증 1]과 같은 논증은 명제를 최소 단위로 보는 것이 아니라 각 명제의 내부 구조까지 감안하여 그 타당성 여부를 파악해야 한다. 이처럼 논증에서 사용되는 명제들의 내부 구조에 관심을 갖는 논리학의 분야를 술어논리학(predocate logic)이라 한다. 여기에는 정언논증과 관계논증이 있다.

[논증 1]은 전제와 결론이 모두 정언진술(categorical statement)로 이루어진다는 것이 특징이다. 정언진술은 모두 네 가지 형태가 있다. 따라서 그 네 가지 형태 중 하나로 되어 있는 진술은 정언진술이다. 정언진술의 네 가지 형태는 라틴어 낱말 *affirmo*(긍정)와 *nefo*(부정)의 첫째 모음과 둘째 모음, 즉 A, I와 E, O를 이용해 표시한다.

정언진술 형식
A진술: 모든 S는 P다.
E진술: 모든 S는 P가 아니다.
I진술: 약간의 S는 P다.
O진술: 약간의 S는 P가 아니다.

모든 정언진술은 두 개의 명사(term), 즉 주어(subject term)와 술어

(predicate term)를 갖고 있다. 앞의 정언진술 형식에서 S와 P는 각각 주어와 술어를 나타낸다. 이 주어와 술어 명사들은 각각 집합을 나타낸다. 예를 들어, '모든 포유류는 심장이 있는 동물이다.'에서 포유류는 집합을, 술어는 심장이 있는 동물 집합을 나타낸다. 이 집합은 '모든(all)'이나 '약간(some)의'라는 표현에 의해 수식되고 있다. 그리고 주어와 술어는 긍정이나 부정을 뜻하는 '이다(is)'와 '아니다(is not)'로 연결된다. 여기서 주어를 수식하는 표현이 '모든'으로 되어 있는 진술은 '보편진술'이라 하고, '약간의'로 되어 있는 진술은 '특수진술'이라 한다. 그리고 주어와 술어가 '이다'로 연결된 진술은 '긍정진술'이라 하고, '아니다'로 연결된 진술은 '부정진술'이라 한다. 따라서 정언진술은 다음과 같이 정리된다.

정언진술

A: 보편긍정진술
모든 S는 P다.
E: 보편부정진술
모든 S는 P가 아니다.
I: 특수긍정진술
약간의 S는 P다.
O: 특수부정진술

출처: 한상기(2007), pp. 282-283.

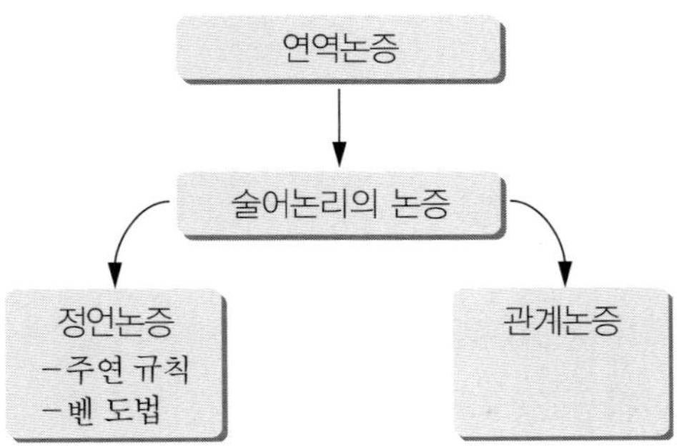

출처: 한상기(2007), p. 281.

(1) 정언논증

① 정언논증 형식

정언논증(categorical syllogism)은 정언진술로만 구성되는 논증으로 보통 두 개의 전제와 하나의 결론으로 이루어진다.

[논증 2]	모든 전주 시민은 한국인이다.
	모든 한국인은 아시아인이다.
	∴ 모든 전주 시민은 아시아인이다.

[논증 2]는 전형적인 정언논증이다. 전제와 결론에 등장하는 각각의 진술은 모두 정언진술이다. 각각의 진술에는 두 개의 명사, 즉 주어명사와 술어명사가 등장하지만, 논증 전체에는 세 개의 명사가 등장한다. 이 세 개의 명사 가운데 하나인 '한국인'은 두 전제에 한 번씩 나타나는데, 이 명사를 매개명사(middle term)라 한다. 그리고 다른 두 명사 '전주시민' '아시아인'은 각각 전제에 한 차례, 결론에 한 차례 나타나는데, 이 두 명사를 종결명사(end term)라고 한다. 정언논증의 형식은 많이 있는데, 그중에는 타당한 형식도 있고 부당한 형식도 있다.

② 주연 개념과 타당성 검사 규칙

하나의 명사는 여러 가지 정언진술에 나타날 수 있는데, 주어명사로 나타나기도 하고 술어명사로 나타나기도 한다. 어떤 정언진술에 등장하는 명사는 만일 그 진술이 그 명사가 지시하는 집합의 모든 원소 하나하나에 대해서 어떤 점을 언급하고 있으면 그 정언진술에서 주연되어 있다고 한다. 정언진술에 등장하는 명사는 그 진술에서 주연될 수도 있고 주연되지 않을 수도 있다. 그 명사가 해당 진술에서 주연되었는가 주연되지 않았는가는 그 명사가 나타난 진술의 유형과 그 명사가 주어인지 술어인지에 달려 있다.

주연과 대비되는 개념은 집합이다. 그래서 어떤 명사가 지시하는 집합을 집합으로서 대하고 그에 관하여 어떤 진술을 하는 일과, 그 집합을 이루는 모든 원소 하나하나에 관하여 어떤 진술을 하는 일은 다른 일이다. 집합은 원소들의 집단이다. 그래서 집합 자체에 관하여 말할 때는 집합적으로 언급한다고 말할 수 있고, 집합의 원소 하나하나에 대하여 주연적으로 언급할 때와는 구별해야 한다.

이제 네 가지 유형의 정언진술에 나타나는 명사들의 주연, 부주연 관계를 정리하면 다음과 같다.

	주어	술어
A: 보편긍정진술	주연	부주연
E: 보편부정진술	주연	주연
I: 특수긍정진술	부주연	부주연
O: 특수부정진술	부주연	주연

출처: 한상기(2007), p. 286.

이 표의 내용을 간추리면 다음과 같다. 보편진술에서는 주어명사가 주연되고, 부정진술에서는 술어명사가 주연되며, 그 밖의 명사는 모두 주연되지 않는다(보주부술).

이제 정언논증의 타당성을 검사하는 규칙을 소개하고자 한다.

정언논증 타당성 검사 규칙

1. 매개명사는 한 번만 주연되어야 한다.
2. 종결명사는 한 번만 주연되어서는 안 된다.
3. 부정 전제의 수효는 부정 결론의 수효와 같아야 한다.

출처: 한상기(2007), p. 287.

이 세 규칙을 만족시키는 정언논증은 모두 타당하다. 반면에 하나라도 어기면 그 논증은 부당하다. 규칙 1은 매개명사가 두 전제에서 한 번은 주연되고 한 번은 주연되지 않아야 한다는 뜻이다. 그래서 매개명사가 두 번 주연되어 있거나, 한 번도 주연되어 있지 않은 논증은 부당하다. 규칙 2는 종결명사가 전제 속에서 주연되었는데 결론에서는 부주연되거나, 결론에서는 주연되었는데 전제 속에서 부주연되면 안 된다는 것을 말한다. 규칙 3은 부정 전제가 전혀 없는데 부정 결론이 있어서는 안 된다는 것을 말한다. 다시 말하면, 전제가 둘 다 긍정진술인데 결론이 부정진술이면 안 된다는 것이다. 전제가 하나는 긍정진술이고 다른 하나는 부정진술이라면, 결론은 당연히 부정진술이라야 한다. 그리고 두 전제가 모두 부정진술이라면 그 논증은 부정 결론의 수가 두 개가 나올 수 없으므로 무조건 부당한 논증이 된다.

③ 벤 도법과 집합논리

벤 도법(Ven diagram)의 기본 발상은 정언진술의 주어명사와 술어명사가 집합에 관하여 언급하는 것으로 해석할 수 있다는 사실에서 나온다. 주어명사와 술어명사가 집합에 관한 언급이라면, 정언진술 자체는 두 집합 사이의 관계에 관한 진술로 해석될 수 있기 때문이다. 명사가 집합들 사이에 포함, 배척, 중첩관계를 도표로 그린 것이 바로 벤 도법이다.

벤 도법을 이용한 정언논증 타당성 검사

1. 두 전제 내용을 그린다(전체가 보편진술과 특수진술로 되어 있는 경우에는 보편진술을 먼저 그린다.).
2. 그려진 그림 속에 결론의 내용이 나타나 있는지를 살핀다.
3. 결론의 내용이 나타나 있다면 그 논증은 타당하고, 나타나 있지 않다면 그 논증은 부당하다.

출처: 한상기(2007), p. 294.

정언논증의 타당성을 검사하는 세 가지 규칙과 벤 도법은 모두 정언논증의 타당성을 증명하는 방법이다. 어느 방법이 더 나은가는 기본적으로 개인적 선호의 문제다. 세 규칙이 기억하고 활용하기 쉽다는 특징이 있지만, 벤 도법은 시각적 명료성을 지니고 있다. 게다가 규칙 방법이 세 명사로 이루어진 정언논증에만 적용되는 데 비해 벤 도법은 명사들 사이의 집합 관계를 적절히 나타낼 수만 있다면, 네 개 이상으로 이루어진 논증들에도 적용될 수 있다. 어쨌든 우리는 상황에 따라 적절하다고 생각되는 방법을 이용하면 된다.

(2) 관계논증

정언논증에서 사용되는 정언진술들은 사물과 속성에 관한 진술이라고 할 수 있다. 예를 들어, "모든 전주 시민은 한국인이다."라는 진술은 모든 전주 시민의 속성에 관해 진술하는 것이라고 할 수 있다. 그런데 사물들은 속성을 갖고 있을 뿐만 아니라 서로 관계(relation)를 맺고 있다. "충한은 보람을 사랑한다." "소진은 우진보다 키가 크다."에서 나타나듯이 우리말 속에는 관계를 나타내는 표현이 가득하다. 우리 인생사에서 중요한 일은 바로 이 관계와 관련이 있는 경우가 많기 때문에 관계와 관련된 논증들을 살펴볼 필요가 있다(한상기, 2007, p. 294).

관계논증에서는 두 대상 사이의 관계, 즉 이항관계가 포함된 진술이 많이 사용된다. 이항관계의 특징을 표현할 때에는 간단한 기호표현체계를 도입하면 편리하다. 그래서 어떤 관계 R이 두 대상 x와 y 사이에 성립한다는 것을 나타낼 때에는 'xRy'로 쓸 수 있다. 예를 들어 만일 'x'가 충한, 'R'이 '…의 남편이다.' 'Y'가 보람을 나타낸다면, 'xRy'는 '충한은 보람의 남편이다.'로 읽을 수 있다. 대표적인 이항관계는 다음과 같다.

관계논증

① 대칭 관계(symmetrical relation)
만일 xRy⊃yRx라면, R은 대칭 관계다.
만일 xRy⊃~yRx라면, R은 반대칭 관계(asymmetrical relation)다.
만일 R이 대칭 관계도 아니고 반대칭 관계도 아니라면,
R은 비대칭 관계 (nonsymmetrical relation)다.

② 반사 관계(reflexive relation)
만일 xRx라면, R은 반사 관계다.
만일 ~xRx라면, R은 반반사 관계(irreflexive relation)다.
만일 R이 반사 관계도 아니고 반반사 관계도 아니라면,
R은 비반사 관계(nonreflexive relation)다.

③ 이행 관계(transitive relation)
만일 (xRy * yRx)⊃xRz라면, R은 이행 관계(transitive relation)다.
만일 (xRy * yRx)⊃~xRz라면, R은 반행 관계(intransitive relation)다.
만일 R이 이행 관계도 아니고 반이행 관계도 아니라면,
R은 비이행 관계(nontransitive realtion)다.

출처: 한상기(2007), p. 295.

2. 귀납논증

귀납논증은 우리가 알고 있거나 옳다고 가정하는 있는 전제들로부터 그 전제에 의해 뒷받침되지만 필연적으로 따라 오지 않는 결론으로 이끌어 내는 형태의 논증이다. 그래서 귀납논증은 전제가 옳다면 결론은 옳음직 할 뿐 반드시 옳지는 않다. 그런데도 일상에서 우리는 연역논증보다 귀납논증을 훨씬 더 많이 사용한다. 그런 귀납논증에는 매거논증, 통계논증, 권위에 의거하는 논증, 유비논증, 인과논증이 있다.

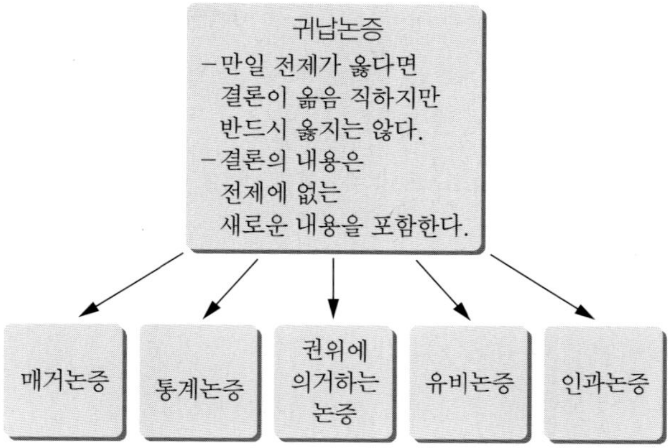

출처: 한상기(2007), p. 299.

1) 매거논증

귀납논증 가운데 가장 기본적인 유형은 매거에 의한 귀납논증(inductive argument by enumeration, 줄여서 '매거논증'이라 함)이다. 이 논증은 어떤 집합의 일부 원소에서 관찰된 사실을 보고하는 전제를 근거로 삼고, 그 집합에 속하는 모든 원소에 관한 결론을 주장하는 논증이다. 이러한 일반화를 통해 도달한 결론 중에 약간은 어떤 특성을 해당 집합의 개개의 원소 모두에 귀속시키거나 어떤 원소에도 귀속시키지 않는 보편적 일반진술(universal generalization)이 있다. 그러나 어떤 결론은 어떤 특성을 해당 집합의 원소들에 일정 비율로 귀속시키는 통계적 일반진술(statistical generalization)인 경우도 많다.

매거논증의 표준 형식은 다음과 같다.

매거논증 표준 형식
S의 관찰된 원소들 가운데 N%가 P다. ∴ N%의 S가 P다.

출처: 한상기(2007), pp. 300-301.

매거논증과 관련하여 통계학에서는 흔히 표본(sample)과 모집단(population)이라는 용어가 사용된다. 모집단이란 일반화하는 것의 전체집합을 의미한다. 표본이란 해당 집합이 원소들 가운데 실제로 관찰된 원소들이나 실제로 이루어진 관찰을 의미한다. 이 표본과 모집단의 관계는 부분 대 전체의 관계다. 그래서 일반화를 할 때 우리는 표본으로부터 모집단에 이르는 추리를 한다. 공개적인 여론조사는 물론이고 TV 시청률 조사 등은 모두 이런 식의 일반화에 의거한 것이다.

매거논증을 사용할 때 주의해야 할 사항은 다음과 같다.

(1) 표본이 충분한가

매거논증의 신뢰성에 대한 첫 번째 척도는 표본의 크기다. 표본은 전체로서의 그 집단의 정확한 특성을 제시하기에 충분할 정도로 커야 한다. 다른 조건이 같다면 전체적으로 표본이 크면 클수록 결론의 신뢰성도 커진다. 예를 들면, 쌀자루의 쌀을 검사할 때 쌀알 4~5개 정도를 검사하고 전체에 대해 결론을 내리는 것은 표본의 크기가 너무 작다고 할 수 있다. 이처럼 일반화를 보증할 정도로 충분한 자료가 모아지기 전에 귀납적 일반화를 시도할 때 발생하는 오류를 불충분한 통계의 오류(fallacy of insufficient statistics)라 한다.

(2) 표본이 대표적인가

매거논증의 신뢰성에 대한 또 하나의 척도는 표본의 대표성이다. 만일 표본으로부터 모집단에 대해 신뢰할 만한 결론을 끌어내고자 한다면, 표본은 관련 있는 모든 점에서 모집단과 유사해야 한다. 다시 말하면, 표본은 모집단의 특성을 반영하는 대표적 표본이라야 한다. 예를 들면, 선거를 앞둔 여론조사에서 표본을 추출할 때는 유권자의 종교, 성, 학력, 지역과 같은 특성은 결론과 관련 있는 특징이기 때문에 모집단과 똑같은 비율을 반영해야 한다. 표본이 모집단을 더 잘 반영하면 할수록 그만큼 일반화된 결론의 신뢰도도 높아진다. 대표적 표본일 수 없는 표본을 근거로 삼고 귀납적 일반화를 시도할 때 발생하는 오류는 편향통계의 오류(fallacy of biased statistics)로 알려져 있다.

일반화를 시도할 때 주의해야 할 이 두 가지 사항은 표본의 양과 질에 관련된 것이라 할 수 있다. 다시 말하면, 표본이 양적으로 너무 작아서 불충분하거나, 질적으로 편향되어 있어서 대표성을 띠기 어려운 경우를 말한다. 이처럼 표본이 충분히 크지 않거나(불충분한 통계) 표본이 편향되어 있어서 대표성이 없는 경우(편향 통계) 모두를 통칭하여 보통 성급한 일반화의 오류(fallacy of hasty generalization)를 범했다고 한다(한상기, 2007, p. 302).

2) 통계논증

통계논증은 매거논증(귀납적 일반화)과는 반대로 귀납적 개별화 논증이라 할 수 있다. 이 논증은 일반화를 통해 도달한 결론을 다른 논증의 전제로 삼고 진행된다. 예를 들어 추곡수매 현장에서 판정관이 표본을 근거로 쌀을 판정하면서 쌀자루 속의 쌀 80%가 특등이라고 판정을 내렸다고 하자. 그러면 그는 다음과 같은 일반화를 통해 그런 결론에 도달했을 것이다.

[논증 2]	표본으로 관찰한 쌀 80%가 특등이다.
	∴ 이 쌀자루의 쌀 80%가 특등이다.

이제 그는 이 논증의 결론을 전제로 하여 다음과 같은 논증을 구성할 수 있다.

[논증 3]	이 쌀자루의 쌀 80%가 특등이다.
	이 쌀자루에서 꺼내는 다음 번 쌀은 이 쌀자루 속에 있다.
	∴ 이 쌀자루에서 꺼내는 다음 번 쌀은 특등이다.

이 논증의 결론은 전제가 모두 옳다 하더라도 그를 수 있다. 따라서 이 논증은 '만일 전제가 옳다면 결론은 옳음 직할 뿐 반드시 옳지는 않은 논증'이라고 정의했던 귀납논증에 딱 맞아떨어진다. 통계논증의 표준 형식은 다음과 같다.

> **통계논증 표준 형식**
>
> N%의 S가 P다.
> x는 S다.
> ∴ x는 P다.

통계논증은 다른 모든 귀납논증이 그렇듯 정도 문제가 발생한다. 전제들이 결론에 부여하는 입증의 정도에 차이가 생기는 것이다. 이 통계논증의 정도는 N의 값의 크기에 달려 있다. N의 값이 100에 가까우면 매우 강한 논증이 된다. 다시 말하면, 전제가 결론을 매우 강하게 입증하는 논증이 된다. 그러나 N의 값이 50에 가까우면 전제가 결론을 거의 입증하지 못하고, 아예 50보다 작게 되면 전제가 결론을 입증하지 못하는 것은 물론이고 오히려 "x는 P가 아니다." FKSMS 결론을 입증하게 된다(한상기, 2007, pp. 303-304).

3) 권위에 의거하는 논증

우리가 자신의 결론을 뒷받침하기 위해 시도하는 한 가지 방법은 그 결론을 주장하는 사람이나 기관이나 저작을 인용하는 것이다. 우리는 단군이 우리 민족의 조상이라는 것, 에스키모인은 이글루를 짓는다는 것, 아인슈타인이 상대성이론을 주장했다는 것 등을 아는데, 이는 다른 사람들이 그렇다고 말해 주었기 때문이다. 우리 중에 단군이 생존할 때 살아 있었던 사람은 없으며, 에스키모인이나 아인슈타인을 직접 아는 사람도 거의 없다.

이처럼 넓은 의미에서 권위(authority)를 승인하는 것은 지식을 얻는 유용한 방법이다.

우리는 흔히 권위에 호소하는 것은 불합리하다고 생각하기 쉽다. 하지만 이는 참다운 권위와 권위주의를 혼동하는 데서 비롯된 과오다. 권위를 올바르게 사용하는 것은 어찌 보면 지식을 얻는 데 없어서는 안 될 필수불가결한 요소다. 모든 것을 자신의 직접 경험을 통해 확인해야 한다고 생각해 보라. 그렇게 할 수도 없고 그렇게 하는 것이 바람직하지도 않다. 암에 걸린 환자가 전문가인 의사를 제쳐 놓고 자신의 병의 상태를 직접 확인한다는 것은 불가능한 일은 아닐지 몰라도 대단히 비효율적인 일임에 틀림없다.

권위에 의거하는 논증은 일단 다음과 같은 형식을 띤다.

권위에 의거하는 논증
x가 p를 주장한다. ∴ p다.

출처: 한상기(2007), pp. 304-305.

우리가 권위에 의거하는 논증의 결론을 받아들일 때는 신중해야 한다. 권위에 의거하는 논증이 잘못 쓰일 수 있는 방식이 많기 때문이다. 때로 권위는 잘못 인용되거나 잘못 해석될 수 있고, 권위가 단지 매력이나 명성이나 인기만 이용하는 경우도 있으며, 전문가가 자신의 전문 분야가 아닌 일을 판정하는 수도 있고, 자신이 증거를 확보할 수 없는 일에 대해 의견을 발표하는 수가 있고, 또는 똑같이 유능한 권위들이 서로 의견이 다른 경우도 있을 수 있다. 따라서 권위에 호소하는 논증을 접할 때는 면밀한 주의가 필요한데, 이른바 육하원칙—누가, 언제, 어디서, 무엇을, 어떻게, 왜—에 입각해 검토해 보는 것도 한 가지 방법이다. 즉, 해당 전문가가 누구인지, 그 주장을 언제 했는지, 어디서 했는지, 무엇을 주장했는지, 어떻게 주장했는지, 그리고 왜 그런 주장을 했는지 등을 꼼꼼히 살피는 것이다(한상기, 2007, p. 306).

4) 유비논증

유비논증(argument by analogy)은 유용하지만 때로는 위험할 수 있는 귀납논증이다. 이 논증은 일상에서 아주 널리 사용되며, 두 대상 사이의 유사성을 근거로 하고 있다. 전제는 우선 어떤 종류의 대상이 다른 종류의 대상과 몇 가지 점에서 비슷하다고 진술한다. 그 다음에 첫 번째 종류의 대상이 그 밖의 어떤 특성을 갖고 있음을 진술한다. 그런 다음 첫 번째 종류의 대상과 두 번째 종류의 대상이 비슷하니까 두 번째 종류의 대상도 그 특성을 지녔다고 결론짓는다.

이러한 유비논증의 표준 형식은 다음과 같다.

유비논증의 표준 형식
X는 a, b, c등에서 Y와 유사하다. X가 속성 p를 갖고 있다. ∴ Y도 속성 p를 갖고 있다.

출처: 한상기(2007), p. 306.

유비논증 역시 귀납논증이므로 강한 논증이 될 수도 있고 약한 논증이 될 수도 있다. 유비논증의 강도는 표준 형식의 첫 번째 전제의 내용, 즉 비교되는 두 대상 사이의 유사성에 달려 있다. 그것도 해당 논증과 관련 있는 점에서 얼마나 유사한가 하는 것이 관건이 된다. 예를 들어, 추운 겨울 아침에 영관의 차가 시동이 안 걸린다고 했을 때 같은 제조사, 같은 모델, 같은 연도에 나온 차를 구입한 인광의 차도 시동이 잘 안 걸릴 수 있다는 결론은 그런대로 승인할 만하다. 하지만 회사, 모델, 연도가 아니라 차의 색깔이나 창문 수가 같다는 등의 특징을 들어 그런 결론을 내린다면, 그 논증은 상당히 약한 논증이 될 것이다. 요약하면, 유비논증은 관련 있는 유사성이 많을수록 강화되고, 관련 있는 차이성이 적을수록 그만큼 약화된다(한상기, 2007, pp. 307-308).

5) 인과논증

우리 주변에서 일어나는 일을 이해하려 할 때 우리는 흔히 "왜 그 일이 일어났지?"라는 질문을 던진다. 예를 들어, 추운 겨울 아침에 자동차 시동이 잘 안 걸리면, 우리는 "왜 차 시동이안 걸리지?"와 같은 질문을 던진다. 이런 경우에 우리는 일어나는 일의 원인이 되는 어떤 요인, 즉 우리가 관찰한 결과를 낳는 어떤 원인이 있다고 가정한다. 이처럼 인과 관계에 관한 정보를 토대로 직접 관찰한 사건이나 대상으로부터 직접 관찰할 수 없는 사건이나 대상을 알아내려 할 때 우리는 인과논증(causal argument)을 사용한다고 한다(한상기, 2007, p. 308).

일반적으로 말하면, 인과논증은 우리에게 설명력(explanatory power)과 예측력(predictive power)을 제공해 준다. 우리는 인과논증을 통해 일어난 일들이 왜 일어나는지를 이해할 수 있고, 앞으로 어떤 일이 일어날지를 예측할 수 있다. 그래서 원하는 결과나 바람직한 결과를 이루고 싶으면 우리는 그런 결과를 만들어 낼 수 있도록 원인 조건들을 어느 정도 조절할 수 있다. 반면에 바람직하지 못한 결과는 사전에 원인 조건들을 조절해 그런 결과를 방지할 수 있다. 이런 경우에 우리는 인과논증을 이용한다.

인과논증은 그 논증의 신뢰성 여부가 그 논증을 전개하는 사람의 목적에 관계없이 어떤 인과 관계가 실제로 있는가 없는가에 달려 있다. 그래서 실제로는 인과 관계가 없는데도 인과 관계가 있는 것처럼 착각할 때 발생하는 오류를 흔히 선후 인과의 오류(post hoc fallacy)라 한다. 이 오류는 두 사건이 어쩌다 우연의 일치로 시간적 선후 관계에 있다는 것을 알고 나서

두 사건 사이에 필연적 인과 관계가 있다고 결론내릴 때 발생하는 오류다. 잘못된 미신이나 속설, 잘못된 의학상식 등은 바로 이 선후 인과의 오류에 바탕을 두고 있다(한상기, 2007, p. 309).

참. 고. 문. 헌.

강창동(1993). 韓國 學歷主義의 社會史的 硏究. 고려대학교 대학원 석사학위논문.

고영림 역(2006). **미래의 교육에 반드시 필요한 7가지 원칙**. 에드가 모랭 저. 서울: 당대.

곽금주 역(2008). **아기들은 어떻게 배울까**. A. Gopnik, A. N. Melzoff, & P. K. Kuhl 저. 서울: 동녘 사이언스.

權 近. **入學圖說**, 二卷二册(木版本), 安田十兵衛 編纂, 國立中央圖書館 所藏本.

권덕주 역(1983). **입학도설**. 권 근 저. 서울: 을유문화사.

권세원, 강명규 역(1985). **프로테스탄티즘의 윤리와 자본주의의 정신**. 막스 베버 저. 서울: 일조각.

김보영 역(2008). **내 아들을 지켜라**. L. Sax 저. 서울: 웅진지식하우스.

김부태(1995). **한국 학력사회론**. 서울: 내일을 여는 책.

김승일 역(1996). **역사란 무엇인가**. E. H. Carr 저. 서울: 범우사.

김아영, 백화정, 정명숙 역(2004). **교육 심리학**. A. Woolfolk 저. 서울: 박학사.

김영철(1994). 韓國 敎育問題의 再照明. 韓國敎育開發院

김용규(2007). **설득의 논리학**. 서울: 웅진지식하우스.

김인회(1997). **새 시대를 위한 교육의 이해**. 서울: 문음사.

김재홍 역(2008). **변증론**. 아리스토텔레스 저. 서울: 길 .

김중웅 역(2006). **부의 미래**. 앨빈 토플러 저. 서울: 청림 출판사.

김진성 역(2005). **범주론 · 명제론**. 아리스토텔레스 저. 서울: 이제이북스.

김천배 역(2000). **나와 너**. 마르틴 부버 저. 서울: 대한기독교서회.

김현영 역(2007). **논리의 힘**. 미우라 도시히코 저. 서울: 루비박스.

남경태 역(2002). **페다고지**. 파울로 프레이리 저. 서울: 그린비.

도북선 역(2005). **생각 발전소**. 옌스 죈퇴겐 저. 서울: 북로드.

도정일, 김 훈, 박원순, 최재천(2008). **글쓰기의 최소 원칙**. 서울: 룩스문디.

마화식, 심재훈 역(2007). **모든 것은 네 머릿속에 있어**. 수잔 배렛 저. 서울: 어울리어.

朴世茂(1654). **童蒙先習**(奎章閣所藏).

박윤정 역(2006). **생각의 오류**. 토마스 키다 저. 서울: 열음사.

박진환, 김혜숙 역(2005). **고차적 사고력 교육**. 매튜 립맨 저. 서울: 인간사랑.

박철홍 역(2002). **아동과 교육과정**. 듀이 저. 서울: 문음사.

설영환 역(1995). **융 심리학 해설**. C. G. Jung 저. 부산: 선영사.

성백호 역주(1990). **論語**. 서울: 전통문화연구회.

성백호 역주(1993). **孟子**. 서울: 전통문화연구회.

성백호 역주(1996). **大學 · 中庸**. 서울: 전통문화연구회.

소홍렬(1997). **논술문 강의와 연습**. 서울: 이화여자대학교 출판부.

소홍렬 (2004). **부드러운 논리 아름다운 생각**. 서울: 이화여자대학교 출판부.

손봉호(1986). **오늘을 위한 철학**. 서울: 지학사.

송하석(2007). **리더를 위한 논리 훈련**. 서울: 사피엔스21.

신옥순 역(1991). **유아를 위한 개방교육의 이론과 실제**. L. S. Stephens 저. 서울: 창지사.

신의진(2001). **느림보 학습법**. 서울: 중앙 M&B.

오영환 역(2003). **사고의 양태**. 알프레드 노드 화이트 헤드 저. 서울: 다산글방.

유재덕 역(1993). **고대세계의 교육사상**. 윌리암 바클레이 저. 서울: 기독교문서선교회.

유정완, 이삼출 역(1994). **포스트모던의 조건**. J. F. Riothar 저. 서울: 민음사.

윤영삼 역(2008). **논증의 탄생**. 조셉 윌리엄스, 그레고리 콜럼 저. 서울: 홍문관.

윤재흥 역(2008). **실존철학과 교육학**. 볼노우 저. 서울: 학지사.

栗 谷. **擊蒙要訣**(奎章閣所藏).

위기철(1998). **고맙다 논리야**. 서울: 사계절출판사.

위기철(2003). **생각은 힘이 세다**. 파주: 청년사.

이강서 역(2004). **진리의 현관 플라톤**. 고트프리트 마르틴 저. 서울: 한길사.

이규환 역(1986). **자본주의와 학교교육**. 보울즈, 진티스 저. 파주: 사계절.

이동용 역(2005). **교실혁명: 아이들은 더 잘할 수 있다**. F. Czisch 저. 서울: 리좀.

이상률 역(1994). **직업으로서의 학문**. 막스 베버 저. 서울: 문예출판사.

이상욱(2006a). 21C 유아교사론. 서울: 창지사.

이상욱(2006b). 유아교육=4UA+4US. 서울: 창지사.

이상욱(2008). 유아교육 사상사의 두 지평. 서울: 교육과학사.

이상욱, 정희영, 장은희, 강은주, 황현주, 유은정, 김정희, 윤선화, 조혜정, 김성원(2009). 21세기 영유아 교육과정. 서울: 학지사

이연섭 역(1997). 잘못된 교육: 위기에 처한 유아들. D. Elkind 저. 서울: 원미사.

이영애 역(2003). 사고 유형. S. I. Robertson 저. 서울: 시그마프레스.

이정환 역(2004). 생각해 내는 기술. 오모테 사부로 저. 달과소.

이종각 역(1991). 교육과 사회학. E. Durkheim 저. 서울: 배영사.

이종승, 김인선 역(2004). 사고 양식. R. J. Sternberg 저. 서울: 교육과학사.

이종훈 역(1997). 선험적 현상학과 유럽학문의 위기. 후설 저. 서울: 한길사.

이현복 역(1997). 성찰. 르네 데카르트 저. 서울: 문예출판사.

이홍우 역(1997). 민주주의와 교육. J. Dewey 저. 서울: 교육과학사.

전남대학교 교육발전연구원 역(2008). 토론-수업을 위한 도구와 기법. D. Broofield 저. 서울: 학이당.

전영길, 이영만 역(1994). 수평적 사고와 창의성. 에드워드 드 보노 저. 서울: 서원.

정범모(1994). 교육과 교육학. 서울: 배영사.

정상모(2004). 논리적 사고의 길잡이. 부산: 신라대학교 출판부.

정영근, 임상록, 김미환, 최종인 역(2002). 서양교육사. Albert Reble 저. 서울: 문음사.

정찬주 외(1997). 유아교육철학. 서울: 양서원.

정태연, 노현정 역(2005). 존재의 심리학. 아브라함 H. 매슬로 저. 서울: 문예 출판사.

조관성 역(2001). 칸트의 교육학 강의. I. Kant 저. 서울: 철학과 현실사.

조성자 역(1991). 몬테소리의 어린이의 신비. 마리아 몬테소리 저. 서울: 창지사.

조화태, 유현옥(2007). 교육 고전의 이해. 서울: 한국방송통신대학교 출판부.

텍스트해석연구소, 유헌식 외(2007). 통합적으로 철학하기. 서울: 휴머니스트.

팽영일 역(1992). 유아교육사상사. 가나자와 가쯔오 외 저. 서울: 양서원.

한국교육개발원(1994). 한국교육문제의 재조명.

한국논리학회. 2005 한국논리학회 여름학술대회 학술지.

한국심리학회 편(1998). **현대심리학의 이해**. 서울: 학문사.

한상기(2007). **비판적 사고와 논리**. 파주: 서광사.

한준상 역(1994). **생각연습**. 에드워드 드 보노 저. 서울: 한울.

홍성민 역(2003). **뇌력 사전-뇌에 대해 궁금한 모든 것**. 나카하라 히데오미 저. 서울: 대교베텔스만.

황문수 역(1977). **사랑의 기술**. 에리히 프롬 저. 서울: 문예출판사.

황용길(1999). **열린교육이 아이들을 망친다**. 서울: 조선일보사.

Cunningham, W. G., & Cordeiro, P. A. (2000). *Educational administration: A problem-based approach*. Bacon: Allyn & Bacon.

Deci, E. L., & Ryan, R. M. (1985). *Intrinsic motivation and self-determination in human behavior*. New York: Pelman.

Ennis, R. (1969). *Logic in teaching*. Englewood Cliffs, N.J.: Prentice-Hall.

Essa, E. (1999). *Early childhood education*. Albany. N.Y.: Delma.

Jameson, F. (1991). *Postmodrnism or the cultural logic of late capitalism, durham*. North Carolina: Duke University Press.

Joens, A. (1987). *Leadership for tomorrow's schools*. Oxford: Basil Blackwell Ltd.

McGregor, D. (1960). *The human side of enterprise*. New York: McGraw-Hill Book Co.

Paul, R., & Elder, L. (2006). *Critical thinking: Tools for taking charge of your learning and your life*. Upper Saddle River, NJ: Pearson/Prentice Hall.

Raffini, J. P. (1996). *150 Ways to increase intrinsic motivation in the classroom*. Boston: Allyn & Bacon.

Reeve, J. (1996). *Motivation others: Nurturing inner motivational resources*. Boston: Allyn & Bacon.

Rither, G. (2000). *Modern sociological theory*. New York: McGraw-Hill.

Sternbrg, R. (1985). *Beyond IQ: A triarchic theory of human intelligence*. London: Cambridge University.

찾. 아. 보. 기.

인 명

내 용

저자 소개

이상욱 총신대학교 종교교육과 학사
The City University of New York(M Sc. in Education)
University of Surrey(Ph. D.)
중랑중학교 · 대광중학교 교사, 우석대학교 아동복지학과 교수 역임
현재 백석대학교 유아교육과 교수

〈저서〉
21세기 영유아교육과정(공저, 학지사, 2009)
21세기 전인 기독교 유아교육(교문사, 2009)
유아교육 사상사의 두 지평(교육과학사, 2008)
21세기 유아교사론(창지사, 2006) 외 다수

문태순 총신대학교 종교교육과 학사
고려대학교 대학원 교육학과(석사)
중앙대학교 대학원 교육학과(박사)
안양여자고등학교 교사 역임
현재 총신대학교, 백석대학교 출강

〈저서〉
원형이정의 세계와 교육(문음사, 2003)

김미애 우석대학교 아동복지학과 학사
우석대학교 대학원 유아교육학과(석사)
전북대학교 대학원 교육학과(박사과정 수료)
우석대학부설 유치원 원감, 예수병원 어린이집 원장 역임
현재 우석대학교, 서해대학 출강

예비교사를 위한 논리와 논술

2009년 9월 15일 1판 1쇄 발행
2016년 3월 25일 1판 6쇄 발행

지은이 • 이상욱 문태순 김미애
펴낸이 • 김 진 환
펴낸곳 • (주) 학지사
04031 서울특별시 마포구 양화로 15길 20 마인드월드빌딩 5층
대표전화 • 02) 330-5114 팩스 • 02) 324-2345
등록번호 • 제313-2006-000265호
홈페이지 • http://www.hakjisa.co.kr
페이스북 • https://www.facebook.com/hakjisa

ISBN 978-89-6330-207-2 93370

정가 **17,000**원

저자와의 협약으로 인지는 생략합니다.
파본은 구입처에서 교환하여 드립니다.